珠江—西江经济带发展丛书·研究系列

珠江 — 西江经济带
发展研究

林春逸 | 主编

社会科学文献出版社
SOCIAL SCIENCES ACADEMIC PRESS (CHINA)

前　言

2017 年 12 月 23 日，由广西师范大学珠江—西江经济带发展研究院、广西人文社会科学发展研究中心主办的"第二届珠江—西江经济带发展高端论坛"在桂林举办。广西壮族自治区发改委副主任黄汝焜在开幕式上致辞。来自广西发改委、贵州师范大学、广东财经大学、广州大学、美国肯特州立大学、台湾义守大学、广西社会科学院、广西大学等高校、科研院所、政府机构等近 50 位专家学者与会。

会议开幕式由广西人文社会科学发展研究中心副主任徐毅教授主持；广西壮族自治区发改委副主任黄汝焜致开幕辞，广西师范大学副校长、珠江—西江经济带发展研究院主任林春逸教授致欢迎辞。围绕"贯彻党的十九大精神　推进珠江—西江经济带建设"论坛主题，来自贵州师范大学、广东财经大学、广州大学、广西社会科学院、广西大学、广西师范大学等高校、科研院所的 6 位专家学者发表了主题演讲。围绕"珠江—西江经济带历史文化研究""珠江—西江经济带经济社会发展研究"两大分论坛主题，来自美国肯特州立大学、台湾义守大学、梧州学院、百色学院等高校、科研院所的 15 位学者做了专题发言。

目前，国家部委和广东省、广西壮族自治区政府已经出台了很多相关配套政策，助推珠江—西江经济带发展。这些政策措施对于把广西打造成为 21 世纪海上丝绸之路和丝绸之路经济带有机衔接的重要门户具有重要的战略意义，对广西加快实现"两个建成"目标有着重要的推动作用。举办"珠江—西江经济带发展研究"高端论坛，共同探讨加快珠江—西江经济带发展，具有非常重要的现实意义。

本次论坛，专家学者们碰撞出思想智慧的火花，培育出新的研究成果，产生出新的实践成果，为深入促进珠江—西江经济带建设做出了积极贡献。为了更好地交流经验特请学科专家遴选论文汇编成书出版。

编委会
2018 年 3 月

第二届珠江—西江经济带发展高端论坛剪影

2017 年 12 月 23 日，由广西师范大学珠江—西江经济带发展研究院、广西人文社会科学发展研究中心主办的"第二届珠江—西江经济带发展高端论坛"在桂林举办。广西壮族自治区发改委副主任黄汝焜在开幕式上致辞，来自区内外的近 50 位专家学者与会。

会议议程分为开幕式、专题演讲和分论坛交流三大部分。会上，来自各界的专家学者畅所欲言，围绕"贯彻党的十九大精神 推进珠江—西江经济带建设"的主题进行了深入探讨。论坛的举行，为校地、学者间提供交流提高的平台，共同探讨和寻找加快珠江—西江经济带发展的方法。

广西壮族自治区发展改革委员会黄汝焜副主任致辞

广西师范大学副校长林春逸教授致欢迎辞

论坛现场

目　录

区域经济

城乡发展

历史文化

区域经济

打造珠江—西江经济带
构建区域联动发展新格局

肖金成[*]

摘　要： 打造珠江-西江经济带，是依托珠江-西江黄金水道谋划区域经济发展新格局、建设中国经济新的支撑带的重大战略举措，对于加快西部地区对外开放、加强区域合作、推进协同发展，具有十分重要的意义。

关键词： 黄金水道　区域联动发展　全方位开发费

2014年7月，《珠江—西江经济带发展规划》（以下简称《规划》）获得国务院批准，《规划》划定的范围包括广东省的广州、佛山、肇庆、云浮4市和广西的南宁、柳州、梧州、贵港、百色、来宾、崇左7市，区域面积为16.5万平方公里，2013年末常住人口5228万人。同时，根据流域特点，将广西桂林、玉林、贺州、河池等市以及西江上游贵州的黔东南、黔南、黔西南、安顺，云南文山、曲靖的沿江部分地区作为规划延伸区。打造珠江—西江经济带是依托珠江—西江黄金水道打造中国经济新的支撑带、谋划中国经济新棋局的重大战略举措，对于加快西部地区对外开放、加强区域合作、推进协同发展具有十分重要的意义。

一　依托黄金水道，打造中国
经济新的支撑带

珠江—西江上接云贵，纵贯两广，是连接西南和华南的黄金水道。珠

---

* 作者简介：肖金成，国家发改委国土开发与地区经济研究所所长，博士生导师，中国区域科学协会副理事长，中国区域经济学会副理事长，中国国土经济学会副秘书长。

江—西江流域自然禀赋优良、航运条件优越、产业基础较好、发展潜力巨大，是珠三角地区转型发展的战略腹地、西南地区重要的出海大通道。珠江—西江经济带东接珠三角与港澳，西靠西南腹地，北接中南地区，南临北部湾地区，面向东盟，是连接珠三角和西南、中南广大地区的桥梁和枢纽，也是打造西南、中南地区开放发展新的战略支点的重要支撑，在中国区域发展和对外开放格局中具有十分重要的战略地位。加快珠江—西江经济带建设，有利于充分发挥珠三角经济发达地区的辐射带动作用，促进形成西南、中南地区新的横向发展轴带，优化区域发展总体格局，实现东西部联动发展和互利共赢。

广州地处珠江—西江下游的珠三角地区，开改革开放之先河，成为仅次于北京、上海的国际大都市，深圳经济特区拔地而起，带动了整个珠三角地区的经济发展。珠三角地区开放度高、市场成熟、资金雄厚、技术先进、人才众多，形成了令世人瞩目的珠三角城市群。而广西区位独特、资源丰富、山水秀美、生态优良、市场广阔、潜力巨大。首府南宁市近年来经济发展很快，城市规模扩大，质量提升，以南宁为核心，北部湾城市群也初具规模。规划的经济带将广州、南宁两大核心城市连接起来，将珠三角和北部湾两大城市群连接起来，将有力促进东西互动、优势互补，极大地发挥广东、广西的潜力，使之成为横贯我国南部的一条新的区域经济支撑带。

二　促进东西互动，带动少数民族地区和贫困地区加快发展

中南、西南地区的经济社会发展很不平衡，既有广东等经济发达的地区，也有像广西、云南、贵州等经济发展相对滞后的地区。发挥发达地区的辐射作用，带动欠发达地区加快发展，形成中南、西南整个区域联动发展的新格局，对于形成新的经济支撑带至关重要。

广东、广西山水相连、人缘相亲，交流合作源远流长，在资源禀赋、产业结构、发展水平上差异性大、互补性强。近年来，以中国—东盟自由贸易区和泛珠三角区域合作为平台，在经济、社会、文化、生态等领域的联系与合作日益紧密。广西是广东重要的生态水源保护地、农副产品供应地、休闲旅游目的地、劳务用工输出地。由于行政区的分割，不仅广东、

广西区域发展差距较大，而且珠三角地区与粤西地区经济发展差距也很大。经济差距大，不仅阻碍了经济要素的流动，也不同程度地影响了市场规模的扩大。广西、云南、贵州少数民族居民较多，山大谷深，自然条件较差，经济发展面临多方面约束，迫切需要发达地区的辐射和带动。目前，广东正加快经济结构调整和产业转型升级，"腾笼换鸟"；广西正积极主动承接珠三角地区产业转移，"筑巢引凤"。《规划》对于统筹区域发展，实现发达地区与欠发达地区的有效对接，深层次拓展区域合作，促进流域上下游经济社会一体化发展，增强区域竞争力具有重要意义。

广东、广西加快合作步伐，泛珠三角区域经济合作不断深入，将为珠江—西江经济带协同发展创造良好环境。随着我国中西部地区消费水平的提高，市场规模也不断扩大，沿海地区的产业不再仅仅依赖于外部需求，这将促使东部沿海地区产业向中西部地区转移。

珠江—西江经济带要坚持把产业园区作为深化开放合作的重要平台。广西应主动承接发达地区的产业转移，实现广东与广西产业的有效对接，推动经济带开放合作及广西经济加快发展。粤桂毗邻的肇庆、云浮、梧州、贺州、玉林，可开展跨区域产业合作，探索共建产业园区新模式，也可以探索与港澳台地区合作共建产业园区。

中新广州知识城、佛山中德工业服务区、广州国家现代服务业国际创新园是广东与新加坡、德国以及国家科技部合作发展现代服务业，推动转型升级的重要平台和园区典范。珠江—西江经济带可学习借鉴上述园区发展的先进经验和理念，推动经济带创新发展。

三　实现全方位开放，促进与周边国家和地区的国际区域合作与次区域合作

"十三五"时期，中央领导对对外开放做出了一系列新的部署，特别是把东盟作为我国对外区域合作的优先方向，提出打造中国—东盟自由贸易区"升级版"。珠江—西江经济带衔接北部湾，面向粤港澳和东盟，在对外开放格局中具有重要地位。推进珠江—西江经济带建设，构筑西南、中南开放大通道，打造面向东盟开放合作新高地，对于提升我国西南、中南地区开放发展水平，构建我国对外开放新格局，打造中国—东盟自由贸易区"升级版"具有重要意义。

不断深化与东盟国家合作，推进海上丝绸之路建设，为珠江—西江经济带进一步扩大开放合作带来了新的机遇。广西作为中国与东盟十国国际区域合作的平台，每年在南宁市举办国际区域合作峰会，与东南亚各国的经济联系、区域合作不断加强。但东盟各国与广西的产业结构具有一定程度的趋同性，互补性不强，而与珠三角地区产业结构具有互补性，所以国际区域合作的前提有赖于国内区域合作的加强。通过规划发展珠江—西江经济带，加强流域上下游的合作，珠三角地区的工业品大量销往东南亚地区，其生产基地的转移才能成为现实。而广西乃至云南具有与东南亚诸国进行合作的地缘优势、人缘优势和区位优势，借助珠江—西江经济带，吸引珠三角地区的产业转移。同时，开展国际次区域合作，可与周边国家与地区共建工业园区或开发区，使合作领域不断扩大。

四　实现流域可持续发展，建立上下游生态补偿机制

《规划》明确提出以推进协同发展为主线，以保护生态环境为前提，坚持绿色发展，着力建设珠江—西江生态廊道，为区域协调发展和流域生态文明建设提供示范。

十八大强调，要树立尊重自然、顺应自然、保护自然的生态文明理念，把生态文明建设放在突出地位，融入经济建设、政治建设、文化建设、社会建设各方面和全过程。珠江—西江流域是两广的生命线，客观地讲，发展与保护是存在矛盾的，上下游地区在利益关系上也是有矛盾的。上游地区希望加快发展，尽快摆脱贫困落后的面貌，下游地区希望上游地区加强环境保护，为下游保留足够并清洁的水源。《规划》对于妥善处理经济发展与生态环保的关系，在实现经济发展的同时，探索建立联合推进流域生态建设和环境污染治理、上下游生态补偿机制方面做出了原则性规定，但需要在实践中不断探索，需要在合作中不断深化，争取形成生态文明建设合作新模式，维护流域生态安全，为全国其他流域的可持续发展提供示范。

珠江—西江经济带开放合作新高地
建设研究

宁常郁　张　磊　吴乙萍*

摘　要：珠江—西江经济带以合作机制和平台建设为重要抓手，经济带内部、经济带与周边地区、经济带与东盟等区域多层次、多领域的开发合作均取得了一定的成绩，但在推进过程中总体上也存在一些不容忽视的问题。本文在分析珠江—西江经济带开发合作新高地建设的基础上，总结其发展取得的成效，探析存在的问题，并有针对性地提出具有一定借鉴意义的对策。

关键词：开放合作新高地　产业联动　珠江—西江经济带

　　开放合作新高地是指某一区域立足自身发展基础和优势，积极对外开放，在开放水平不断提升的基础上，实现并深化相互合作，进而形成较强的竞争力并对区域发展产生引领带动作用。近年来，随着国内各地区域一体化建设的不断升温及对外开放格局的不断变化，多个省区提出要打造"开放型经济新高地""开放发展新高地""内陆开放新高地"等口号和目标。2014 年 7 月，国务院批复实施《珠江—西江经济带发展规划》（以下简称《规划》），珠江—西江经济带上升为国家战略后，国家给予其建设"开放合作新高地"的战略目标，其理论定义应建立在经济带发展实际的基础上。珠江—西江经济带开放合作新高地应是既对内带动引领，对外开放，又要整合与服务周边地区，更要促进本地经济发展的四者合一，其核心特征是融合、引领及不可替代的核心竞争力。在《规划》引领下，经济带开放合作建设取得了显著成效，但也面临全方位开放水平不高，开放合

---

　　*　作者简介：宁常郁，广西社会科学院区域发展研究所副所长，副研究员；张磊，广西社会科学院台湾研究中心助理研究员；吴乙萍，广西产业经济与城乡发展研究会助理研究员。

作平台建设缓慢等不少问题，值得我们思考。因此，客观分析经济带开放合作发展进程及存在的问题，并对其提出一系列有针对性的对策建议，具有重要的实践意义。

一 珠江—西江经济带开放合作的进展与成效

珠江—西江经济带开放合作新高地建设是从四个层面着力的。第一个层面是立足珠江—西江，以经济带内部，尤以粤桂两省区为重点的合作，这一层面的开放合作要打破行政藩篱，实现东西互动、协调发展，缩小发展差距，建成东西部合作发展示范区；第二个层面是面向国内其他区域的合作，尤以港澳台地区和经济带周边区域为重点，加强经济带与港澳台地区和周边地区互动发展，并以港澳台地区为纽带拓展国际合作；第三个层面是以面向东盟为重点的国际区域合作；第四个层面是与"一带一路"沿线国家合作，将国家"一带一路"建设与中国—东盟自由贸易区建设对接，深化与东盟重点领域的合作，提高与国际区域开放合作水平。

（一）经济带内部合作

1. 粤桂两省区府际合作机制不断完善

（1）推进珠江—西江经济带建设联席会议机制

2014~2016年，以粤桂两省区行政首长作为总召集人的广东、广西推进《规划》实施联席会议已举行了三次。第一次联席会议签署《广东广西推进珠江—西江经济带发展规划实施联席会议制度》《两广推进珠江—西江经济带发展规划实施共同行动计划》《粤桂合作特别试验区建设实施方案》，明确粤桂两省区在交通、能源水利、产业、合作平台、公共服务等方面需合力推进的重大任务。第二次、第三次会议通过协调不断总结两广合作取得的成效，并就进一步的合作进行沟通，对下一步工作进行研究部署。

（2）推进珠江—西江经济带建设工作对接会议机制

推进珠江—西江经济带建设工作对接会议机制是粤桂两省区部门间、经济带各市间、部门与地市间的沟通衔接顺畅，形成纵向到底、横向到边的合作的重要推进机制。2015 年，粤桂两省区商定以后每年定期在两广经济带各市轮流举办一次对接会，根据工作需要不定期召开专题协调会，及时研究经济带建设存在的问题和困难。

此外，市级层面上，经济带广西各市成立西江经济带城市共同体，建立市长联席会议制度，共同推进经济带建设。梧州市先后与肇庆、云浮、佛山、广州、茂名等城市建立战略合作关系，与肇庆、云浮、广州等城市召开市长联席会议；贺州市与肇庆市建立工作协调机制。

2. 粤桂合作特别试验区创新发展不断推进

粤桂合作特别试验区作为珠江—西江经济带发展的核心内容和主要载体是粤桂两省区开放合作的窗口。自 2014 年设立以来，试验区不断先行先试，创新发展得到有序推进。

首先，粤桂两省区合作共建特色突出。粤桂两省区相继印发《关于同意粤桂合作特别试验区总体发展规划的批复》和签署《粤桂合作特别试验区建设实施方案》，明确了"两省（区）直管、统一规划、独立运营、利益共享"的管理模式。其次，体制机制改革稳步推进。广西壮族自治区党委、政府印发了《粤桂合作特别试验区体制机制改革创新先行先试总体工作方案》《粤桂合作特别试验区管理办法》《粤桂合作特别试验区人事管理体制改革创新工作方案》《粤桂合作特别试验区深化工业用地市场配置先行先试改革创新方案》（以下简称"1+3 配套文件"），全面推进体制机制改革创新，并成立了"1+3 配套文件"领导小组，统筹推进各项改革实施。最后，在开放合作、金融、土地改革、招商模式等方面创新驱动稳步实施。

在创新发展有序推进的基础上，试验区招商引资等各项经济指标快速增长。截至 2017 年 2 月，试验区入驻企业 244 家，主要经济指标连续两年保持 30%以上的增长。①

3. 粤桂开放合作新的平台不断形成

除粤桂合作特别试验区外，珠江—西江经济带内部合作的新平台，如

---

① 庞革平、黄东荣：《粤桂合作特别试验区发力改革激发活力》，人民网，http：//gx. people. com. cn/n2/2017/0308/c179430-29821999-2. html，2017 年 3 月 8 日。

粤桂（贵港）热电循环经济产业园、贺州与肇庆共建粤桂产业合作示范区、粤桂梧云国际农产品商贸园等经济带开放合作新平台也在不断形成并取得新的建设进展。

（二）与国内其他地区合作

1. 高铁加速了经济带与周边地区的合作

2014 年 12 月，粤桂黔三省区签订关于建设贵广高铁经济带合作框架协议，粤桂两省区签订关于建设南广高铁经济带合作框架协议，正式提出建设贵广、南广高铁经济带。2015 年 9 月，广东省印发《粤桂黔高铁经济带合作试验区（广东园）发展总体规划》，广西也确定了广西园"一园两地"的建设新模式——在桂林市以"旅游+"为主题、在柳州以先进制造业和生产性服务业为主题的建设方案。另外，随着南昆高铁的建成通车，桂滇合作也得到有效推进，百色—文山跨省经济合作园区等跨省区合作平台建设不断推进。以高铁为纽带，珠江—西江经济带跨省区合作合力进一步增强，经济带"带中有带""园中有园"的区域合作共建格局凸显，与周边地区在产业、交通等领域的合作进一步深化。

2. 经济带与港澳合作再上新台阶

（1）与港澳贸易投资合作保持相对稳定发展

港澳地区是广西投资的主要来源地，也是广西重要的贸易伙伴。

投资合作方面。香港多年保持广西外资投资项目数、合同金额、实际利用金额的第 1 位。截至 2015 年底，在桂投资的香港企业累计达 6636 家，合同外资金额 239 亿美元，实际利用外资金额 140 亿美元，分别占广西总额的 63.1%、55.6% 和 49.7%，均排第 1 位。与澳门合作方面，目前，在桂投资的澳门企业 300 多家，实际投资 4 亿多美元。

贸易合作方面。2008～2013 年，广西与香港贸易总额实现快速增长，由 5.58 亿美元增至 28.96 亿美元；2014 年，受香港"占中"事件的影响，桂港贸易总额出现小幅下滑，随后于 2015 年恢复增长，贸易总额创近年新高，达 42.45 亿美元；2016 年受全球经济复苏缓慢的影响，广西及香港经济发展处于转型升级的新常态，两地贸易出现下滑。桂港贸易以广西出口为主，除了 2016 年，广西对香港出口均保持增长态势（见表 1）。

表1 2008~2016年广西与香港贸易情况统计

单位：亿美元，%

年份	进出口		广西出口		广西进口	
	总额	增速	总额	增速	总额	增速
2008	5.58	18.72	5.14	23.1	0.44	-14.2
2009	8.02	43.72	7.57	47.1	0.45	2.9
2010	10.26	27.93	9.9	30.8	0.36	-20.8
2011	12.97	26.41	12.63	27.5	0.34	-3.7
2012	16.24	25.21	15.7	24.3	0.54	56.6
2013	28.96	78.32	16.36	4.2	12.6	133.8
2014	26.46	-8.63	25.82	57.8	0.64	-49.3
2015	42.45	60.43	36.5	41.4	5.95	831
2016	31.464	-25.88	31.244	-14.4	0.22	-96.3

资料来源：历年《广西壮族自治区国民经济和社会发展统计公报》。

（2）CEPA适用范围延伸，与港澳合作取得突破

在广西与港澳地区贸易投资合作不断深化的基础上，2015年11月，中央政府与香港、澳门特别行政区政府签署《内地与香港CEPA服务贸易协议》《内地与澳门CEPA服务贸易协议》，将建筑设计、工程、城市规划和风景园林设计、会议和展览、国际运输、仓储服务等10多个领域共19项开放措施从广东延伸至广西。广西继广东之后迈入对港澳服务业优先开放的"第一梯队"。为推动协议在广西落地，广西已建立由51个单位组成的CEPA先行先试工作联席会议制度。① 经济带广西各市积极推动CEPA政策的先行先试，不断深化与港澳地区的合作。如崇左出台《崇左市实施内地与港澳建立更紧密经贸关系服务贸易协议行动计划方案》；梧州出台《梧州市实施内地与港澳建立更紧密经贸关系服务贸易协议的行动方案》，并成功引进红牌智慧家电孵化园项目，该项目成为CEPA新协议框架下，梧州市签署的第一个重大投资项目。

---

① 林浩：《广西出台CEPA先行先试"行动计划"》，中国新闻网，http://www.chinanews.com/ga/2016/02-22/7768149.shtml，2016年2月22日。

3. 依托展会等平台，与台湾合作平稳推进

（1）与台湾地区贸易投资合作稳步发展

桂台贸易是广西外贸的重要组成部分，台资也是广西外资的重要来源之一。2008 年以来，除了 2009 年受全球金融危机蔓延的影响桂台贸易额有所下降之外，桂台贸易额持续增长（见表 2）。

表 2　2008~2015 年桂台贸易情况统计

单位：亿美元，%

年份	桂台贸易额	桂台贸易额增长率
2008	2.46	15.5
2009	1.84	−25.2
2010	2.92	58.7
2011	3.52	20.5
2012	4.51	28.1
2013	5.08	12.6
2014	5.62	10.63
2015	13.88	146.98

资料来源：根据相关报道整理而成。

（2）展会等平台极大地促进了桂台合作

珠江—西江经济带上升为国家战略以来，广西依托桂台经贸文化合作论坛、台湾名品博览会、台湾精品展、海峡两岸农业合作（广西玉林）试验区等平台，与台湾的合作从单一到多元，从经贸到文化，形式日趋多样，内容日渐丰富，层次逐渐提升，不断迈上新的历史台阶。

（三）以东盟为重点的国际区域合作不断推进

1. 与东盟的贸易合作不断深化

2008 年以来，广西与东盟的贸易合作不断深化，贸易规模持续扩大，由 2008 年的 39.87 亿美元增至 2016 年的 294.11 亿美元，增长 6 倍多（见表 3）。截至 2016 年底，东盟连续 16 年成为广西最大的贸易伙伴。"十二五"时期，广西对东盟进出口额为 5675.7 亿元，东盟一直保持广西第一

大贸易伙伴、第一大出口市场和第一大进口来源地的地位。

表3 2008~2016年广西与东盟贸易情况统计

单位：亿美元，%

年份	进出口		广西出口		广西进口	
	总额	增速	总额	增速	总额	增速
2008	39.87	37.10	27.18	56.8	12.69	8.0
2009	49.47	24.08	36.17	33.1	13.30	4.8
2010	65.25	31.90	45.88	26.8	19.37	45.6
2011	95.58	46.48	68.25	48.8	27.33	41.1
2012	120.48	26.05	93.37	36.8	27.11	-0.8
2013	159.15	32.10	125.84	34.8	33.31	22.9
2014	198.86	24.95	170.73	35.7	28.13	-15.6
2015	290.13	45.90	194.55	14.0	95.58	239.8
2016	294.11	1.37	159.92	-17.8	134.19	40.4

资料来源：历年《广西壮族自治区国民经济和社会发展统计公报》。

2. 面向东盟的边境口岸经济发展迅速

广西地处中越边境，边境口岸经济发展是其经济发展的重要组成部分。珠江—西江经济带的崇左、百色两市的宁明、凭祥、龙州、大新、靖西、那坡6个边境县（区、市）与越南接壤。随着宁明爱店口岸升格为国家一类口岸，那坡平孟口岸对外开放通过国家验收，平孟—朔江口岸正式开通，友谊关口岸获批开展签证业务等一系列口岸平台建设及扩大开放不断取得新突破，经济带开放发展已形成较为完善的边境口岸体系，沿边口岸建设在开放合作中的作用日益凸显，边境贸易发展迅速。2008~2015年，广西边境小额贸易规模持续增大，由12.34亿美元增至162.83亿美元，增长了12倍多；受中越关系波动及全球经济复苏乏力等因素的影响，2016年，边境小额贸易出现一定的下滑，但边境贸易仍对口岸经济的发展做出突出贡献。

此外，经济带上升为国家战略后，经济带边境地区各地充分发挥"口岸+边境旅游"的平台作用，桂越边境旅游合作更趋密切，双边旅游高层会晤频繁，中越国际旅游合作区建设火热进行。

3. 与东盟合作的展会平台功能不断提升

永久落户珠江—西江经济带核心城市广西南宁的中国—东盟博览会、中国—东盟商务与投资峰会成为经济带各市开拓东盟市场的核心展会平台。如 2016 年，柳州市经贸代表团在第 13 届中国—东盟博览会与各地客商签约 28 个投资合作项目，总投资额约 279.5 亿元。[①] 另外，中国—东盟博览会旅游展、文化展、林木展等专业展的相继举办，也为经济带各市参与中国—东盟旅游、文化等专业领域合作奠定了基础。如 2016 年，崇左与越南谅山、高平、河内签订旅游合作协议。

除了中国—东盟博览会外，经济带各市举办以东盟为主题的展会平台作用也日益突出，如中国—东盟（柳州）汽车工业博览会、中国—东盟（百色）现代农业博览会、陆路东盟—国际商务文化（壮族歌坡）节等。

4. 与东盟开展国际合作的园区平台作用凸显

国际合作园区是经济带参与国际区域合作的重要平台。经济带积极推进国际合作园区建设，中国—泰国（崇左）产业园区，中越凭祥—同登、龙邦—茶岭跨境经济合作区等建设顺利推进，其促进国际区域合作的平台作用日益凸显。目前，中国—泰国（崇左）产业园区龙赞林业产业园，入园企业 35 家、投产 2 家、在建 3 家。另外，中越凭祥—同登跨境经济合作区先期建设取得良好进展，凭祥综合保税区二期规划建设进展顺利。中越龙邦—茶岭跨境经济合作区已委托万生隆公司进行规划，目前建设顺利推进。

（四）与"一带一路"沿线国家的合作不断拓展

随着"一带一路"建设的不断推进，中央赋予广西打造"一带一路"有机衔接重要门户的新定位和新使命，广西充分发挥与东盟陆海相接的区位优势，以东盟为桥梁，积极参与"一带一路"建设，与"一带一路"沿线国家的合作不断拓展。2016 年，广西继续深化与"一带一路"沿线国家的贸易合作，美国、巴西、澳大利亚排在广西前五大贸易伙伴之列，广西

---

① 《中国—东盟博览会上 柳州将 279.5 亿元揽入怀中》，http://mt.sohu.com/20160912/n468279099.shtml。

与美国、澳大利亚的贸易总额同比分别增长 13%、23.5%；除此之外，广西对斯里兰卡、土耳其、罗马尼亚、印度、俄罗斯等国家的出口保持增长，增速分别为 75.2%、54.5%、26.2%、19.6%、6.2%。[1] 另外，广西积极开拓葡语系国家市场，2015 年广西与葡语系国家进出口总额达 22.18 亿美元，其中出口 0.93 亿美元，进口 21.25 亿美元。[2]

西江经济带作为广西"双核驱动"的一核是广西深化开放、促进合作的重要支撑。经济带各市积极融入"一带一路"建设，与其沿线国家的合作得到有效拓展。如南宁跨境贸易电子商务综合服务平台已经建成并运行，并与西班牙、俄罗斯、美国、加拿大等 34 个"一带一路"沿线国家开展业务往来[3]；柳工已建立亚太、印度、南非、拉美、中东、北美、俄罗斯、欧洲 8 家营销型子公司，并在印度、波兰、巴西建立工厂，其产品已经出口到阿曼、尼泊尔、孟加拉国、斯里兰卡以及多哥等国家。

二 珠江—西江经济带开放合作中的主要问题

（一）合作平台建设缓慢，服务能力有待提升

一是粤桂合作特别试验区开放合作的支撑作用仍不明显，主要体现在：管理机构呈松散型，共建合力有待增强；合力共建呈"西热东冷"，区域合作效应未能显现；大部分政策未能落地，政策优势不突出。试验区先行先试功能仍未得到充分挖掘，对经济带开放合作的支撑作用仍不明显。二是凭祥重点开发开放试验区、百色—文山跨省经济合作园区、桂黔（隆林）经济合作产业园等合作平台建设仍面临诸多挑战。如凭祥重点开发开放试验区建设缺乏有力的工作推进机制、政策支持和资金支持，建设资金的缺乏导致交通、口岸、园区等建设无法有效推进。百色—文山跨省经济合作园区、桂黔（隆林）经济合作产业园目前推进面临跨省协调困难。三是涉台园区建设滞后，对台合作支撑作用较弱。如贵港台湾产业园

① 广西壮族自治区统计局：《2016 年广西外贸进出口运行情况分析》，http://news.gxce.cn/tjnews/9342.html。

② 《打造桂澳经贸深度合作平台》，广西新闻网，http://www.cwdpa.org.cn/zdwj/7954.html。

③ 《南宁：打造连接"一带一路"重要节点城市》，人民网，http://gx.people.cn/n/2015/0727/c371363-25732607-2.html。

设立的初衷是以园区为平台引进台资企业，加强桂台合作，但园区自设立以来仅引进台泥1家企业，目前该园区在贵港市产业园区调整中更名，现已不存在。其他规划建设的台湾健康产业园、台湾花卉产业园等实质建设滞后，对经济带对外开放合作的支撑作用亟待提升。

（二）外部不稳定因素增多，影响全方位开放合作

外部因素是影响对外开放合作的重要方面，珠江—西江经济带对外开放合作也受到外部不稳定因素的明显影响。如香港"占中"事件极大地冲击了桂港间的旅游等合作；台湾政党轮替，民进党上台，民进党不承认"九二共识"致使两岸交流合作进入"冷和平"时期，桂台合作也受到明显影响；南海问题的白热化使中国与东盟关系，尤其与越南、菲律宾等声索国的关系产生波动，广西作为与东盟开放合作的前沿，受大环境的影响较为明显。加之全球经济持续低迷，对经济带各市以出口导向为主的产业发展极其不利，其对外贸易受到明显冲击。外部环境的恶化极大地影响了经济带对外开放合作。

（三）口岸经济发展层次仍较低，且呈走低趋势

目前，经济带边境口岸仅发挥了通道功能，深层次的功能没有得到充分挖掘，对当地经济社会发展贡献较少，主要体现在以下几个方面。一是边境贸易还是以资源性互补产品为主，商品结构层次低，附加值不高。如纺织产品、农产品和机电产品是边境贸易出口的主导商品，但除机电产品外，其他产品均为结构层次较低的初级产品；进口的商品主要是矿产品、原材料及农副产品等，这些商品结构层次也较低，利润空间较小。二是口岸经济发展形式较单一。除了边境货物进出口贸易外，边境经济技术及通信、金融、保险等服务业贸易的发展仍然滞后。传统、低层次的边境贸易制约了口岸经济的发展。三是口岸基础设施建设滞后，难以满足发展的需要。虽然在实施了边境基础设施大会战之后，经济带沿边地区的基础设施有了一定的改善，但相比较而言，基础设施建设仍不能满足口岸经济发展的需求。如百色那坡平孟口岸通往县城及周边地区的公路仍是三级柏油公路，不适宜大型货车过货通行，这给县城组织货源、吸引外地客商进出口商品均带来很大的困难。

（四）与"一带一路"沿线国家合作基础仍较薄弱

"一带一路"建设为经济带及各市开放合作创造了契机，但除了东南亚各国，经济带与"一带一路"沿线其他国家的贸易合作基础仍较薄弱。一方面是贸易规模仍较小，如 2016 年广西与"一带一路"沿线 66 个国家有贸易往来，但与东盟的贸易占比高达 91.4%，其他国家占比很少。另一方面，目前广西对"一带一路"沿线国家的投资以大型国企为主，中小企业较少，且也集中在东南亚国家，对其他沿线国家的投资规模较小。

三 推进珠江—西江经济带全方位开放合作的对策建议

（一）以创新为突破口，大力推进粤桂合作特别试验区建设

先行先试是粤桂合作特别试验区创新发展的重要依据，试验区应以创新为突破口，全面落实《粤桂合作特别试验区体制机制改革创新先行先试总体工作方案》和"1+3 配套文件"，在体制机制、运营管理、人事管理、土地管理等方面大力创新，全力将粤桂试验区打造成为我国区域合作的体制机制创新区、对外开放重要平台、产业合作先行基地和区域性金融中心。另外，广西应从自治区层面协调广东省，加快推动《粤桂合作特别试验区建设实施方案》的落实，出台实施细则，明确政策实施路径和相应时间节点，落实"连续 5 年从省（区）级层面给予试验区发展专项资金支持"，并推动广东省加快研究出台如"1+3 配套文件"等创新工作方案，以更好地从省级层面实现试验区的共建。

（二）顺应开放发展新形势，继续深化与港澳台合作

与港澳合作方面。首先，加强政府间交流，健全交流沟通机制。广东、广西与港澳在经济体制等方面存在较大差异，粤桂两省区人民政府及经济带各市政府应建立与港澳特别行政区政府高层互访交流机制，促进经贸发展的全面深化，用行政手段打破贸易壁垒，促进双方在更广领域、更高水平上紧密合作。其次，应以 CEPA 先行先试为重点，继续深化与港澳的合作。在已有的加工贸易、旅游、专业服务等专责小组基础上，建立金

融合作小组，推进金融领域合作创新，尽快形成广西与港澳合作的成熟有效的先行先试政策体系。最后，加强与香港的口岸通道建设。加大对珠江—西江航线的建设力度，包括内河口岸码头、航运基础设施、集装箱吊装平台、河道疏浚和运力提升、水量调度等，不断提高内河对外开放水平。同时借鉴长江经济带海关区域通关一体化的改革经验，争取在广西、广东两省区开启珠江—西江经济带区域通关一体化改革。

与台湾合作方面。一方面，经济带各市应继续维护和推进与台湾的经贸合作，并更加注重融合发展，以吸引台湾核心优势产业为重点，以重点经贸合作项目为抓手，以开发区、高新区和台湾产业园区为载体，以台商协会为依托，促进对台经贸深度合作；深化与台湾的农业合作，加快经济带涉台农业合作园区建设。另一方面，经济带各市应立足自身特点和优势，制订和实施与新形势相适应的对台交流工作计划，积极推动教育、旅游、民族、基层民众等各领域的交流合作，如广西应继续办好桂台经贸文化合作论坛等活动，重点推动对台基层、青年、民间等交流，为与台湾合作的长久发展打牢基础。

（三）突出东盟特色，不断加强与东盟的全方位合作

珠江—西江经济带应进一步突出东盟特色，从自身优势出发，不断加强与东盟的全方位合作。一是积极推进已落户经济带各市的中国—东盟跨国经济园区的发展，并争取更多的国家间合作园区落户经济带。二是借鉴云南沿边开发开放经验，建立广西沿边开发经济带，以沿边开发开放促进与越南等东盟国家的合作。三是在珠江—西江流域积极推进建立港口城市联盟，实现经济带内河港口与两广海港及21世纪海上丝绸之路沿线国家港口的有效衔接及合作，建设经济带与国际合作的物流大通道。四是全面推进与东盟各国的经贸合作。继续发挥21世纪海上丝绸之路博览会、中国—东盟博览会等大型展会的平台作用，全面深化经济带各市与东盟国家在海洋产业、农产品贸易、旅游等领域的合作。

（四）积极对接"一带一路"建设，着力拓展开放空间

在国家积极推进"一带一路"建设的背景下，珠江—西江经济带应积极对接和融入国家战略，不断拓展国际合作空间。一是在经济带打造"CEPA特色产业园区"，并以港澳为纽带，搭建经济带面向"一带一路"，

尤其是面向南美洲、欧洲、非洲市场开放合作的新平台。二是以对外贸易升级发展为抓手，不断转变对外贸易发展方式，积极探索"互联网+贸易"发展模式，以"一带一路"沿线国家为主要目标市场，努力开拓中亚、南亚、西亚和欧洲市场，实现"一带一路"沿线国家市场全覆盖。三是积极建立与"一带一路"沿线国家的投资合作机制，促进经济带企业"走出去"。

（五）大力发展口岸经济，打造开放合作新亮点

沿边是珠江—西江经济带区别于国内其他跨流域合作的地方，也是其开放合作可以打造成为亮点的地方，因此应大力发展口岸经济，在开放发展中创新、突破，使口岸成为经济带新一轮开放合作最好的载体。首先，进一步加强边境口岸基础设施建设。将口岸建设、口岸间互联互通建设、电子口岸建设等纳入重点支持项目，不断提升边境口岸功能，为口岸经济发展提供坚实的保障。其次，创新口岸监管模式。加强两国口岸联检部门的交流与合作，推动双方口岸电子信息平台建设，推动两国检验检疫部门在检验技术标准和检测方法等方面加强合作，建立检测结果互认和信息共享机制，推动建立中越"两国一检"口岸一站式通关模式，提高货物通关速度。最后，大力培育"口岸+"产业发展模式，如"口岸+旅游""口岸+物流"等。另外，积极推动"边境贸易"向"边境加工"转型。

珠江—西江经济带产业联动的实证分析*

蒋团标　常　玲**

摘　要： 珠江—西江经济带作为国家战略，横跨东中西三大板块，东接有重要作用的珠三角地区，西连资源丰富、环境承载力强的广大中西部腹地，地区间比较优势明显，产业发展互补性强。鉴于此，文章选取 2013 年珠江—西江经济带 11 个市的相关数据，总体分析经济带内各市的产业结构，测算各市三大产业的结构差异系数，并利用区位熵对各市各产业的产业集聚进行测算，再通过灰色关联度测算各市 19 个产业的关联度。结果发现，城市的产业结构差异与城市在区域内的地位有很大关系。珠江—西江经济带在产业联动发展方面存在的问题是：基础交通不畅，产业布局趋同；产业发展滞后，科技创新不够；区域内经济发展水平差异较大，相互之间的交流联系偏弱。因此，经济带建设要加强产业联动，以产业转移和升级开发为导向，以发达的珠三角带动欠发达的西南地区，实现珠江—西江经济带区域一体化发展。

关键词： 珠江—西江经济带　产业结构　产业集聚　灰色关联度产业联动

党的十八届五中全会提出了协调发展和共享发展理念，这就要求在坚

---

* 基金项目：本文是广西高校重点研究基地"珠江—西江经济带研究中心""西南城市与区域经济发展研究中心"的阶段成果之一；蒋团标教授主持的国家社会科学基金一般项目"西南边疆民族地区丝绸之路经济带建设中城镇化多元格局实现路径研究"（15BMZ080）。该文发表于《改革与战略》2016 年第 2 期。

** 作者简介：蒋团标，广西富川人，广西师范大学经济管理学院院长，教授，硕士研究生导师，研究方向为国民经济学、区域经济学；常玲，河南信阳人，广西师范大学硕士研究生，研究方向为财政学。

持促进城乡区域协调发展，促进经济社会协调发展，促进新型工业化、信息化、城镇化、农业现代化同步发展，在增强国家硬实力的同时注重提升国家软实力。同时还必须坚持发展为了人民、发展依靠人民、发展成果由人民共享，做出更有效的制度安排，使全体人民在共建共享发展中有更多获得感，增强发展动力，增进人民团结，朝着共同富裕方向稳步前进。然而，改革开放以来空间战略发展的不协调造成了区域、城乡和群体之间的差距，形成了各种社会矛盾。国家统计局 2015 年 2 月 26 日发布的《2014年国民经济和社会发展统计公报》披露，2014 年中国居民收入基尼系数为0.469，超过国际公认 0.4 的贫富差距警戒线。其中区域差异是造成中国居民收入差距较大的重要原因之一。就拿两广经济发展报告来说，中华人民共和国成立初期，1949 年广东的 GDP 是 20.27 亿元，1950 年广西的 GDP才达 9.4 亿元，广东约为广西的 2.16 倍；改革开放初期，1978 年广东、广西两省区的 GDP 分别为 185.85 亿元和 75.85 亿元，广东约为广西的2.45 倍；但到 2013 年广东、广西两省区的 GDP 分别为 62163.97 亿元和14378 亿元，广东 GDP 已是广西 GDP 的 4.32 倍，差距被进一步拉开。所以，两广未来的发展需更加注重支持粤北和广西经济社会的整体推进，从而真正推动区域经济一体化协调发展与共享发展。

国外学者对产业联动发展研究较早，Massey（1995）指出区域的发展应该形成"空间的分工"；Schmitz（1999）则进一步研究认为，区域产业联动是促进产业链升级、应对全球竞争压力和提升区域竞争力的有效途径；Gereffi（1999）的研究则表明，地方生产网络应通过与其他经济行为体之间的互动，创造、保持和捕捉更多的价值。目前国内学者对产业联动的研究也日渐成熟，吕涛和聂锐（2007）细致地分析了产业联动的内涵；廖才茂（1997）、石宏伟（1999）则分析了同一省域内不同产业的联动；而宁晓青和朱栋梁（2001）、苑久富（2006）、施同兵和简晓彬（2007）则更多地关注于相同产业在不同区域内的联动；刘宁宁等（2008）将产业联动分为单个区域的产业联动和多个区域之间的产业联动；王红霞（2007）讨论了产业联动与产业集聚的不同，论述了产业联动需要政府方面的积极引导和推动。从目前的研究范围来看，大部分仅仅是在行业之间的研究，尤其是制造业与物流业，如樊敏（2010）、陆军（2013）、王珍珍和陈功玉（2011）。从省域的角度或从经济发达地区对欠发达地区和跨省域的角度对产业联动的研究非常少。

一　珠江—西江经济带产业联动的历史渊源与基础

　　广西、广东地缘接近，山水相连，在古代同属于岭南地区，人文语言相通，有着悠久的联动关系。长期以来，两省区所拥有的资源条件不同，所受的政策扶持也不同，导致粤桂区位特点契合，发展阶段差异，粤桂两省（区）依次呈现经济水平"发达—落后"，而生态和资源"稀缺—丰富"的省情状况。但随着《国务院关于珠江—西江经济带发展规划的批复》的发布，两广传统的纽带合作关系将"亲上加亲"，在产业合作、交通联动、生态治理等方面可作为的空间不断扩大，为粤桂一体化客观上提供了良好基础。利用 ArcGIS 10.2 做出的珠江—西江沿岸 11 个市的地图，表明了珠江—西江经济带地区间可以存在产业联动关系，如图 1 所示。

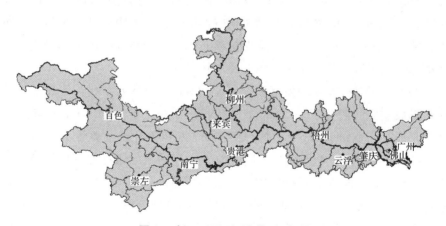

图 1　珠江—西江经济带 11 个市

　　目前，经济发达的珠江三角洲地区劳动密集型产业正面临产业转型升级，而经济欠发达的桂滇黔等地因为拥有丰富的资源、能源，可以成为珠江三角洲地区转型发展的战略腹地。通过珠江—西江经济带的联动发展，广西地区将更加有效地承接珠三角地区的产业转移，尤其是加工贸易的产业转移，建立起加工贸易产业基地，推动广西经济发展。珠江—西江经济带将起到加强东西部合作、以东带西的作用，从而加快带动经济欠发达地区的开发和发展，有利于珠江三角洲新一轮的持续发展，并将对整个泛珠三角地区经济发展起到极为重要的支撑作用。

二 珠江—西江经济带产业联动的实证设计

产业联动是指区域之间以"行政区"为单位，顺应市场经济发展、产业结构转换、区域发展等内在规律，借助行政力推动，努力破除要素资源关联互动的障碍，以产业互为需要，实现优势互补和联动发展，寻求在一定时间、空间和有限的资源供给范围内，产业结构优化升级的最优效率，形成以互利共赢为目的的双向互动的良性发展系统（车冰清等，2009）。产业联动的效益与产业关联的紧密度有关，关联越紧密的产业部门间产生的联动效益越大。产业联动可优化区域产业结构、提升产业能级、增强区域产业竞争力，最终实现互利共赢的良性发展。

（一）产业结构差异的测度

地区间产业结构的差异性反映了区域产业联系的密切程度。一般而言，产业联动水平越高的地方，产业分工协作体系发展得越好，产业结构差异越明显（刘钊、李琳，2011）。也就是说，产业联动的变化趋势与产业结构差异的变化趋势是一致的：区域内各地区间产业结构差异越大，则表明区域产业联系越紧密，地域分工水平越高，越有利于开展区域经济合作，通过产业联动，各地区可以互通有无，形成优势互补，从而推动区域经济合作（王文森，2007）。为了保证算出的产业结构差异值与产业联动变化方向一致，本文的产业结构差异度采用联合国工业发展组织国际工业研究中心推荐的相似系数（施同兵、简晓彬，2007）指标进行分析，地区间产业结构差异公式为：

$$C_{ij} = 1 - S_{ij} = 1 - \frac{\sum_{k=1}^{n}(X_{ik}X_{jk})}{\sqrt{\left(\sum_{k=1}^{n}X_{ik}^2\right)\left(\sum_{k=1}^{n}X_{jk}^2\right)}}$$

式中，i 和 j 分别表示两个相比较的地区，C_{ij} 表示 i、j 两个地区的差异度，S_{ij} 表示 i、j 两个地区的相似度，X_{ik} 和 X_{jk} 分别代表产业部门 k 在地区 i 和 j 的产业结构中所占比重。其中，$0 \leq C_{ij} \leq 1$，若 $C_{ij} = 1$，则说明两个相比较的地区产业结构完全不同；若 $C_{ij} = 0$，则说明两个相比较的地区产业结构完全相同。各地区产业结构差异系数越小，则说明区域内合作和分工不明显，地区间产业竞争性大于合作性。

（二）产业集聚的测算

分析区域产业集聚情况的指数有许多，经典的有空间基尼系数、赫芬达尔-赫希曼指数、区位熵等。空间基尼系数用来衡量经济活动在地理上的分布不均匀情况，即区域产业的空间集聚程度；赫芬达尔-赫希曼指数主要考察产业在地区的集中度情况；区位熵指数更侧重于反映该地区的专业化程度。因此，选取区位熵作为产业集聚程度的指标，更能准确反映珠江—西江经济带整体的集聚水平。区位熵指数，最早由 Batisse 提出，同一产业部门的不同企业形成空间上的集聚能促进地方经济的发展，这种效应叫"地方化经济效应"。哈盖特（P. Haggett）首先将区位熵运用于区位分析，衡量某地区某一产业的规模集聚水平和专业化程度。区位熵的计算公式如下：

$$Q_{ij} = \frac{S_{ij}/S_i}{P_j/P}$$

式中：i 和 j 分别表示 i 城市和 j 产业，Q_{ij} 表示 i 城市 j 产业的区位熵，S_{ij} 表示 i 城市 j 产业的从业人数，S_i 表示 i 城市所有产业的从业人数总和，P_j 表示区域内所有城市 j 产业的从业人数总和，P 表示区域内所有城市所有产业的从业人数总和。区位熵值 Q_{ij} 越大，说明 i 城市 j 产业的产业集聚程度越高，产业发展水平越高，反之则说明 j 产业的产业集聚程度越低，产业发展水平不高。

（三）产业与城市间灰色关联度的测算

灰色关联分析全名为灰色系统理论分析（Grey System Theory），是由中国邓聚龙教授于 1982 年在国际经济学会议上提出的，它是一种研究少数据、信息不确定性问题的新方法（邓聚龙，1990），是系统态势的量化比较分析。灰色关联是指事物之间的不确定关联。关联分析主要是对事物态势发展变化的分析，也就是对系统动态发展过程的量化分析，它根据因素之间发展态势的相似或相异程度来衡量因素间的接近程度（陈丽平，

2011）。灰色关联度是对于影响两个系统之间的因素，随时间、空间或不同对象而变化的关联性大小的量度。

计算步骤如下。

第一步，根据评价标准确定研究数列和比较数列。反映系统行为特征的数据序列，被称为研究数列（又称母序列）。影响系统行为的因素组成的序列，被称为比较数列（又称子序列）。设研究数列为 $X_0 = [x_0(1), x_0(2), \cdots, x_0(n)]^{\mathrm{T}}$，比较数列为 $X_i = [x_i(1), x_i(2), \cdots, x_i(n)]^{\mathrm{T}}$，$i = 1, 2, \cdots, m$，两种数列形成如下矩阵：

$$(X_0, X_1, \cdots, X_m) = \begin{bmatrix} x_0(1) & x_1(1) & \cdots & x_m(1) \\ x_0(2) & x_1(2) & \cdots & x_m(2) \\ \vdots & \vdots & & \vdots \\ x_0(n) & x_1(n) & \cdots & x_m(n) \end{bmatrix}$$

其中，n 为指标的个数，$X_i = [x_i(1), x_i(2), \cdots, x_i(n)]^{\mathrm{T}}$，$i = 0, 1, \cdots, m$。

第二步，对变量进行无量纲化处理。为了避免系统中各因素列中的数据量纲可能不同，不便于比较或难以得到正确的结论。因此在进行灰色关联分析前，有时候需要对数据进行无量纲化处理。

第三步，根据研究数列与比较数列的绝对差 $\Delta_i = |x_0(k) - x_i(k)|$，可以得到最小值 $\min[\Delta_i(\min)]$ 和最大值 $\max[\Delta_i(\max)]$。

第四步，计算关联度系数为：

$$\xi_i = \frac{\min[\Delta_i(\min)] + \rho\max[\Delta_i(\max)]}{|x_0(k) - x_i(k)| + \rho\max[\Delta_i(\max)]}$$

式中，ξ_i 为关联度系数，ρ 为分辨系数，取值范围为（0，1）。ρ 越小，关联系数间的差异越大，区分能力越强，但通常 ρ 取 0.5。

第五步，计算关联度，公式为：

$$r_i = \frac{1}{N}\sum_{k=1}^{N}\xi_i(k)$$

式中，r_i 表示关联度。若 $r_1 < r_2$，则研究数列 $X_0(k)$ 与比较数列 $X_i(k)$ 更相似。关联度 r_i 值越接近于 1，说明关联度越大；反之，则说明关

联度越小。

（四）数据来源及说明

根据珠江—西江经济带地区间和产业间联动的测算模型，为了保证数据的可得性和可比性的原则，本文选取《广西统计年鉴 2014》和《广东统计年鉴 2014》中有关 11 个地区的数据，包括地区生产总值，三次产业的产值，农林牧渔业，采矿业，制造业，电力、燃气及水的生产和供应业，建筑业，交通运输、仓储和邮政业，信息传输、计算机服务和软件业，批发和零售业，住宿和餐饮业，金融业，房地产业，租赁和商务服务业，科学研究、技术服务和地质勘查业，水利、环境和公共设施管理业，居民服务、修理和其他服务业，教育，卫生、社会保障和社会福利业，文化、体育和娱乐业，公共管理和社会组织共 19 个产业的从业人数。由于产业灰色关联度系统中各因素列中的数据量纲相同，所以不需要做无量纲化处理。

三　珠江—西江经济带产业间联动的实证结果与分析

为了有效分析珠江—西江经济带的产业联动状况，分别对经济带内 11 个市的产业结构总体、产业结构差异性、产业集聚度和产业关联度进行分析。

（一）产业结构总体分析

为了能从整体上衡量珠江—西江经济带的地区三次产业结构的状况，本文通过比较 2013 年 11 个市的三次产业的产值及在全市生产总值中所占的比重，对这 11 个市的产业结构进行大致比较，如表 1、图 2 所示。

表 1　2013 年珠江—西江经济带 11 个市的生产总值及三次产业比重

单位：万元，%

城市	生产总值	人均 GDP	第一产业		第二产业		第三产业	
			产值	比重	产值	比重	产值	比重
广州	15420.14	11.93	231.30	1.50	5227.43	33.90	9961.41	64.60
佛山	7010.17	9.61	140.20	2.00	4339.30	61.90	2530.67	36.10
肇庆	1660.07	4.13	262.29	15.80	791.85	47.70	605.93	36.50

续表

城市	生产总值	人均GDP	第一产业		第二产业		第三产业	
			产值	比重	产值	比重	产值	比重
云浮	602.3	2.48	135.52	22.50	259.59	43.10	207.19	34.40
南宁	2803.54	3.87	349.93	12.48	1110.89	39.62	1342.73	47.89
柳州	2010.05	5.40	159.29	7.92	1274.93	63.43	575.84	28.65
梧州	991.71	2.95	115.32	11.63	654.83	66.03	221.55	22.34
贵港	742.01	1.38	160.76	21.67	303.35	40.88	277.90	37.45
百色	803.87	1.95	149.06	18.54	432.59	53.81	222.22	27.64
来宾	515.57	1.95	134.45	26.08	219.51	42.58	161.61	31.35
崇左	584.63	2.37	149.44	25.56	248.24	42.46	186.95	31.98

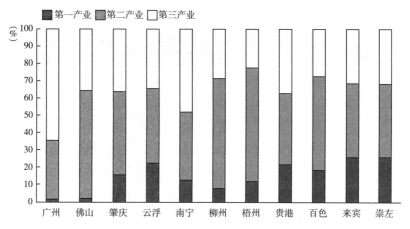

图2　2013年珠江—西江经济带11个市三次产业比重

由表1和图2可见，珠江—西江经济带内多数城市的第一产业产值所占比重较小，比重都不超过30%，而是以第二产业为主，比重大多在30%~60%。细看各城市的产业结构差异性还是相当大的，大致分为三类：广州、南宁是比较发达的城市，三次产业产值比重是比较合理的，即第三产业比重最大，尤其是广州最大，远大于第一、第二产业，第三产业产值在GDP中所占的比例达到60%；佛山、柳州、梧州则属于典型的工业城市，第二产业的比重最大，均超过60%；肇庆、云浮、贵港、百色、来宾、崇左属于第三类，第一产业在 GDP 中所占的比重还很大，第二产业和第三产业比重相当。

城市的产业结构差异与城市的发展现状和区域地位有很大关系。广州和南宁是珠江—西江经济带的双核心，不仅是两广的政治中心，也是经济中心，所以两地区经济发展较为成熟，三次产业比重较为合理。而佛山、柳州、梧州作为后起之秀，需要以工业为主导开始实行现代化，肇庆、云浮、贵港、百色、来宾、崇左可能缺乏区位优势和其他原因，导致三次产业比重不尽合理，尤其是广西的大片地区。

（二）产业结构差异性分析

基于以上对经济带内 11 个市的产业结构总体分析，需要做进一步细致分析，因此根据《广西统计年鉴 2014》和《广东统计年鉴 2014》，选取经济带内 11 个市三次产业主要经济指标的数据，利用产业结构差异公式计算出 2013 年珠江—西江经济带 11 个市的产业结构差异系数，如表 2 所示。

表 2　2013 年珠江—西江经济带 11 个市的产业结构差异系数

城市	广州	佛山	肇庆	云浮	南宁	柳州	梧州	贵港	百色	来宾	崇左	均值
广州		0.1524	0.1177	0.1447	0.0368	0.2149	0.2827	0.1165	0.2121	0.1847	0.1767	0.1639
佛山	0.1524		0.0337	0.0737	0.0744	0.0090	0.0294	0.0800	0.0375	0.0963	0.0933	0.0680
肇庆	0.1177	0.0337		0.0086	0.0260	0.0354	0.0547	0.0102	0.0155	0.0203	0.0182	0.0340
云浮	0.1447	0.0737	0.0086		0.0370	0.0658	0.0791	0.0021	0.0215	0.0031	0.0022	0.0438
南宁	0.0368	0.0744	0.0260	0.0370		0.1029	0.1449	0.0238	0.0808	0.0599	0.0552	0.0642
柳州	0.2149	0.0090	0.0354	0.0658	0.1029		0.0060	0.0796	0.0181	0.0785	0.0774	0.0688
梧州	0.2827	0.0294	0.0547	0.0791	0.1449	0.0060		0.0995	0.0191	0.0843	0.0847	0.0884
贵港	0.1165	0.0800	0.0102	0.0021	0.0238	0.0796	0.0995		0.0344	0.0084	0.0067	0.0461
百色	0.2121	0.0375	0.0155	0.0215	0.0808	0.0181	0.0191	0.0344		0.0239	0.0239	0.0487
来宾	0.1847	0.0963	0.0203	0.0031	0.0599	0.0785	0.0843	0.0084	0.0239		0.0001	0.0560
崇左	0.1767	0.0933	0.0182	0.0022	0.0552	0.0774	0.0847	0.0067	0.0239	0.0001		0.0538

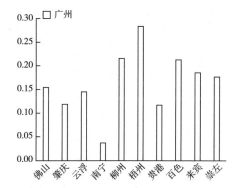

图3　广州与其他市的产业结构差异系数

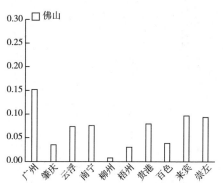

图4　佛山与其他市的产业结构差异系数

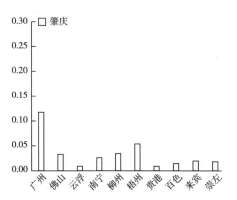

图5　肇庆与其他市的产业结构差异系数

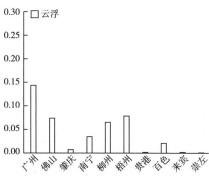

图6　云浮与其他市的产业结构差异系数

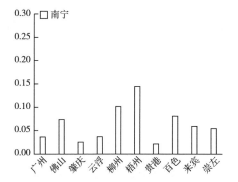

图7　南宁与其他市的产业结构差异系数

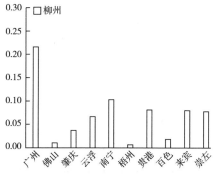

图8　柳州与其他市的产业结构差异系数

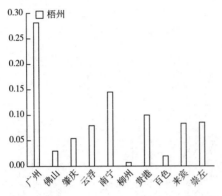

图 9 梧州与其他市的产业结构差异系数

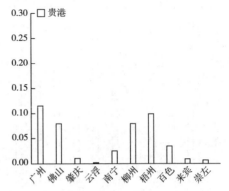

图 10 贵港与其他市的产业结构差异系数

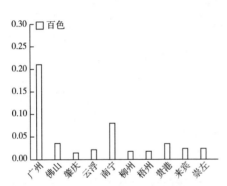

图 11 百色与其他市的产业结构差异系数

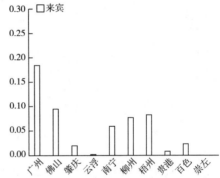

图 12 来宾与其他市的产业结构差异系数

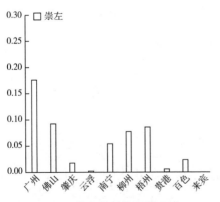

图 13 崇左与其他市的产业
结构差异系数

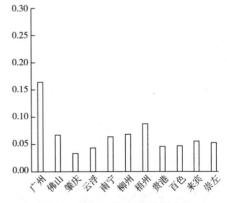

图 14 珠江—西江经济带各市
产业结构差异系数均值

由表 2 和图 14 可以看出，珠江—西江经济带上 11 个市两两之间的产业结构差异性不大，产业结构差异系数均低于 0.3，大部分还不到 0.15。由此可见，各城市间的产业竞争性大于合作性。从图 3 到图 13 可以看到，广州与珠江—西江经济带上其他市的产业结构差异系数较高，其中最高的是与梧州，两城市间的产业结构差异系数接近 0.3；最低的要属南宁，产业结构差异系数不足 0.05。佛山、南宁、柳州、梧州与珠江—西江经济带上其他市的产业结构差异系数平均值都大于 0.06，却不足 0.12，在整个经济带城市群中属于中等水平。而肇庆、云浮、贵港、百色、来宾、崇左与珠江—西江经济带上其他市的产业结构差异系数平均值较低，均小于 0.06。

珠江—西江经济带上各城市之间的产业结构差异系数不大，表明产业结构趋同，产业分工尚不明显。在信息完全流通的社会，技术、资金、人才等生产要素会在市场经济的运作下，通过供求机制、价格机制和竞争机制的相互作用在地区和产业间自由流动，从而形成产业合作和分工格局。产业分工越明显，产业结构差异系数越大。广州作为珠江—西江经济带的首位城市，不仅是全国四大一线城市之一，也是国际大都市。该城市发展比较成熟，与其他市相比交通基础设施完备，生产要素流通便利，加上城市人口多，各类需求量大，所以产业分工比较明显，产业结构差异系数较大。反观其他城市，信息不够通达，生产要素很难在地区和产业间自由流动，造成技术落后，生产工艺滞后。

（三）产业的区位熵

利用前文产业区位熵公式，以国民经济核算中 19 个产业的从业人数为指标，得出珠江—西江经济带上 11 个市 19 个产业的区位熵。为了更好地比较各产业的分布情况，进一步计算出各产业区位熵的标准差，如表 3 所示。

表 3　2013 年珠江—西江经济带各市各产业的区位熵及其标准差矩阵

产业	广州	佛山	肇庆	云浮	南宁	柳州	梧州	贵港	百色	来宾	崇左	标准差
农林牧渔业	0.10	0.02	0.25	0.49	2.42	1.21	0.88	1.13	2.78	9.42	16.03	4.80
采矿业	0.02	0.06	1.33	5.09	0.06	0.63	4.47	0.42	13.37	5.48	8.83	4.17

续表

产业	广州	佛山	肇庆	云浮	南宁	柳州	梧州	贵港	百色	来宾	崇左	标准差
制造业	0.81	1.90	1.24	1.04	0.44	0.74	0.86	0.43	0.40	0.47	0.43	0.44
电力、燃气及水的生产和供应业	0.78	0.60	1.01	1.22	0.81	1.13	2.34	1.80	3.30	3.30	2.60	0.96
建筑业	0.84	0.38	0.56	0.73	2.25	2.69	0.47	0.90	0.60	0.92	0.28	0.74
交通运输、仓储和邮政业	1.74	0.33	0.50	0.29	0.77	0.55	0.59	0.44	0.68	0.43	0.47	0.38
信息传输、计算机服务和软件业	1.48	0.43	0.52	0.56	1.06	0.30	0.74	2.70	0.39	1.06	0.60	0.66
批发和零售业	1.53	0.57	0.61	1.18	0.93	0.52	0.46	0.12	0.63	0.45	0.42	0.38
住宿和餐饮业	1.54	0.63	0.73	0.63	1.01	0.39	0.27	0.50	0.46	0.16	0.37	0.37
金融业	0.99	0.70	0.99	0.93	1.56	0.90	1.27	1.38	0.95	1.10	1.17	0.23
房地产业	1.59	0.53	0.50	0.33	0.77	0.84	0.83	0.28	0.34	0.62	0.33	0.36
租赁和商务服务业	1.67	0.29	0.29	0.09	1.13	1.00	0.36	0.20	0.16	0.53	0.61	0.47
科学研究、技术服务和地质勘查业	1.57	0.24	0.27	0.14	1.36	0.84	0.54	0.54	0.64	0.80	1.17	0.45
水利、环境和公共设施管理业	1.00	0.35	0.82	0.57	1.57	1.79	0.98	1.40	1.54	1.50	1.40	0.44
居民服务、修理和其他服务业	1.73	0.81	0.46	0.22	0.33	0.31	0.12	0.51	0.22	0.33	0.17	0.44
教育	0.62	0.58	1.47	1.73	1.39	1.07	2.06	3.38	2.19	2.14	2.04	0.77
卫生、社会保障和社会福利业	0.70	0.62	1.40	1.28	1.38	1.28	1.94	2.20	2.15	1.95	1.92	0.52

续表

产业	广州	佛山	肇庆	云浮	南宁	柳州	梧州	贵港	百色	来宾	崇左	标准差
文化、体育 和娱乐业	1.42	0.27	0.60	0.58	1.72	0.61	0.98	0.34	0.75	0.79	0.72	0.42
公共管理和 社会组织	0.71	0.45	1.56	1.98	1.28	0.96	1.87	2.15	3.14	2.11	2.68	0.79

从各产业的区位熵及其标准差，可以看出各市各产业在整个珠江—西江经济带的分布情况。从各市各产业的区位熵上看，最高、最低的均在农林牧渔业。崇左市的农林牧渔业的区位熵达到了 16.03，而佛山只有 0.02，两者相差几百倍。同样采矿业在各市的分布相差也很大：广州市的区位熵很低，也只有 0.02；但百色的区位熵有 13.37。相比之下，其他产业在各市的区位熵却相差不大，尤其是金融业，最高的南宁为 1.56，最低的佛山为 0.70，两市也只相差约两倍。从各产业在各市的区位熵标准差来看，农林牧渔业和采矿业较高，分别达到 4.80 和 4.17。与之相反的是金融业的区位熵标准差最低，信息传输、计算机服务和软件业，教育及公共管理和社会组织这些新兴的服务产业的区位熵标准差也较高。

区位熵反映某一产业部门在整个珠江—西江经济带的集聚程度和专业化程度。通过各市各产业的区位熵及其标准差，可以看出传统的产业部门，如农林牧渔业和采矿业由于更多受制于地理资源环境差异，所以产业专业化及集聚程度差异较大。珠江—西江经济带许多地方银行都可以在其他地区设立分行，金融业发展没有地域限制，产业朝着一体化的趋势发展。但是像信息传输、计算机服务和软件业，教育及公共管理和社会组织这些新兴的服务产业的区位熵标准差也较高，反映了国民经济产业在各市发展不均衡，受制于地区的经济社会发展水平及科技创新水平。

（四）产业关联度分析

以上产业结构差异公式对珠江—西江经济带 11 个城市的三次产业的差异性做出了相关分析，还需要对三次产业内部的产业进行进一步探究，因此利用灰色关联度模型对珠江—西江经济带 11 个城市 19 个产业的内部关联度进行分析。计算得出 2013 年各产业在珠江—西江经济带 11 个城市中的关联度，如表 4 所示。还有 2013 年珠江—西江经济带各城市的产业结构关联度，如表 5 所示。

表 4   2013 年珠江—西江经济带各产业的关联度

产业	关联度	产业	关联度
农林牧渔业	0.9186	房地产业	0.9172
采矿业	0.9349	租赁和商务服务业	0.8921
制造业	0.5603	科学研究、技术服务和地质勘查业	0.9312
电力、燃气及水的生产和供应业	0.9351	水利、环境和公共设施管理业	0.9631
建筑业	0.7889	居民服务、修理和其他服务业	0.9827
交通运输、仓储和邮政业	0.8728	教育	0.7307
信息传输、计算机服务和软件业	0.8530	卫生、社会保障和社会福利业	0.8662
批发和零售业	0.9421	文化、体育和娱乐业	0.9803
住宿和餐饮业	0.9569	公共管理和社会组织	0.7665
金融业	0.9741		

由表 4 可以看出，珠江—西江经济带上不同产业的关联度有所不同，但各产业的关联度都很高，均在 0.5 以上并接近于 1，而且大部分分布在 0.8~1.0。这其中最高的是居民服务、修理和其他服务业，关联度是 0.9827；最低的是制造业，关联度仅为 0.5603。值得注意的是，文化、体育和娱乐业的关联度也很高，达到了 0.9803；而教育、公共管理和社会组织的关联度相比之下却较低，仅为 0.7307 和 0.7665。

这说明珠江—西江经济带上各产业之间的关联极为密切，但是从分布情况来看，产业之间的关联度差异也反映了产业之间的地域限制与差异问题。像居民服务、修理和其他服务业这类每个人生活都涉及的基本服务问题，已不存在任何行政和地域限制，各城市产业结构具有一定的同构性，所以产业结构关联度较高。而像制造业这类大型企业却面临交通不畅，产业转移困难。两广本是同饮珠江水、同源同根、习俗相近、语言相通，同源互动的区域社会文化使得地区间的文化、体育和娱乐业密切关联。但是由于缺乏相应的资源和跨区域交流，教育、公共管理和社会组织的关联度不高。

表5　2013年珠江—西江经济带各城市的产业结构关联度

城市	关联度	城市	关联度	城市	关联度
广州	0.9113	南宁	0.9021	百色	0.8429
佛山	0.8757	柳州	0.9147	来宾	0.8605
肇庆	0.9077	梧州	0.8877	崇左	0.8327
云浮	0.9055	贵港	0.8663		

由表5可以看出，珠江—西江经济带各城市的产业结构关联度都很高，大致分布在0.8~1.0。柳州的产业结构关联度最高，为0.9147，然后各城市产业结构关联度由高到低分别是广州、肇庆、云浮、南宁、梧州、佛山、贵港、来宾、百色、崇左。区域间产业结构关联度存在差距，但是差距很小。这说明珠江—西江经济带各城市产业结构具有一定的同构性，产业结构关联度较高。

随着社会生产力的不断提高，各区域会根据自身优势选择主导产业进行专门化生产，区域分工体系逐步建立起来。但是经济社会的运行需要各种资源和产品，一个区域的空间和资源有限，因此各地区的生产和消费不可能孤立分离，而是需要彼此相互扶持、密切联系的，所以，地区间同步变化程度较高，关联度较高。

四　珠江—西江经济带产业联动分析的结论

基于上述对珠江—西江经济带产业联动分析的结果，通过探寻珠江—西江经济带产业联动的深层原因，得出以下结论。

第一，珠江—西江经济带的空间发展格局不成熟，影响后续的发展。从珠江—西江经济带产业结构的总体分析来看，城市的产业结构差异与城市在区域内的地位有很大关系。从某种程度上看，城市群空间布局还处于不成熟阶段，一方面经济带的经济发展集中于某些大中型城市，如广州；另一方面像南宁这样的次首位城市由于发展实力不够强大，其辐射作用相比起来较为逊色。所以，影响经济带的总体经济实力不强，经济发展缺乏后劲。

第二，基础交通和信息流通不畅，产业布局趋同。连接广东省、北部湾、港澳和云贵两省的交通条件还不完善，交通基础设施功能配套滞后，使得运输功能较弱。港航信息化程度不高，规模化、专业化港口建设不足，特别是长期的水运建设和内河港口建设投入资金不足，严重制约了水运的发展。经济带内产业布局缺少统一规划，重复建设现象严重，如广西6个市均将建材产业列为主导产业，其他如化工、铝业、电力、机械、农副产品加工等也被多个城市列为主导产业。产业结构趋同易导致各地在招商引资、市场开拓方面产生恶性竞争，不利于经济带资源的优化配置和经济的协同发展。

第三，产业发展滞后，科技创新不足。沿江工业经济增长仍然是粗放模式，依靠单一的资源，如劳动力投入或是土地资源来带动经济增长，而技术资本和资金投入的产出率不高，同时可能造成的环境保护压力变大；工业生产装备现代化水平较低，产品的科技含量凸显不足；没有形成主导产业，产业发展缺乏特色；沿江资源没有得到高效开发利用，资源使用各自为政现象突出，没有形成大规模的、强有力的产业集群。这样会导致区域经济发展缺乏长期可持续动力。

第四，区域内经济发展水平差异较大，相互之间的交流联系偏弱。随着近年来国家西部政策的实施推广，广西积极建设北部湾经济区和西江黄金水道等国家战略。为了促使省内区域经济协调发展，广东省也十分重视相对落后的粤北山区的经济开发，出台了优惠政策帮扶落后地区发展。尽管广东和广西对珠江—西江经济带都很重视，但是两广对经济发展的诉求则大不相同，因此产生了地方保护主义、恶意竞争、区域发展的"马太效应"等。

五　促进珠江—西江经济带产业联动发展的对策

为促进珠江—西江经济带三次产业协调发展与联动发展，进而带动经济带的全面发展，就目前经济带内各市普遍存在的问题，提出以下相应的建议。

第一，明确珠江—西江经济带的发展定位，发挥广州、南宁双核心的辐射作用。作为珠江—西江经济带的"两心"，广州、南宁的工业在全区域内居于重要地位，有助于吸引周边资源。"两心"的出口导向型产业基础坚实，对于珠江—西江经济带的快速崛起，可发挥重要的核心龙头带动作用。合理布局珠江—西江经济带发展格局，进一步拓展广州、南宁与珠江—西江经济带上其他地区之间的产业联动空间，充分发挥政府的关键性作用，加大区域产业联动的制度建设，促进要素自由流动，大力推进产业联盟的分工和合作的发展。

第二，提速内河水运与交通基础设施建设，建立沿江产业联动发展机制。桂滇黔等地拥有珠江三角洲经济发展所需的各种能源、矿产、建材，而珠江三角洲地区传统的劳动密集型产业也正面临产业转型升级。根据地域特点，要使占据区位、政策、成本及市场等优势的桂滇黔等地成为粤港澳产业转移目的地，需要发展现代化大交通，大力提升珠江—西江的内河水运量，建立沿江产业联动发展机制。这样不仅可以破解广东在土地、环境等方面的刚性制约因素，还会极大地推动两广的区域协调联动。加快交通基础设施和西江、珠江内河航道的建设，进一步扩大港口腹地面积，形成连接西南、通达华南的高效、便捷、低成本物流服务体系，带动整个珠江—西江经济带的共同发展。

第三，优化产业结构，加快构建经济带内产业技术协同创新平台。既要突出先进制造业的导线地位，也要重视发挥现代服务业的主体作用。要重点发展与先进制造业相关联的现代物流业、信息服务业、商务服务业等，以大力发展生产性服务业作为突破口。整合经济带内现有技术创新平台及各类研发机构，引进国内外知名技术创新及研发机构，着力打造面向经济带主导产业协同发展的产业技术创新平台。通过产业集聚和"大学—高科技产业—城市"的联动发展，促进所在城市的技术协同创新发展。

第四，深化内外部合作，加强相互之间的交流联系。产业联系是产业联动的基础和前提。深化内外部合作，促进产业开放式发展：一是抢抓国家建设丝绸之路经济带、海上丝绸之路、孟中印缅经济走廊和打造中国—东盟自贸区升级版的战略机遇，充分利用两地的广州港、南宁港等9个口岸优势，全面深化对外开放，扩大对外商品出口，积极主动地承接国际高端产业转移，进一步推动现代产业体系的建设；二是按照经济带内各市产业发展的总体定位，积极推进经济带内部的广州、佛山、南宁等地的一般性制造业向其他8个市转移，疏解广州市的非核心功能，加速生产要素的流动和组合，推进粤桂产业合作示范区建设。

参考文献

车冰清、朱传耿、杜艳、沈正平，2009，《基于产业联动的区域经济合作潜力研究——以淮海经济区为例》，《地域研究与开发》第 4 期。

陈丽平，2011，《基于产业联动的海西物流发展灰色关联分析》，《中国城市经济》第 2 期。

邓聚龙，1990，《灰色系统理论教程》，华中理工大学出版社。

樊敏，2010，《中国城市群物流产业效率分析及发展策略研究——基于产业运作及联动发展视角》，《软科学》第 5 期。

廖才茂，1997，《遵循规律联动发展——对江西三次产业联动发展的建议》，《当代财经》第 4 期。

刘宁宁、沈正平、简晓彬，2008，《区域产业联动的主要机制研究》，《商业时代》第 31 期。

刘钊、李琳，2011，《基于 Malmquist 指数的产业联动促进区域经济协调发展效率评价研究——以环渤海为例》，《河北大学学报》（哲学社会科学版）第 3 期。

陆军，2013，《物流业与制造业联动发展研究综述》，《经济论坛》第 11 期。

吕涛、聂锐，2007，《产业联动的内涵理论依据及表现形式》，《工业技术经济》第 5 期。

宁晓青、朱栋梁，2001，《实现我国东西均衡发展的战略选择——论东西经济产业联动升级对接》，《贵州经济学院学报》第 5 期。

施同兵、简晓彬，2007，《论产业联动对可持续发展的作用——以江苏为例》，《生态经济》（学术版）第 2 期。

石宏伟，1999，《实施"产业联动、优势整合"大力培育发展边缘性优势产业》，《经济问题》第 5 期。

孙雪花，2013，《永康市五金制造业与物流业联动的灰色关联分析》，《交通与运输》（学术版）第 2 期。

王红霞，2007，《产业集聚是否就是产业联动》，《解放日报》第 8 期。

王文森，2007，《产业结构相似系数在统计分析中的应用》，《中国统计》第 10 期。

王珍珍、陈功玉，2011，《制造业与物流业联动发展的模式及关系研究——基于 VAR 模型的脉冲响应函数及方差分解的分析》，《珞珈管理评论》第 2 期。

苑久富，2006，《长三角地区物流产业联动发展对策研究》，《物流科技》第 29 期。

Gereffi, G. 1999. "International Trade and Industrial Upgrading in the Apparel Commodity Chain." *Journal of International Economics* 1.

Massey, D. 1995. *Spatial Divisions of Labour: Social Structures and the Geography of Production.* London: Macmillan.

Schmitz, H. 1999. "Global Competition and Local Cooperation: Success and Failure in the Silicon Valley, Brazil." *World Development* 9.

珠江—西江经济带各城市间产业分工及空间经济联系的特征和机理研究[*]

廉　超　林春逸　姚　辉[**]

摘　要：研究珠江—西江经济带各城市间产业分工及空间经济联系，对探讨和掌握珠江—西江经济带产业分工及空间经济联系的特点，推动经济带内资源要素的合理配置和城市间各行业的专业化发展具有重要的意义。研究发现：珠江—西江经济带上的大部分城市的专业化水平不断提高，但是广州、南宁、柳州三大城市的相对专业化程度仍较低，直到 2013 年才发生较大变化。各城市间产业结构相似度较高，产业结构具有较大趋同性。广州、南宁与省内其他绝大部分城市之间的相对专业化指数呈动态上升趋势，城市间产业内部结构的差异性有所扩大。各城市产业发展未呈现较大差异，地域分工优势尚不明显。各城市经济联系强度越来越紧密，尤其是到 2014 年其相互之间的经济联系强度已有较大提高。交通基础设施、产业分工合作、自然地理位置和环境、区域协调发展机制是影响珠江—西江经济带各城市间产业分工及空间经济联系的重要因素。

---

[*]　基金项目：广西人文社会科学发展研究中心“科学研究工程·珠江—西江经济带乡村振兴专项课题”“绿色发展理念下珠江—西江经济带乡村田园综合体发展模式与推进机制研究”（编号：ZX2017016）、广西哲学社会科学规划课题青年项目“珠江—西江经济带多维贫困测度与减贫策略研究”（编号：15CMZ003）、2015 年国家社会科学基金一般项目“西南边疆民族地区丝绸之路经济带建设中城镇化多元格局实现路径研究”（编号：15BMZ080）、广西研究生教育创新计划项目“珠江—西江经济带科技创新效应及机制研究”（编号：YCSW2017072）的阶段性成果。该文已发表在《广西师范大学学报》（哲学社会科学版）2018 年第 2 期。

[**]　作者简介：廉超，男，广西博白人，广西师范大学社会科学研究处助理研究员，硕士，主要从事区域经济、贫困与反贫困问题研究；林春逸，男，广西昭平人，教授，博士生导师，广西师范大学副校长，兼任社会科学研究处处长、广西人文社会科学发展研究中心主任，主要从事思想政治教育和人的发展研究；姚辉，男，江苏淮安人，广西师范大学经济管理学院硕士研究生，主要从事区域经济等研究。

关键词：珠江—西江经济带　产业分工　空间经济联系

一　引言

作为西南地区重要出海通道的珠江—西江经济带也是珠江三角洲地区转型发展战略腹地，在全国区域协调发展与面向东盟开放合作中具有重要战略地位。2014 年 7 月，国务院正式批复珠江—西江经济带上升为国家战略，这也是我国首个直接联系东西部地区的跨省区、跨不同发展阶段的区域发展规划。这将有利于促进珠江—西江经济带所涵盖的广州、佛山、肇庆、云浮、南宁、柳州、梧州、贵港、百色、来宾、崇左（国家发展改革委，2014）等各大小城市的经济一体化发展，也对探究我国跨省区流域经济合作发展新模式具有十分重要的意义。

关于珠江—西江经济带产业分工和区域经济合作方面的研究，国内已有部分学者进行了相关研究和实践。裴金平和廉超（2016）结合重心模型和基尼系数分解模型研究珠江—西江经济带经济重心偏移特征及区域经济差异，发现地理因素和经济发展因素是影响珠江—西江经济带经济重心偏移的两个重要因素，三次产业发展在前期以第一产业为主，中后期以第二、第三产业为主。颜蔚兰（2016）通过城市网络联系模型分析珠江—西江经济带各有关城市，发现经济带处于双核心集聚的城市网络初级阶段，与发展成为功能互补、协调互动和良性发展的城市网络还有较大差距。黎鹏等（2016）运用锡尔系数和探索性空间数据分析方法来分析珠江—西江经济带县域 2003~2014 年空间格局演化规律，发现珠江—西江经济带的经济空间格局呈现集聚弱化趋势，经济发展高值集聚区从以下游为主逐步向中、下游协调发展转变，核心城市聚集效应占主导，扩散效应较弱。蒋团标和常玲（2016）利用结构差异系数模型对珠江—西江经济带产业联动进行了实证分析，发现区域内产业布局趋同、产业发展滞后、经济发展水平差异较大、相互联系偏弱。除上述针对珠江—西江经济带跨省域研究之外，也有部分学者对区域产业分工进行了研究，但仅局限于珠江—西江经济带内的省域之间或者局限于某一个省份的研究范围之内。高安刚等（2015）以珠江—西江经济带范围内的广西地区为例，运用行业上游度对广西分工地位进行测算发现，广西农业资源尚未转化为竞争优势，知识密集型服务业的产业分工地位很低，资源型产业与高新技术产业分工地位明显低于我国总体水平。舒元和杨扬（2009）分析1998~2007年广东省城市间产业集聚与分工的演化，发现广东省制造业的集聚程度整体水平较高，但产业逐渐显现出向周边地区转移的趋势。许登峰和傅利平（2010）通过计算广西产业地方专业化指数等指标，得出广西产业集聚水平较低、优势产业较少、产业结构不合理，区域分工水平较低，强势产业集聚程度开始增高等结论。

综上所述，产业布局趋同、经济发展水平差异较大、经济集聚弱化是珠江—西江经济带发展的主要问题。为避免珠江—西江经济带各城市进入产业同构性、同质化发展，先期测度珠江—西江经济带各城市的产业结构、分工程度、区域产业发展内在联系很有必要。国内外很多学者大多用产值来衡量产业发展水平和进行指标测算，对于服务业而言，目前学术界普遍认为中国关于服务业行业增加值的统计被严重低估，采用产值来衡量地区服务业发展水平不太合适，另外关于各城市细分行业的从业人数数据远比产值数据全面。基于此，本文以珠江—西江经济带内11个城市为研究范围，采用城市相对专业化指数、城市间相对专业化指数、行业间相对专业化指数、区位熵的灰色关联分析法以及经济联系强度模型等方法，对珠江—西江经济带各城市间产业分工及其空间经济联系特点进行深入研究，以期为珠江—西江经济带的产业发展和相关决策提供重要的理论和现实参考。

二 珠江—西江经济带产业分工及其空间联系测算指标与数据来源

（一）产业分工测算指标

为了能够全面地对珠江—西江经济带各城市及相互之间的产业分工特征及其空间演变特点进行系统研究，深刻揭示珠江—西江经济带产业分工、结构与空间联系的变化特点，首先，在借鉴Krugman（1991）和其他学者相关研究成果的基础上，拟采用城市相对专业化指数、城市间相对专业化指数、行业间相对专业化指数3个指标对珠江—西江经济带产业分工及其空间演变特点进行深入研究；其次，在此基础上，采用区位熵的灰色关联分析法对珠江—西江经济带各城市之间的产业结构及其内在联系进行深入探讨；最后，进一步从空间联系及产业辐射视角，运用经济联系强度模型，对珠江—西江经济带城市间的产业辐射和影响能力进行深入研究。

1. 城市相对专业化指数

城市相对专业化指数是指某一城市各行业的专业化系数与区域内其他城市相应行业的专业化系数的差的绝对值之和。城市相对专业化指数主要是通过衡量某一城市与其他地区产业结构的差异程度，以进一步反映其在各行业分工中的专业化程度。城市相对专业化指数的计算见式（1）（席敏强、李国平，2015）：

$$CCSI_i(t) = \sum_{k=1}^{n} \left| \frac{P_{ik}(t)}{P_i(t)} - \frac{\sum_{i \neq j}^{m} P_{jk}(t)}{\sum_{k=1}^{n} \sum_{i \neq j}^{m} P_{jk}(t)} \right| \tag{1}$$

式中：i、j、k 分别代表城市 i、城市 j 和行业 k，t 表示年份；$P_i(t)$、$P_{ik}(t)$ 则分别代表城市 i 的从业人员总数、城市 i 行业 k 的从业人员数量（下文同）；m、n 分别代表城市数目和行业数目；$CCSI_i$ 越高，表示城市 i 在产业分工中的专业化程度越高，反之，$CCSI_i$ 越低，则表示城市 i 在产业分工中的专业化程度越低，其多样化程度也就越高。

2. 城市间相对专业化指数

借鉴"Krugman 专业化指数"，采用城市间相对专业化指数来测度城市之间产业结构的差异性，进而对城市之间产业的分工水平进行衡量。城市间相对专业化指数的计算见式（2）（Krugman，1991）：

$$CCSI_{ij}(t) = \sum_{k=1}^{n} \left| \frac{P_{ik}(t)}{P_i(t)} - \frac{P_{jk}(t)}{P_j(t)} \right| \tag{2}$$

其中，$CCSI_{ij}(t)$ 的取值范围为［0，2］。如果 $CCSI_{ij}(t)$ 等于 0，则城市 i、j 之间产业分工完全同构；如果 $CCSI_{ij}(t)$ 等于 2，则城市 i、j 之间产业结构完全不相同，两者之间产业分工完全专业化。

3. 行业间相对专业化指数

行业间相对专业化指数，即区位熵，也被称作"专门化率"，其通过行业间的专业化程度、区域专业化生产状况来揭示区域分工状况，运用区位熵来测算城市 i 行业 k 在整个区域中的相对专业化程度。行业间相对专业化指数的计算见式（3）（王春萌等，2016）：

$$LQ_{ik}(t) = \frac{P_{ik}(t)}{P_i(t)} \bigg/ \frac{\sum_{i=1}^{m} P_{ik}(t)}{\sum_{k=1}^{n} \sum_{i=1}^{m} P_{ik}(t)} \tag{3}$$

其中，若 $LQ_{ik}(t) > 1$，说明行业 k 为城市 i 的优势产业，且 $LQ_{ik}(t)$ 的值越大，表明城市 i 行业 k 的专业化程度越高，反之，则专业化程度越低。

4. 区位熵的灰色关联分析

首先，计算各城市各产业的区位熵，见式（3）。

其次，确定比较序列和参考序列，以珠江—西江经济带的产业结构为参考序列，记为 $X_0(k)$，各城市的产业结构则为比较序列，记为 $X_i(k)$：

$$X_i(k) = \begin{bmatrix} X_{1,1} & \cdots & X_{11,1} \\ \vdots & \ddots & \vdots \\ X_{1,19} & \cdots & X_{11,19} \end{bmatrix}$$

再次，求出参考序列与比较序列的绝对差 $\Delta_i = \left| X_0(k) - X_i(k) \right|$，然后计算灰色关联系数 ξ_i，见式（4）。

$$\xi_i(k) = \frac{\min_i \min_k \Delta_i + \sigma \max_i \max_k \Delta_i}{\Delta_i + \sigma \max_i \max_k \Delta_i} \tag{4}$$

其中，σ 为分辨系数，$\sigma = [0, 1]$，依照经验一般取 $\sigma = 0.5$。

最后，综合各点的灰色关联系数，然后计算得到两个序列的灰色关联度 r_i，见式（5）。

$$r_i = \frac{1}{N} \sum_{k=1}^{n} \xi_i(k) \tag{5}$$

5. 经济联系强度模型

区域经济联系量，即空间相互作用量，是用来衡量区域间经济联系强度的指标，能反映城市间交互辐射能力和接受辐射能力（苗长虹、王海江，2006）。可采用以下修正后的引力模型对城市之间的空间经济相互作用强度进行测度，见式（6）（张祥、杜德斌，2013）。

$$R_{ij} = \frac{\sqrt{P_i G_i} \times \sqrt{P_j G_j}}{D_{ij}^2} \tag{6}$$

其中，R_{ij} 表示两个城市之间的空间经济相互作用强度，P_i、G_i 和 P_j、G_j 分别表示 i、j 城市的人口数量、国内生产总值，D_{ij} 表示两个城市之间的距离。

（二）数据来源

本文的珠江—西江经济带规划涵盖广东、广西的 11 个地级城市，包括广州、佛山、肇庆、云浮、南宁、柳州、梧州、贵港、百色、来宾、崇左。本文所采取的原始数据主要来源于 2006~2015 年各地级城市的统计年鉴和《中国城市统计年鉴》中的三大产业从业人员数量、人均 GDP、各市人口总数等数据，其中城市间的距离数据用两城市间的最近公路里程数来表示（相关数据来源于搜狗地图）。依据《中国城市统计年鉴》中的分类方法，其中，第一产业包括农林牧渔业；第二产业包括采矿业，制造业，电力、燃气及水的生产和供应业，建筑业；第三产业包括批发和零售业，交通运输、仓储和邮政业，住宿和餐饮业，信息传输、计算机服务和软件业，金融业，房地产业，租赁和商务服务业，科学研究、技术服务和地质勘查业，水利、环境和公共设施管理业，居民服务、修理和其他服务业，教育，卫生、社会保障和社会福利业，文化、体育、娱乐用房屋，公共管理和社会组织。

三 珠江—西江经济带各城市间产业分工的相关实证分析

（一）珠江—西江经济带各城市相对专业化指数分析

从 2005~2014 年珠江—西江经济带各城市的相对专业化指数、城市产业相对专业化指数的测算结果（见表 1 和表 2），可以发现：总体趋势上，除了云浮、来宾多样化程度提高之外，其余 9 个城市相对专业化水平整体在提高。在珠江—西江经济带的分工体系中，广州、南宁、柳州三大城市的相对专业化指数一直都比较低，并呈现多样化的特征，但从动态变化的角度可以看出，广州、南宁在2005~2012年的相对专业化指数保持在较低的水平内变动，直到2013年才发生较大逆转，也表明了当前的城市产业结构转型升级目标取得了一定的成效；同时，经济带内其他各个城市的相对专业化指数都有一定的提升，各城市的相对专业化指数总体在提高。2014年，广东佛山的相对专业化指数［$CCSI_i(t)$］最高，其相对专业化指数最高的行业是制造业（1.9554）；广西百色的相对专业化指数次之，其相对专业化指数最高的行业是采矿业（15.5607），广西的3个城市（百色、来宾、崇左）的相对专业化指数普遍较高，即每个城市都有自己的相对特色、主导产业，这3个城市主要专注于农林牧渔业、采矿业的发展；而肇庆、云浮的相对专业化指数较低，也说明了其城市相对专业化水平较低，城市多样化发展较明显。

表1　2005~2014年珠江—西江经济带各城市相对专业化指数

城市	2014年	2013年	2012年	2011年	2010年	2009年	2008年	2007年	2006年	2005年
广州	0.553	0.550	0.458	0.490	0.465	0.435	0.454	0.459	0.427	0.424
佛山	0.874	0.862	0.405	0.371	0.370	0.371	0.377	0.364	0.359	0.353
肇庆	0.407	0.394	0.372	0.366	0.352	0.339	0.326	0.300	0.294	0.307
云浮	0.381	0.379	0.435	0.436	0.410	0.408	0.406	0.404	0.421	0.416
南宁	0.549	0.553	0.339	0.388	0.373	0.345	0.383	0.389	0.377	0.358
柳州	0.441	0.434	0.180	0.163	0.168	0.160	0.183	0.175	0.215	0.218
梧州	0.473	0.468	0.616	0.570	0.478	0.451	0.468	0.459	0.403	0.378
贵港	0.718	0.801	0.700	0.719	0.651	0.630	0.594	0.615	0.582	0.597
百色	0.824	0.812	0.716	0.717	0.659	0.665	0.684	0.649	0.643	0.613
来宾	0.600	0.675	0.699	0.686	0.643	0.657	0.641	0.613	0.677	0.690
崇左	0.799	0.836	0.651	0.625	0.555	0.588	0.587	0.627	0.629	0.571

表2　2005~2014年珠江—西江经济带各城市产业相对专业化指数

城市	相对专业化指数			2014年相对专业化指数高的产业
	2005年	2014年	差值	
广州	0.424	0.553	0.129	居民服务、修理和其他服务业（1.7438）

续表

城市	相对专业化指数			2014年相对专业化指数高的产业
	2005年	2014年	差值	
佛山	0.353	0.874	0.521	制造业（1.9554）
肇庆	0.307	0.407	0.1	公共管理和社会组织（1.5091）
云浮	0.416	0.381	-0.035	采矿业（4.8975）
南宁	0.358	0.549	0.191	电力、燃气及水的生产和供应业（3.1598）
柳州	0.218	0.441	0.223	建筑业（2.81）
梧州	0.378	0.473	0.095	卫生、社会保障和社会福利业（2.0563）
贵港	0.597	0.718	0.121	教育（3.0071）
百色	0.613	0.824	0.211	采矿业（15.5607）
来宾	0.690	0.600	-0.09	农林牧渔业（10.4126）、采矿业（5.1206）
崇左	0.571	0.799	0.228	农林牧渔业（16.1181）、采矿业（9.3529）

（二）珠江—西江经济带各城市间相对专业化指数分析

1. 不同城市间相对专业化指数分析

根据式（2）测算得到 2014 年珠江—西江经济带各城市间相对专业化指数（见表3），可以发现：珠江—西江经济带各城市间相对专业化指数普遍不高，即各城市间产业结构相似度较高。而佛山与各城市间的相对专业化指数 $[CCSI_{ij}(t)]$ 普遍高于其他各城市之间的相对专业化指数，除了南宁与梧州的城市间相对专业化指数大于柳州与梧州之外，南宁与广西其他 4 市的城市间相对专业化指数都低于柳州与其他 4 市的城市间相对专业化指数。还可以看到，在广东省内，城市之间产业同构度最高的城市组合是肇庆和云浮，其城市间相对专业化指数为 0.186，这两个城市的优势产业分别是公共管理和社会组织、采矿业；而在广西，城市之间产业同构度最高的城市组合是来宾与崇左，其城市间相对专业化指数为 0.250，这两个城市的优势产业均是农林牧渔业、采矿业，并导致这两个城市的产业相似度较高。此外，佛山与百色的城市间相对专业化指数最高（1.181），即两城市差异性很大，这与百色是中国十大有色金属矿区之一，主打采矿业，而佛山主打制造业，且是有名的"家电之都"以及华南最大的金属材料加工生产基地、消费市场等有密切的联系。

表3　2014年珠江—西江经济带各城市间相对专业化指数

城市	广州	佛山	肇庆	云浮	南宁	柳州	梧州	贵港	百色	来宾	崇左
广州											
佛山	0.840										
肇庆	0.670	0.477									
云浮	0.643	0.625	0.186								
南宁	0.615	1.110	0.721	0.727							
柳州	0.568	0.896	0.598	0.624	0.383						
梧州	0.691	0.792	0.350	0.304	0.679	0.589					
贵港	0.846	1.145	0.690	0.623	0.592	0.752	0.419				
百色	0.945	1.181	0.719	0.635	0.627	0.823	0.462	0.351			
来宾	0.762	1.050	0.589	0.504	0.511	0.618	0.367	0.364	0.388		
崇左	0.927	1.145	0.707	0.629	0.636	0.788	0.442	0.416	0.288	0.250	

2. 珠江—西江经济带的核心城市与其他城市的产业分工分析

广州、南宁分别为珠江—西江经济带上广东、广西两个省份的核心城市。通过对比分析2005~2014年广州、南宁这两大核心城市与其他城市之间的相对专业化指数（见表4），进而深入分析珠江—西江经济带上的城市间专业化分工情况。可以看到：2005~2014年，广州与其他绝大部分城市之间的相对专业化指数呈动态上升趋势，且增幅越来越大，可见，广州与其他城市的产业内部结构的差异性越来越大，其中2014年广州—佛山的相对专业化指数达到0.840；南宁与其他绝大部分城市之间的相对专业化指数也呈动态上升趋势，且增幅越来越大，可见，南宁与其他城市的产业内部结构的差异性也越来越大，其中2014年南宁—佛山的相对专业化指数达到1.110；而广州—来宾的城市间相对专业化指数呈持续下降趋势，但指数依旧很高，表明广州—来宾产业内部结构的差异性依旧很大；南宁—柳州、南宁—来宾的城市间相对专业化指数呈轻微下降趋势，且指数值一直不高，产业发展具有趋同趋势。

表4 2005～2014年广州、南宁与其他城市间相对专业化指数

城市间	2005年	2009年	2014年	2014年与2005年的差值	城市间	2005年	2009年	2014年	2014年与2005年的差值
广州—佛山	0.3648	0.4467	0.8402	0.4755	南宁—佛山	0.5893	0.5880	1.1105	0.5212
广州—肇庆	0.4111	0.4654	0.6698	0.2588	南宁—肇庆	0.4987	0.2616	0.7214	0.2226
广州—云浮	0.5303	0.5239	0.6428	0.1125	南宁—云浮	0.6239	0.6265	0.7266	0.1028
广州—南宁	0.4690	0.4449	0.6155	0.1465	南宁—广州	0.4690	0.4449	0.6155	0.1465
广州—柳州	0.2720	0.3192	0.5681	0.2962	南宁—柳州	0.4107	0.3636	0.3826	-0.0281
广州—梧州	0.5718	0.6640	0.6913	0.1195	南宁—梧州	0.3721	0.3524	0.6794	0.3072
广州—贵港	0.7968	0.8373	0.8464	0.0496	南宁—贵港	0.4975	0.5559	0.5920	0.0945
广州—百色	0.8190	0.8732	0.9453	0.1263	南宁—百色	0.4899	0.5834	0.6274	0.1375
广州—来宾	0.9047	0.8723	0.7620	-0.1427	南宁—来宾	0.5627	0.5766	0.5112	-0.0515
广州—崇左	0.7905	0.7961	0.9272	0.1367	南宁—崇左	0.4476	0.5324	0.6362	0.1886

（三）行业间相对专业化指数分析

根据式（3），测算得到2005～2014年珠江—西江经济带的行业间相对专业化指数$LQ_{ik}(t)$（由于篇幅限制，数据并未列示）。可以发现：各城市行业间相对专业化指数超过1的产业数量情况为广州11个、南宁11个、崇左9个、来宾8个，梧州、贵港、百色均有7个，云浮6个、肇庆、柳州均有5个；2005～2014年，珠江—西江经济带的11个地级城市中行业间相对专业化指数超过1的产业总数量没有变化，且各个城市同样也无明显变化，表明2005～2014年珠江—西江经济带各城市的优势产业没有发生太大变化，产业分工不是很明确。通过对珠江—西江经济带各城市行业间相对专业化分工情况做进一步分析，本文可以发现以下方面。

首先，广东省的广州、佛山、云浮和肇庆的行业间相对专业化指数都有不同方向的变化。其中：广州2014年第一、第二产业下各行业的行业间相对专业化指数与2005年相比都呈下降趋势，而第三产业下各行业的行业间相对专业化指数普遍上升（只有卫生、社会保障和社会福利业，居民服务、修理和其他服务业这两个行业下降1个百分点），表明广州的第三产业优势在明显增强。云浮的采矿业行业间相对专业化指数也由2005年的

2.7062 直线升至 2014 年的 4.8975，采矿业反而是云浮的优势产业。而肇庆的采矿业、制造业则有发展和上升的趋势，第三产业中有 6 个行业的行业间相对专业化指数呈上升趋势，但有 9 个行业的行业间相对专业化指数呈现下降趋势，优势产业仍不明显。而佛山的状况不够乐观，只有制造业、居民服务、修理和其他服务业有近 50% 上升情况，三大产业内的其他行业的行业间相对专业化指数几乎全面下降，行业间相对专业化指数超过 1 的优势产业也由 2005 年的 3 个降至 2014 年的 1 个。

其次，广西各城市的行业间相对专业化指数也有较大的升幅或下降趋势，变化也较大。其中：南宁的第二产业中的电力、燃气及水的生产和供应业的行业间相对专业化指数升幅较大，其中电力、燃气及水的生产和供应业增长近 4 倍、建筑业增长 50%。百色的采矿业的行业间相对专业化指数也由 2005 年的 6.0647 迅速升至 2014 年的 15.5607，百色的优势产业即采矿业也一直表现很突出；而其水利、环境和公共设施管理业，卫生、社会保障和社会福利业的行业间相对专业化指数在这 10 年里也有近 1 倍的增长，表明百色在大力发展不可再生性资源产业的同时，也加大了对环境修复、人民生活的保障。来宾、崇左的优势产业在于第一产业和采矿业，2014 年第一产业的行业间相对专业化指数较 2005 年增幅远超 1 倍，采矿业的行业间相对专业化指数在保持原先优势的基础上，又有大幅度的增长，其中崇左的采矿业由 2005 年的 3.6801 升至 2014 年的 9.3529，增幅近 2 倍。然而，柳州采矿业的行业间相对专业化指数由 2005 年的 3.8413 迅速降至 2014 年的 0.8308，可以看到，柳州当时的优势产业，尤其是采矿业经过 10 年的变迁已经减少了较大的发展优势。梧州的建筑业，交通运输、仓储和邮政业，住宿和餐饮业，房地产业的行业间相对专业化指数也大幅降低，降幅超过 50%，而采矿业，信息传输、计算机服务和软件业，金融业的行业间相对专业化指数值有近 50% 的提升，表明梧州的优势产业在逐步转型。

（四）区位熵的灰色关联分析

城市相对专业化指数、城市间相对专业化指数只能从整体上识别两地区产业结构的相似程度，行业间相对专业化指数也只能反映珠江—西江经济带任意两城市产业内部的具体情况，并且由于产业分类的宽泛性，两者不能完全分辨出产业分工的实际情况，而区位熵的灰色关联分析法通过综合以上两者的优点，可以有效测度任意两个城市的产业结构的相似性，进一步挖掘珠江—西江经济带产业结构的变化特点，为此，以下采用区位熵的灰色关联分析法对珠江—西江经济带各城市产业结构与地域分工展开测度研究。依据式（4）、式（5），计算得到珠江—西江经济带各城市产业结构的灰色关联系数（见表5）；同时，还计算得到了2014年珠江—西江经济带各城市产业结构的灰色关联度（见表6）和2014年珠江—西江经济带各城市不同行业的灰色关联度（见表7）。

表5　2014年珠江—西江经济带各城市产业结构的灰色关联系数

行业	广州	佛山	肇庆	云浮	南宁	柳州	梧州	贵港	百色	来宾	崇左
农林牧渔业	0.9583	0.9458	0.9853	0.9959	0.8301	0.9064	0.9782	0.8429	0.7943	0.4407	0.3336
采矿业	0.9884	0.9950	0.8543	0.6206	0.9945	0.9159	0.8174	0.9477	0.3363	0.6098	0.4586
制造业	0.9473	0.9154	0.9916	0.9875	0.9063	0.9433	0.9623	0.9092	0.9008	0.9192	0.9067
电力、燃气及水的生产和供应业	0.9332	0.9318	0.9805	0.9892	0.7860	0.9673	0.8974	0.9529	0.8353	0.8438	0.9129
建筑业	0.9700	0.9728	0.9961	0.9941	0.8332	0.7793	0.9799	0.9656	0.9986	0.9513	0.9843
批发和零售业	0.9416	0.9548	0.9602	0.9840	0.9839	0.9397	0.9321	0.9376	0.9576	0.9346	0.9396
交通运输、仓储和邮政业	0.9591	0.8939	0.9003	0.8943	0.9441	0.9066	0.9045	0.9566	0.9291	0.8899	0.8931
住宿和餐饮业	0.9348	0.9586	0.9740	0.9604	0.9971	0.9340	0.9235	0.9261	0.9426	0.9859	0.9379
信息传输、计算机服务和软件业	0.9165	0.9378	0.9522	0.9668	0.9989	0.9221	0.9626	0.9514	0.9366	0.9689	0.9606
金融业	0.9749	0.9846	0.9779	0.9872	0.9255	0.9865	0.9326	0.9097	0.9817	0.9562	0.9520
房地产业	0.9900	0.8824	0.8839	0.8725	0.9086	0.9086	0.9027	0.8560	0.8576	0.8867	0.8663
租赁和商务服务业	0.9908	0.8573	0.8544	0.8472	0.9450	0.9254	0.8500	0.8475	0.8497	0.8736	0.8772
科学研究、技术服务和地质勘查业	0.9716	0.8742	0.8751	0.8649	0.9888	0.9409	0.9022	0.8961	0.9100	0.9255	0.9560
水利、环境和公共设施管理业	0.9828	0.9090	0.9463	0.9233	0.9635	0.9289	0.9904	0.9907	0.9445	0.9838	0.9752
居民服务、修理和其他服务业	0.8581	0.9693	0.9981	0.9608	0.9960	1.0000	0.9757	0.9829	0.9701	0.9625	0.9598
教育	0.9657	0.9438	0.9602	0.9371	0.9763	0.9991	0.8923	0.7994	0.8814	0.9119	0.9007

行业	广州	佛山	肇庆	云浮	南宁	柳州	梧州	贵港	百色	来宾	崇左
卫生、社会保障和社会福利业	0.9607	0.9411	0.9685	0.9870	0.9783	0.9785	0.8899	0.8740	0.8819	0.9095	0.9035
文化、体育、娱乐用房屋	0.9509	0.9145	0.9435	0.9408	0.9410	0.9518	0.9806	0.9303	0.9678	0.9886	0.9629
公共管理和社会组织	0.9842	0.9551	0.9231	0.8851	0.9586	0.9850	0.8839	0.8559	0.7691	0.8619	0.8075

表6 2014年珠江—西江经济带各城市产业结构的灰色关联度（r）及排序

城市	广州	肇庆	南宁	柳州	佛山	云浮	梧州	贵港	来宾	百色	崇左
r	0.9568	0.9434	0.9398	0.9379	0.9335	0.9262	0.9241	0.9122	0.8844	0.8761	0.8678
排序	1	2	3	4	5	6	7	8	9	10	11

表7 2014年珠江—西江经济带各城市不同行业的灰色关联度（r）及排序

行业	居民服务、修理和其他服务业	金融业	水利、环境和公共设施管理业	批发和零售业	住宿和餐饮业	文化、体育、娱乐用房屋	交通运输、仓储和邮政业	建筑业	制造业	卫生、社会保障和社会福利业
r	0.9667	0.9608	0.9580	0.9523	0.9522	0.9521	0.9514	0.9500	0.9354	0.9339
排序	1	2	3	4	5	6	7	8	9	10

行业	教育	科学研究、技术服务和地质勘查业	信息传输、计算机服务和软件业	电力、燃气及水的生产和供应业	公共管理和社会组织	房地产业	租赁和商务服务业	农林牧渔业	采矿业	
r	0.9244	0.9187	0.9156	0.9118	0.8972	0.8923	0.8835	0.8192	0.7762	
排序	11	12	13	14	15	16	17	18	19	

首先，从表5可以明显看到，各城市产业结构具有非常大的相似性，即产业结构具有较大趋同性；同时，由各城市产业结构的灰色关联度排序（见表6）可以看出各城市的产业结构与珠江—西江经济带总体产业结构相似性的高低排序，其相似性从高到低的地区排序依次为广州、肇庆、南宁、柳州、佛山、云浮、梧州、贵港、来宾、百色、崇左，但其产业结构

的总体差异不大。其次，从表5可以看到，2014年不同行业与珠江—西江经济带总体产业的相似度也不相同。同时，由表7可以看到，采矿业的灰色关联度（0.7762）最小，表明由于矿产资源空间分布的差异，各市的采矿业发展也较不均衡；农林牧渔业（0.8192）与其他行业的灰色关联度次之，表明各市的农林牧渔业发展水平与其他行业之间的发展差异也较大，且其发展水平也相对较低；租赁和商务服务业的灰色关联度（0.8835）排在倒数第三位，灰色关联度也相对较低；房地产业的灰色关联度为0.8923，该行业在珠江—西江经济带内的分工初步显现；公共管理和社会组织的灰色关联度（0.8972）也较小。相比较而言，各市在制造业，卫生、社会保障和社会福利业，教育，科学研究、技术服务和地质勘查业，信息传输、计算机服务和软件业，电力、燃气及水的生产和供应业等行业的差别相对较小。居民服务、修理和其他服务业（0.9667），金融业（0.9608），水利、环境和公共设施管理业（0.9580），批发和零售业（0.9523），住宿和餐饮业（0.9522），文化、体育、娱乐用房屋（0.9521），交通运输、仓储和邮政业（0.9514），建筑业（0.9500）等行业的灰色关联度在0.9500及以上，灰色关联度相对较高，也表明各城市间这些行业具有较大的同构性。

四 珠江—西江经济带各城市经济联系强度分析

利用式（6）测算得到2005年、2014年珠江—西江经济带各城市间的经济联系强度（见表8）。可以发现以下方面。

首先，从整体上看，经过10年的发展，各城市间的经济联系越来越紧密。早在2005年，广西的百色、来宾、崇左分别与广东的佛山、肇庆、云浮之间的经济联系强度几乎为0，表明当时其两两城市之间的经济联系强度较低；同时由于公路里程的测算采用的是最新的公路里程数据，在此也更能说明其当时的经济联系强度也较低，但到2014年其相互之间的经济联系强度已有所提高；与此同时，广州—百色、广州—崇左的经济联系强度在2005年只为1，其城市间距离广州—百色（803公里）、广州—崇左（693公里）为珠江—西江经济带各城市间距离最远的，而其经济联系强度在2014年分别达到4、3，增长了2~3倍，但是还远不及广州—佛山之间的经济联系强度，差距仍较大。

其次，不同城市之间的经济联系强度差距较大，距离是重要影响因素之一。2014 年广州—佛山的经济联系强度最高，达到 10085，较 2005 年增长 2 倍多，其经济联系一直较紧密；广州—肇庆、佛山—肇庆、肇庆—云浮次之；最低的是百色—肇庆、百色—云浮、百色—梧州、来宾—云浮、佛山—崇左、肇庆—崇左、崇左—云浮、梧州—崇左，其经济联系强度均为 1，经济联系不紧密，反映了地理位置在经济联系中的地位也非常重要。跨省域层面：2014 年从广东 4 市对广西 7 市的影响来看，广州—梧州的经济联系强度最高，肇庆—梧州、云浮—梧州、佛山—梧州次之，距离因素影响较大；从广西省域层面来看，柳州—来宾（165 公里）经济联系强度最高，远高于南宁—柳州，而南宁—贵港（148.7 公里）次之，没有突破距离影响；广州—南宁比广州—柳州的距离远，可经济联系强度反之，突破了距离影响，可能是省会之间联系较强突破了距离封锁。广州对外的经济联系强度最高，反映了广州在珠江—西江经济带各城市中发挥了巨大的作用；南宁作为广西的核心城市，与广州的联系不是很强，且远小于南宁与贵港、柳州的经济联系，需要进一步加强省份之间核心城市的经济联系强度。

表 8　2005 年和 2014 年珠江—西江经济带各城市经济联系强度

2005年 ＼ 2014年	广州	佛山	肇庆	云浮	南宁	柳州	梧州	贵港	百色	来宾	崇左
广州		2897	87	22	4	3	7	3	1	2	1
佛山	10085		54	13	2	1	4	2	0	1	0
肇庆	349	208		32	1	1	4	1	0	0	0
云浮	81	44	128		1	1	4	1	0	0	0
南宁	18	9	6	4		5	1	10	4	5	8
柳州	11	5	4	2	24		1	4	1	16	1
梧州	31	15	18	16	7	6		2	0	1	0
贵港	12	6	5	3	45	18			1	6	1
百色	4	2	1	1	16	3	1	3		1	1
来宾	5	3	2	1	21	64	3	22	2		0
崇左	3	1	1	1	36	3	3	3	2		

五 珠江—西江经济带城市间产业分工及空间经济联系变化的影响机理分析

（一） 交通基础设施

城市间的空间经济联系强度受城市间可达性影响很大，表 8 中是基于高速公路里程的分析，各城市之间的相互作用在空间上悬殊，空间经济联系差距问题仍较突出。在交通基础设施体系不断完善的背景下，城市间的可达性随着交通基础设施体系的完善和升级也不断增强，即城市间的各层次交通网络越完善，城市间的经济往来便捷性就越强，意味着城市交通基础设施将直接影响城市的空间可达性（尹鹏等，2014）。珠江—西江经济带内各城市间的高速铁路、公路不断建成通车，有利于改善城市间的交通基础设施条件，通勤频次也不断增加；沿江的航道不断进行清淤处理及进一步拓宽，促使运速得到有效提升，有效增强了城市间的空间经济联系，推动了城市间的产业发展和分工协作。随着城市交通基础设施覆盖面的扩展，经济带内可达性较差的城市也会进一步加强和其他城市之间的联系，有利于促进资源要素的合理流动，促进城市间产业分工的进一步发展。

（二） 产业分工合作

城市间产业分工、空间经济联系强度受产业间联系影响较大，在城市间产业分工越发深化的背景下，城市产业间的联系随着产业分工合作的发展而不断加强，即城市间分工合作水平越高，城市间的经济联系强度就越高，产业分工合作水平将直接影响城市间、产业间的分工合作联系。珠江—西江经济带内各城市均具有一定的优势产业，如百色、崇左、云浮、肇庆等资源性城市的采矿业，佛山的制造业，柳州的建筑业等，而采矿业、制造业、建筑业之间的产业间联系强度较高，这种产业间的内在联系将进一步加强佛山、柳州、百色、崇左、云浮、肇庆之间的经济联系，推动城市间产业分工和空间经济联系的发展。随着各城市逐渐形成各自的优势产业，城市间的这种产业分工合作将越发明显，也将进一步带动城市间的空间经济联系及其发展。

（三）自然地理位置和环境

城市间的产业分工、空间经济联系强度受区域比较优势、资源要素禀赋的影响较大。珠江、西江流域上接云贵、纵贯两广、下通港澳，是连接西南和华南的"黄金水道"，流域上游自然资源禀赋优越，流域下游资金雄厚。广东、广西的自然地理环境不同，其自身亦分别有各自的资源、技术、资本优势，如广东根据下辖城市的优势产业已形成以下发展模式，即广州（资本、技术）—佛山（制造）—云浮、肇庆（矿产）模式，其省际城市互补性较强；而广西则形成了南宁（资本、服务）—柳州（制造）—贵港、百色、来宾、崇左（资源）组合，城市间产业发展互补性也较强，但是广东、广西省区间的产业发展差距仍较大，尤其是受到广东、广西之间因行政区划因素影响，虽然广西下辖各市的资源优势相对比较明显，如采矿业、农林牧渔业（百色、崇左、来宾）等优势比较突出，但广东、广西之间的产业分工协作及空间经济联系受到行政壁垒因素影响较大，跨省城市之间的互补性相对较弱，广东的经济发展也未充分辐射和影响到广西。总而言之，自然地理位置和环境状况是影响广东、广西省区内城市间产业分工及空间经济联系强度的重要因素，并且其空间距离越近，其经济联系也相对越紧密。

（四）区域协调发展机制

区域协调发展机制是影响珠江—西江经济带城市间产业分工及空间经济联系的重要因素。区域协调发展机制是区域协调发展系统的重要组成部分，是协调处理区域内各种生产要素配置及各种经济社会关系的复杂的机理系统。随着各城市间分工协作水平的不断提升，其也将进一步促进区域之间的协调发展，强化城市间的空间经济联系。与此同时，城市之间政府机构和各种行业协会机构可以作为区域协调发展机制的行为主体，在区域协调发展中积极发挥其主体和影响力作用，通过政府机构和各种行业协会机构等行为主体对资源的调节和配置作用，引导各种生产要素的合理流动以及企业之间的竞争合作，深入推进各城市经济综合实力的增强以及区域协调发展目标的实现，更好地推进城市间产业分工及其空间经济联系。区域协调发展也是区域间经济上关联互动、经济利益共同增长、经济差距趋于缩小的状态和过程（孙海燕、王富喜，2008）。随着广东、广西两省区政府之间的工作协调能力及其分工合作水平的提升，以及珠江—西江经济带区域协调发展机制的健全，其将有利于推动珠江—西江经济带城市间产业分工及空间经济联系的深化发展。

六 结论与建议

（一）结论

通过采用城市相对专业化指数、城市间相对专业化指数、行业间相对专业化指数、区位熵的灰色关联分析法以及经济联系强度模型，对珠江—西江经济带各城市间产业分工及其空间经济联系进行研究，可以发现以下方面。

第一，除了云浮、来宾等城市之外，珠江—西江经济带上的大部分城市的相对专业化水平整体在提高。但是广州、南宁、柳州三大城市的相对专业化指数仍较低，其中广州、南宁的相对专业化指数直到 2013 年才发生较大变化；同时，经济带内其他各个城市的相对专业化指数也整体在提高，但部分城市多样化特征仍较明显，区域分工特点仍不够凸显。

第二，珠江—西江经济带各城市间相对专业化指数普遍不高，即各城市间产业结构相似度较高。在广东省内，城市之间产业同构度最高的组合是肇庆和云浮，这两个城市的优势产业分别是公共管理和社会组织、采矿业；在广西，城市之间产业同构度最高的城市组合是来宾与崇左，这两个城市的优势产业均是农林牧渔业、采矿业。而佛山与百色的城市间相对专业化指数相对较高，其城市差异性也相对较大。

第三，在 2005~2014 年珠江—西江经济带的核心城市与其他城市的产业分工中，广州、南宁与省内其他绝大部分城市之间的相对专业化指数呈动态上升趋势，且增幅越来越大，其与省内其他大部分城市的产业内部结构的差异性有所扩大。但是，南宁与柳州、来宾之间的城市间产业相对专业化指数呈轻微下降趋势，产业发展具有趋同趋势。

第四，2005~2014 年，珠江—西江经济带各城市的优势产业没有发生太大变化，产业分工不是很明确。广东省的广州、佛山、云浮和肇庆的行业间相对专业化指数呈现不同方向变化的趋势，各城市大部分产业的优势都有一定程度的增强；广西各城市的行业间相对专业化指数也有较大的升幅或下降趋势，变化较大，部分产业的优势在不断增强或正在逐渐转型，但也有部分产业的优势正在逐渐减弱。

第五，各城市产业结构具有非常大的相似性，产业结构具有较大趋同性；各城市的产业结构与珠江—西江经济带总体产业结构的相似性从高到低的地区排序依次为广州、肇庆、南宁、柳州、佛山、云浮、梧州、贵港、来宾、百色、崇左，但其产业结构的总体差异不大。2014 年各城市不同行业与珠江—西江经济带总体产业的相似度也不相同，不同行业城市间差异较大，且城市间的产业也具有较大的同构性，地域分工优势尚不明显。

第六，珠江—西江经济带各城市经济联系强度越来越紧密。在 2005年，部分城市之间的经济联系强度较低，但到 2014 年其相互之间的经济联系强度已有较大提高，但是部分城市间的经济联系强度仍较低，城市间差距仍较大。而距离因素是不同城市间经济联系强度低的重要影响因素之一。同时，珠江—西江经济带上各省域的核心城市即广州、南宁这两个城市之间的经济联系强度仍较低，还需要进一步加强并充分发挥两者对周边城市经济发展的辐射带动作用。此外，交通基础设施、产业分工合作、自然地理位置和环境、区域协调发展机制是影响珠江—西江经济带城市间产业分工及空间经济联系的重要因素。

（二）加强珠江—西江经济带各城市间产业分工及空间联系的对策建议

基于上述研究结论，应从以下方面不断加强珠江—西江经济带各城市间产业分工及其空间经济联系。

第一，优化经济带产业结构，推动城市产业联动发展。一是广州、南宁作为珠江—西江经济带的核心城市，要加快推动产业的专业化发展，并带动经济带内其他城市的发展；其他城市要结合自身的优势，推动产业的专业化发展，并加强与核心城市之间的空间经济联系。而一些跨区域联系的城市组合，如佛山—百色、佛山—崇左、柳州—云浮、柳州—肇庆等，需要进一步完善珠江—西江经济带的水道以及沿线的公路、铁路等基础设施建设，尽可能缩短通行时长。二是各城市不宜追求"大而全"的发展模式，要结合城市要素禀赋、比较优势和主导产业等的核心要求，重点发展特色鲜明的产业；同时要结合各城市的资源优势以及技术、人才、制度和市场等优势，进一步明确城市发展定位，并从经济带一体化发展视角出发，加强各城市之间的专业化分工与合作。

第二，结合供给侧结构性改革，推动产业结构转型升级。首先，广西应该借助广东先进的科技、创新和资金优势，不断提升广西各城市的采矿业、制造业的技术创新水平，做到科学合理、高效、低污染开发，并加强广东和广西的制造业、采矿业等优势产业合作，就近资源地开发生产、就地招工，带动两省份经济的共同发展，并减小因距离因素对城市之间经济联系强度的影响；其次，应该加强广州、南宁、佛山、柳州对周边城市的辐射带动功能，不断提升各城市的金融和商务服务水平，并改善各城市当前空间联动发展较弱的批发和零售业，住宿和餐饮业，交通运输、仓储和邮政业等产业；最后，由于珠江—西江经济带内各城市在旅游业等行业的发展都相对较薄弱，对外辐射力和联系强度不强，应充分发挥各地的地域特色优势，鼓励和吸引社会资本、金融资本积极参与到东西部产业合作以及周围地区的旅游开发中，加快推动资源优势向产业优势转化（钟学思等，2016）。

第三，打造协同创新平台，推动三大产业协同发展。首先在珠江—西江经济带内的第三产业中，优势产业的数量仍不多，并且除广州之外的其他绝大部分城市的技术创新优势仍不够突出，因此要进一步整合珠江—西江经济带内现有技术创新平台及各类研发机构，同时引进国内外知名技术创新平台和研发机构以及各类高科技人才，着力打造产业技术创新平台。其次珠江—西江经济带的优势产业仍主要集中在第一、第二产业，还需要进一步推动现代服务体系的发展，尤其是现代服务业、现代物流业、信息服务业、商务服务业、生产服务业等，各城市要积极完善自身的第三产业发展并积极做好相应的政策配套。最后是推动新型工业化与现代服务业的协同发展。新型工业化是需要建立在信息化基础之上的，并要求具备较高的可持续发展能力和水平，且与传统工业化相比较，其还要求进一步加强生态建设和环境保护，因此，这需要着重处理好经济发展与人口、资源、环境之间的关系，走资源消耗低、环境污染少的发展道路（詹新宇、黄河东，2012）。

第四，完善运输通道建设，加强城市间产业空间联系。一是珠江—西江经济带内区域经济发展差异较大，加强珠江—西江经济带内城市间直达性建设，增加城市间通勤频次，加快珠江—西江经济带的运力与公路基础设施建设：扩宽航运、清理水道，配套沿江沿线的基础设施服务，建立沿

江、沿公路产业联动发展机制，加快口岸、港口、物流园区建设，结合
"互联网+"的发展模式突破区域空间限制，形成连接经济带各城市的快
速、便捷、高效的物流通道，切实解决行政区域与经济带发展的矛盾与摩
擦，消除行政壁垒，促进比较优势、资源和生产要素在各城市间的自由流
动，促进跨区域经济快速发展。二是结合国家建设海上丝绸之路经济带、
孟中印缅经济走廊以及打造中国—东盟自贸区升级版的战略机遇，充分利
用经济带的广州港、南宁港等港口优势，全面深化对外开放，增加对外商
品的贸易往来，积极主动地承接国际高端产业转移，进一步推动现代产业
体系的建设。

参考文献

高安刚、张林、覃波，2015，《基于行业上游度的广西产业分工地位研究》，《广西
社会科学》第 12 期。

国家发展改革委，2014，《关于印发珠江—西江经济带发展规划的通知》，http://
www. ndrc. gov. cn。

蒋团标、常玲，2016，《珠江—西江经济带产业联动的实证分析》，《改革与战略》
第 2 期。

黎鹏、吴磊、杨宏昌，2016，《珠江—西江经济带县域经济空间格局演化分析》，
《区域经济评论》第 3 期。

苗长虹、王海江，2006，《河南省城市的经济联系方向与强度——兼论中原城市群
的形成与对外联系》，《地理研究》第 2 期。

裴金平、廉超，2016，《珠江—西江经济带经济重心偏移特征及区域经济差异研
究》，《广西师范大学学报》（哲学社会科学版）第 2 期。

舒元、杨扬，2009，《城市间产业集聚与产业分工演化——基于 1998~2007 年广东
省城市工业发展的实证分析》，《国际经贸探索》第 2 期。

孙海燕、王富喜，2008，《区域协调发展的理论基础探究》，《经济地理》第 28 期。

王春萌、谷人旭、高士博等，2016，《长三角经济圈产业分工及经济合作潜力研
究》，《上海经济研究》第 5 期。

席敏强、李国平，2015，《京津冀生产性服务业空间分工特征及溢出效应》，《地理
学报》第 12 期。

许登峰、傅利平，2010，《广西产业集聚现状及对策研究》，《北京理工大学学报》
（社会科学版）第 3 期。

颜蔚兰，2016，《珠江—西江经济带城市网络化分析》，《学术论坛》第 2 期。

尹鹏、李诚固、陈才，2014，《东北地区省际城市可达性及经济联系格局》，《经济
地理》第 6 期。

詹新宇、黄河东，2012，《广西产业结构升级的经济波动效应研究》，《广西师范大学学报》（哲学社会科学版）第 6 期。

张祥、杜德斌，2013，《省际工业分工合作及其空间联系研究——基于中部六省案例》，《经济地理》第 5 期。

钟学思、阙菲菲、陈薇，2016，《珠江—西江经济带城市旅游结构体系优化研究》，《广西师范大学学报》（哲学社会科学版）第 2 期。

Krugman，P. 1991. *Geography and Trade*. The MIT Press.

珠江—西江流域经济空间
分异态势及其机制研究

黎　鹏　罗苏华　杨宏昌[*]

摘　要：本文以珠江—西江流域 63 个县域单元为研究对象，选取人均 GDP 为主要衡量指标，分析 2004~2014 年流域经济空间分异态势，并通过空间计量模型分析其分异机制。结果显示：其一，以变异系数衡量的流域经济相对差异呈缩小趋势，空间集聚效应呈减弱态势；其二，流域经济重心偏向流域下游，经济空间向着"点—轴"结构模式演化；其三，流域经济空间出现多极多元核心—边缘结构；其四，流域经济空间分异格局源于区域资源禀赋、分工和制度等因素在空间上的相互作用。

关键词：珠江—西江流域　空间分异　空间自相关　空间计量模型

一　引言

区域经济空间分异能客观地反映区域内部经济发展的不均衡，有助于进一步探究造成区域经济空间差异的原因，这是区域经济空间结构研究的热点问题之一（黄峥、徐逸伦，2011）。作为区域经济的主要增长点，流域是一种具有自然和经济二重性的特殊区域类型，是进行以水资源开发利用为中心的综合开发的地域单元（陈湘满，2002；胡碧玉，2004；李俊等，2004）。流域经济的开发涉及社会、经济、自然等领域，与区域发展

---

* 作者简介：黎鹏，男，广西桂平人，博士，二级教授，博士研究生导师，主要研究方向为区域经济发展理论与实践；罗苏华，女，广西来宾人，硕士研究生，研究方向为区域经济发展；杨宏昌，男，河南偃师人，博士研究生，研究方向为区域经济发展。

密不可分（张侃侃，2013）。目前，国内学者对流域经济空间分异的研究多集中于长江、黄河等大河流域，研究方法偏向于运用多学科综合及创新研究（张侃侃，2013）。覃成林和李敏纳（2010）、李敏纳等（2011）、覃成林和周二黑（2010）、樊福才（2008）等学者选取不同的研究视角，系统分析了黄河流域经济空间分异态势、分异过程及作用机制。王兵等（2006）学者以县市为基本单元，研究了伊洛河流域经济空间分异现状及造成经济空间分异的主导因素。陈国阶（1995）、邓宏兵（2000）、王良健等（2005）、覃剑和冯邦彦（2012）、罗君（2010）等学者运用数理统计、面板计量、主成分分析等方法，先定量分析长江流域经济差异现状，再定性分析其形成机制。以上研究成果为探究国内其他流域的经济空间分异奠定了一定的理论与实证基础。

珠江—西江经济带是我国首个跨省流域经济带，是珠江三角洲转型发展的重要战略腹地。作为连接我国东部发达地区和西部欠发达地区的典型区域，对珠江—西江流域经济的协调发展研究显得极具意义。当前，学术界对于珠江和西江流域的研究偏向于经济一体化合作、可持续发展和资源协调配置。在桂粤协同发展的研究中，黎鹏（2003）等学者提出打造"西江走廊"的观点，充分发挥西江流域的区位优势，促进广东与广西协同发展。代明、覃剑（2009）等学者选取时间、空间角度，对西江流域上、中、下游的经济发展水平现状进行测度和分析。代明等（2012）学者运用基于面板数据的 DEA 模型，评价 2005～2009 年西江流域的相对效率与内部成本差异。在珠江和西江流域的相关研究中，几乎没有涉及珠江—西江流域的经济空间分异及其影响机制。本文将以现有的黄河、长江等大河流域经济空间分异研究为基础，进一步探究珠江—西江流域的经济空间分异态势及分异机制，为珠江—西江流域经济协调发展提供决策参考。

二 研究方法的选取

（一）研究单元及数据来源

2014 年的《珠江—西江经济带发展规划》明确了珠江—西江经济带的区域范围、建设目标和发展规划。本文研究的珠江—西江流域主要包括珠江—西江经济带核心区域范围内的县域和市辖区，共 63 个研究单元，分别归属于广州、佛山、肇庆、云浮、南宁、柳州、梧州、贵港、百色、来宾、崇左 11 个市。其中，前 4 个市隶属于广东省，剩余的市隶属于广西壮族自治区。

本文选取 2004~2014 年的人均 GDP 作为探究流域经济空间分异态势的衡量指标，并以 2005 年、2014 年为经济空间分异机制的研究时点，指标数据主要来源于 2005~2015 年《广西统计年鉴》《广东统计年鉴》以及相关数据的整理。为了消除不同物价水平对研究单元内人均 GDP 的影响，本文以 2000 年为基期的人均 GDP 不变价研究流域经济空间分异态势。

（二）主要研究方法

1. 变异系数（C_v）

变异系数能够反映研究单元经济指标的离散程度，即变异系数的数值可以反映研究单元不同年份的经济空间差异大小，以其变化程度分析珠江—西江流域经济空间分异在研究时段内的变化规律。变异系数的计算公式为（张学斌，2010）：

$$C_v = \frac{1}{\bar{y}} \sqrt{\frac{\sum_{i=1}^{n}(y_t - \bar{y})^2}{n}} \tag{1}$$

式中：$\bar{y}$ 表示珠江—西江流域研究单元的平均人均 GDP，y_i 表示珠江—西江流域第 i 个研究单位的人均 GDP，n 表示研究单位的个数，$\sqrt{\dfrac{\sum_{i=1}^{n}(y_t - \bar{y})^2}{n}}$ 为各研究单元研究变量的标准差。变异系数可以消除单位或者平均数的不同对各个研究区域变异程度的影响，能将各个研究区域的变异程度无量纲化。

2. 空间自相关

自相关可用于分析不同研究单元的同一属性存在的相关关系。空间自相关则可以用于测量研究单元的空间属性与地理位置的相关性，相关性的高低可以用于判断空间现象集聚程度的强弱（Cliff and Ord，1973）。根据研究目的的差别，空间自相关主要包括两种类型：全局空间自相关（GSA）、局部空间自相关（LISA）。前者反映观测属性在整个研究区域中的空间相关性趋势，一般用 Moran's I 指数衡量。后者着重测度每个区域与其周边区域的空间差异程度，是将 Moran's I 指数分解到各个区域单元，常用 Local Moran's I（LISA）指数衡量局部空间自相关程度（王辉等，2013）。本文分别运用全局空间自相关和局部空间自相关的方法分析珠江—西江流域经济空间分异程度。

第一，全局空间自相关的 Moran's I 指数的计算公式为（Moran，1950）：

$$I = \frac{\sum_{i=1}^{n} \sum_{j=1}^{n} w_{ij}(y_i - \bar{y})(y_j - \bar{y})}{S^2 \sum_{i=1}^{n} \sum_{j=1}^{n} w_{ij}} \quad (i,j = 1,2,\cdots,n; i \neq j) \tag{2}$$

式中，i，j 表示研究单元，n 为研究单元的个数，y 表示研究单元内的人均 GDP，$\bar{y}$ 表示平均人均 GDP，S^2 表示人均 GDP 方差值，w_{ij} 表示研究区域中两两研究单元之间的空间权重，当区域 i 与区域 j 相邻时，$w_{ij}=1$，反之 $w_{ij}=0$。

第二，局部空间自相关的 Local Moran's I 指数的计算公式为（Cliff and Ord，1973）：

$$I_i = \frac{(y_i - \bar{y})}{S^2} \sum_{j=1}^{n} w_{ij}(y_j - \bar{y})(i \neq j) \tag{3}$$

式中，w_{ij} 表示空间权重，与全局自相关计算公式中的空间权重取值一致；y_i 和 y_j 在本文中分别表示区域 i 和区域 j 的人均 GDP；$\bar{y} = \frac{1}{n} \sum_{i=1}^{n} y_i$ 是区域内人均 GDP 的平均值；$y_i - \bar{y}$ 表示各研究区域的人均 GDP 与平均人均 GDP 的偏差量；$S^2 = \frac{1}{n} \sum_{i=1}^{n} (y_i - \bar{y})^2$ 是区域 i 人均 GDP 的方差。

3. 空间计量模型

常用的空间计量模型有空间滞后模型（SLM）和空间误差模型（SEM），前者着重探讨观测值是否存在空间溢出效应，后者则强调误差变量在相邻区域间的空间依赖作用，二者为加入了不同空间效应的常系数计量模型，公式分别为（Anselin and Florax，1995；吴玉鸣，2006）：

$$y_i = \rho W_{ij} y_i + \sum_k X_{ik} \beta_k + \varepsilon_i \qquad (4)$$

$$y_i = \sum_k X_{ik} \beta_k + \mu_i, \mu_i = \lambda W_{ij} \mu_i + \varepsilon_i \qquad (5)$$

公式（4）和公式（5）中，y 为被解释变量，ρ 为空间回归系数，W_{ij} 为邻近县域 i 和 j 的空间权重矩阵，$W_{ij} y_i$ 为空间滞后项，X_{ik} 为第 i 个县域的第 k 个影响因素，β_k 为回归系数，ε_i 为随机误差项，λ 为空间误差系数，$W_{ij} \mu_i$ 为空间滞后误差项。

三　珠江—西江流域经济空间分异态势分析

（一）经济空间相对差异缓慢减小，空间集聚效应呈减弱态势

为了进一步观测珠江—西江流域经济空间分异态势，本文通过 MATLAB 软件计算人均 GDP 的变异系数及标准差，并运用 GeoDa 软件计算 Moran's I 指数，结果如表 1 所示。

表 1　2004~2014 年珠江—西江流域经济空间分异情况

	2004 年	2005 年	2006 年	2007 年	2008 年	2009 年	2010 年	2011 年	2012 年	2013 年	2014 年
变异系数	0.188	0.186	0.153	0.150	0.129	0.105	0.090	0.060	0.053	0.045	0.040
Moran's I	0.717	0.636	0.640	0.646	0.644	0.629	0.612	0.563	0.541	0.535	0.513
标准差（元）	1480	1602	1498	1615	1555	1408	1354	994	936	845	811

为了更直观地分析珠江—西江流域经济差异的变化规律，本文将表 1 的变异系数、Moran's I 指数和标准差的数值用折线的形式展现，见图 1。

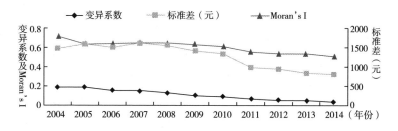

图 1　2004~2014 年珠江—西江流域经济年度差异折线

由表 1 和图 1 可知，人均 GDP 的标准差总体呈下降的趋势，2006 年、2011 年的下降幅度最大，其余年度均呈缓慢下降趋势。2004 年和 2014 年人均 GDP 的标准差分别为 1480 元、811 元，后者几乎是前者的 1/2。这些数据表明，珠江—西江流域整体经济水平不断提升，且研究单元经济绝对差异不断缩小，经济空间扩散效应占主导地位。

2004～2014 年，变异系数呈逐年减小的状态，这表明经济相对差异在缓慢缩小，流域经济空间分异态势有所缓解；2004～2014 年 Moran's I 指数均大于 0.5 且整体呈下降态势，其中 2004～2010 年呈波动下滑状态，2011 年之后下降幅度呈收敛趋势。从空间全局自相关的角度分析，2004～2014 年珠江—西江流域经济空间分异程度仍然较为严重，但空间集聚作用有减弱趋势。

综合上述，随珠江—西江流域经济水平的提升，空间经济绝对差异明显缩小，相对差异迂回下降并逐步平稳。从时间特征上分析，珠江—西江流域经济空间集聚程度在研究时段内呈减弱态势，空间扩散作用呈加强趋势。

（二）经济重心偏向流域下游，经济空间向着"点—轴"结构模式演化

为了便于研究珠江—西江流域经济重心的分布规律，下文运用 ArcGIS 软件分别绘制 2004 年、2010 年和 2014 年这三个时间点上的各研究单元人均 GDP 分布演变格局（见图 2）。

2004 年，珠江—西江流域人均 GDP 高值区主要集中于流域下游的广州市辖区、佛山市辖区、肇庆市辖区、增城市辖区，并分散存在于流域中游的梧州市辖区、柳州市辖区、南宁市辖区。百色市辖区和平果县是引领流域上游区域经济发展的高值区，但中上游区域的欠发达地区面积仍占流域面积的绝大部分。

2010 年，珠江—西江流域人均 GDP 高值区的分布没有明显变化。其中，借助肇庆市辖区的辐射作用，四会市迅速发展成为高值区的一部分。较之于 2004 年的经济发展状况，2010 年的人均 GDP 低值区大幅减少。肇庆、梧州、柳州、南宁、百色 5 个市辖区的经济发展态势对周边县域经济水平的提高有积极的促进作用，区域经济辐射作用明显。

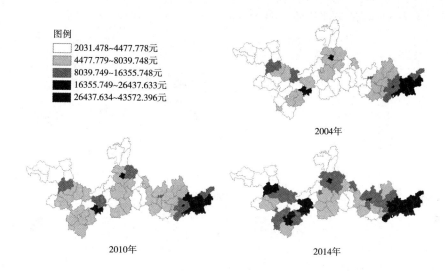

图2　2004年、2010年和2014年珠江—西江流域人均GDP分布演变格局

2014年，珠江—西江流域经济重心仍以下游区域为主。与此同时，中上游区域的梧州、柳州、南宁、崇左等市辖区的经济扩散作用增强。该时点，流域人均GDP高值区不断增多，区域经济扩散作用仍在加强，但上游区域的桂西资源富集区和柳州地区的三江、融水、融安等地段一直属于经济发展缓慢地区。

总体而言，在2004年、2010年和2014年这三个时间断点上，珠江—西江流域的人均GDP高值区域集中分布在流域下游、分散存在于中上游地区，广州、佛山、梧州、柳州、南宁等市辖区的经济空间扩散效应越发明显。从空间角度看，以人均GDP高值区为流域经济空间的"点"，以流域干流形成的空间轴线为"轴"，珠江—西江流域在经济空间上呈现的"点—轴"结构模式逐年凸显。从时间角度分析，流域经济空间分异呈逐年减缓态势，人均GDP低值区域所占面积逐年缩小，但低值区域连片出现仍旧严重阻碍流域经济发展。

（三）流域经济空间出现多极多元核心—边缘结构

为了探究63个研究单元的局部关联模式，本文运用GeoDa软件分别对2004年、2010年和2014年三个时间断点的人均GDP数据进行局部空间自相关（LISA）分析。本文选择99次蒙特卡洛模拟，空间集聚结果均通过水平为5%的显著性检验（见图3）。

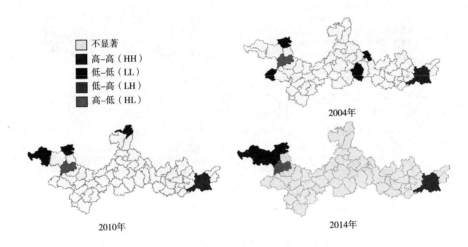

图3 2004年、2010年和2014年珠江—西江流域人均GDP局部空间自相关（LISA）

局部空间关联模式是指研究单元与邻近区域的相关关系，主要包括以下4种类型：HH型为扩散效应区，二者经济空间差异程度较小，具有同步高增长趋势；HL型为极化效应区，二者经济差异程度较大；LH型为过渡区，中心研究单元形成经济空间差异凹陷；LL型为低速增长区，二者间经济空间差异程度较小，在空间上形成低速增长带（周二黑，2007；李敏纳、蔡舒，2010；张志斌等，2011）。

由图3知，2004年、2010年和2014年这三个时点的广州和佛山市辖区属于热点区域，其经济空间集聚程度相当高，对周边地区的辐射效应明显，因此称之为扩散效应区。在上述三个研究时点上，与低速增长区接壤的百色市一直是极化效应区，是低速增长区的增长极。2010年，在三江侗族自治县、隆林各族自治县和西林县加入人均GDP低速增长区的同时，蒙山县、桂平市和那坡县逐步摆脱低速增长区域的困境。2014年，田林县加入低速增长区之后，使桂西地区的极化效应更为明显。

综合上述分析，珠江—西江流域的热点区域集中于下游的广州、佛山市辖区。综合图2可知，流域中上游也分散存在百色市、南宁市、柳州市等多个增长极。流域下游极核的扩散作用与上游边缘区域的制约作用之间相互影响，形成多极多元的核心—边缘结构。

四 珠江—西江流域经济空间分异机制

国内外诸多学者从多个视角对区域经济空间分异机制进行研究，这些视角主要归纳为以下 5 个：资源禀赋、经济活动主体、经济空间客体、分工、制度（李敏纳、蔡舒，2010）。由以上的空间统计分析可知，珠江—西江流域县域经济空间分异态势存在明显的空间相关性及差异性，本文从资源禀赋、分工、制度三方面确立指标体系，以空间计量模型为分析方法，进一步剖析经济空间分异态势的形成机制。

（一）构建指标体系

结合珠江—西江流域县域经济实况，综合考虑统计数据的可获得性、有效性和科学性，本文构建如表 2 所示的经济空间分异机制定量度量指标体系，用以探究珠江—西江流域县域单元的空间相互作用机制。

表 2 经济空间分异机制定量度量指标体系

指标类别	一级测度指标	二级测度指标
资源禀赋	耕地资源	人均耕地面积（公顷）
分工	产业结构	非农产业占 GDP 比重（%）
	固定资产投资	人均全社会固定资产投资额（亿元）
制度	政府退市程度	地方财政支出占 GDP 比重（%）

（二）构建空间计量模型

区域经济空间分异是影响因子相互作用的结果。结合公式（4）和公式（5），本文以指标体系中的 4 个变量为空间效应影响因子，以区域人均 GDP 为被解释变量，分别构建 SLM 模型和 SEM 模型。模型取双对数形式，即对自变量和因变量均采用自然对数形式，可减少数据的波动程度并消除异方差对数据造成的影响；采用 OLS 模型与空间计量模型进行对比研究，以凸显加入空间效应后的模型效果。本文构建的模型如下。

一般线性回归模型（OLS 模型）：

$$\ln Y_i = \beta_1 \ln P_i + \beta_2 \ln I_i + \beta_3 \ln F_i + \beta_4 \ln G_i + \varepsilon_i \tag{6}$$

空间滞后模型（SLM）：

$$\ln Y_i = \beta_1 \ln P_i + \beta_2 \ln I_i + \beta_3 \ln F_i + \beta_4 \ln G_i + \rho W_{ij} y_i + \varepsilon_i \tag{7}$$

空间误差模型（SEM）：

$$\ln Y_i = \beta_1 \ln P_i + \beta_2 \ln I_i + \beta_3 \ln F_i + \beta_4 \ln G_i + \mu_i, \quad \mu_i = \lambda W_{ij} \mu_i + \varepsilon_i \tag{8}$$

式中，i 为第 i 个研究单元，Y 为人均 GDP，P 为耕地资源（每万人耕地公顷数），I 为产业结构（非农产业占 GDP 比重），F 为人均全社会固定资产投资额，G 为政府退市程度（地方财政支出占 GDP 比重），W_{ij} 为按照邻接准则求得的空间权重矩阵，$W_{ij} y$ 为空间滞后项，$W_{ij} \mu_i$ 为空间滞后误差项，ε_i 和 μ_i 为随机误差项。

（三）珠江—西江流域经济空间分异机制分析

1. 基于空间计量模型的实证分析

表 3、表 4 的模型估计结果均由 R 软件实现。由回归结果可知，空间误差模型（SEM）和空间滞后模型（SLM）的 R^2 均高于 OLS 模型，说明加入空间效应之后，模型拟合程度明显提高。2005 年 SLM 模型的对数似然函数值（Log L）和施瓦兹准则（SC）比 SEM 模型大，且前者的赤池信息准则（AIC）较后者小；2014 年 SLM 模型的 Log L 值较 SEM 模型大，且前者的 AIC 准则、SC 准则均小于后者。综合而言，SLM 模型的性能优于 SEM 模型，且这两个空间计量模型较 OLS 回归模型有改进。因此，在研究珠江—西江流域县域经济空间分异影响机制过程中，应结合 SLM 模型的估计结果做进一步分析。

表 3　2005 年计量模型估计值及检验结果

变量	2005 年								
	OLS			SLM			SEM		
	β	T 值	P 值	β	Z 值	P 值	β	Z 值	P 值
常数	7.2184	3.126	0.0028 ***	2.9327	1.5464	0.122	8.7575	4.8876	0.000 ***
$\ln P_i$	-0.2790	-2.129	0.0374 **	-0.2022	-2.021	0.043 **	-0.2215	-1.7871	0.0739 *

续表

变量	2005 年								
	OLS			SLM			SEM		
	β	T 值	P 值	β	Z 值	P 值	β	Z 值	P 值
$\ln I_i$	0.9400	2.239	0.0289 **	0.6206	1.9420	0.052 *	0.3771	1.2539	0.2099
$\ln F_i$	0.2822	2.995	0.0040 ***	0.2464	3.3896	0.001 ***	0.2613	3.7074	0.000 ***
$\ln G_i$	0.1554	1.836	0.0714 *	0.0093	0.1424	0.887	−0.0810	−1.0555	0.2911
$\rho\ (\lambda)$	—	—	—	0.5552	6.8387	0.000 ***	0.6850	8.3686	0.000 ***
R^2	0.5235			0.7026			0.706164		
Log L	−44.8034			−33.2713			−35.148		
AIC	99.6069			78.5427			80.2967		
SC	110.401			91.496			91.0911		

注：＊＊＊、＊＊、＊分别表示在 1%、5%、10%的水平下显著。

表 4　2014 年计量模型估计值及检验结果

变量	2014 年								
	OLS			SLM			SEM		
	β	T 值	P 值	β	Z 值	P 值	β	Z 值	P 值
常数	8.0493	4.088	0.000 ***	3.8685	1.9412	0.052 *	8.7831	4.8470	0.000 ***
$\ln P_i$	−0.1677	−3.427	0.001 ***	−0.0991	−2.173	0.0298 **	−0.1755	−3.1435	0.002 ***
$\ln I_i$	0.4595	1.070	0.289	0.5643	1.528	0.1264	0.3186	0.8260	0.4088
$\ln F_i$	0.3393	4.085	0.000 ***	0.3045	4.244	0.000 ***	0.3186	4.0003	0.000 ***
$\ln G_i$	−0.3470	−4.809	0.000 ***	−0.2537	−3.837	0.000 ***	−0.3114	−4.4172	0.000 ***
$\rho\ (\lambda)$	—	—	—	0.3542	4.109	0.000 ***	0.4057	3.222	0.001 ***
R^2	0.765506			0.8137			0.796160		
Log L	−10.6313			−4.53256			−7.843787		
AIC	31.2626			21.0651			25.6876		
SC	42.057			34.0184			36.482		

注：＊＊＊、＊＊、＊分别表示在 1%、5%、10%的水平下显著。

　　与此同时，2005 年、2014 年 SLM 模型估计结果中的空间滞后模型系数 ρ 均大于 0，且均通过 1%的水平显著性检验，这又一次证明周边县域的经济活动会对其经济发展造成一定程度的影响。2005 年、2014 年的 SEM

模型的空间误差影响系数 ρ 也为正数，且均通过 1% 的水平显著性检验，说明空间误差项的空间自相关性极强。可见，珠江—西江流域县域单元的空间溢出效应十分明显，而且相邻区域间的空间依赖作用较强。

2. 模型估计结果分析

在资源禀赋方面，人均耕地面积 P 是衡量区域耕地资源的标志性指标。在表 3 和表 4 的估计结果中，$\ln P$ 的弹性系数均为负数且通过显著性水平为 5% 的检验，表明耕地资源的减少对经济发展起推动作用。2005 年和 2014 年，广州、佛山、肇庆等市辖区的每万人耕地面积均小于 200 公顷，明显少于其他县域单元；相比之下，武鸣、柳城、西林、扶绥等县域的每万人耕地面积均大于 1000 公顷。可见，区域资源的开发利用、城市化进程的推进会占用耕地资源，所以人均耕地面积与流域经济发展呈现一定的负相关关系。

在社会分工方面，作为衡量产业结构的变量，$\ln I$ 的系数在模型估计中的显著性极差，但剔除 I 后的模型回归效果及各个变量的 P 值均明显降低，因此选择保留模型中的变量 $\ln I$。在回归模型中，变量 $\ln I$ 系数显著性差的原因可能在于区域间的产业结构分布极不平衡，所以在拟合过程中得不到较显著的弹性系数。原始数据显示，2005 年和 2014 年，广州、佛山、肇庆、柳州和梧州 5 个市辖区的二、三产业 GDP 占比分别大于 94%、96%；与此同时，2005 年的怀集、上林、西林、忻城、象州和武宣 6 个县的非农产业占 GDP 比重均在 55% 以下，2014 年的上林、宾阳、融水、苍梧、乐业和田林 6 个县的非农产业占 GDP 比重均在 65% 以下。可见，珠江—西江流域核心城市的服务业和制造业较为发达，非农产业占 GDP 比重高，而大片贫困地区依旧以农业为主，因此出现产业结构分布极不平衡的状况。

在表 3 和表 4 的模型回归结果中，变量 $\ln F$ 的系数显著为正，表明人均全社会固定资产投资额与流域经济的发展呈正相关关系。另外，2014 年的模型回归结果中，$\ln F$ 的回归系数较 2005 年大。可见，人均全社会固定资产投资额对地区经济发展的作用随时间变化而逐渐增大。

就政府退市程度而言，在 2005 年、2014 年的模型回归结果中，变量 $\ln G$ 的系数分别为不显著和显著为负两种状况。2005 年估计结果中，$\ln G$ 系数不显著，原因可能在于西部大开发战略的政策效应尚未凸显，地方财政支出占 GDP 比重尚未呈现明显的规律特征，因此不能拟合出显著的估计系数。从原始数据可知，随着珠江—西江流域经济水平的提升，2014 年广州、佛山、肇庆等流域下游区域的政府财政支出均小于其 2005 年的指标数据，进而回应了模型估计结果：政府财政支出占 GDP 比重与区域经济发展呈负相关关系。

本文选取资源禀赋、分工和制度为研究视角，以空间计量模型为研究工具，探究珠江—西江流域县域经济空间分异的影响因素之间在空间上的相互作用机制。其中，人均耕地面积、地方财政支出占 GDP 比重与流域经济发展呈负相关关系，其余变量均为正相关关系。综合上文研究结果，本文将珠江—西江流域的资源禀赋视为其经济发展载体、政策制度视为设计框架、社会分工结构视为不可或缺的建设材料，合理规划和配置珠江—西江流域的耕地资源、固定资产投资、产业结构和政府退市程度等诸多区域发展因素，可以有效地促进流域经济协调发展。

五　研究结论及启示

本文以 2004~2014 年珠江—西江流域 63 个研究单元的人均 GDP 为衡量指标，综合运用标准差、变异系数、Moran's I 指数衡量流域经济空间分异态势，并通过空间计量模型探究其分异机制，得出以下四个结论。第一，流域经济整体水平不断提高，空间经济相对差异逐步缩小；空间集聚效应呈减弱态势，空间扩散作用逐步增强。第二，流域经济重心偏向流域下游，即流域东部地区的广州市、佛山市和肇庆市等区域，经济空间向着"点—轴"结构模式演化。第三，流域经济空间呈现多极多元核心—边缘结构。流域下游极核扩散作用与上游边缘区域的制约作用相互影响。第四，流域经济空间分异格局源于资源禀赋、分工和制度等因素在空间上的相互作用，经济空间分异的强度在时间上呈减弱趋势，但空间分异态势依旧严峻。

珠江—西江流域横贯广东、广西，流域经济的发展对促进广东、广西经济一体化起积极推动作用。珠江—西江流域的区位优势能促进东部发达地区与西部欠发达地区的优势互补，能够进一步加大西南、中南地区的对外开放力度。对内，珠江—西江流域跨省区流域经济的发展可以成为我国建设"先富带动后富"的经济协同发展典范；对外，其经济的发展对于建设 21 世纪海上丝绸之路、加强中国与东盟各国之间的经济合作起到重要的枢纽作用。为了实现流域经济全面协调发展，我们应该遵循流域经济空间演化规律，制定科学、可行的发展政策，进一步缩小区域间的两极分化。首先，以资源禀赋为切入点，合理规划和配置珠江—西江流域的产业结构与劳动力资源，使区域分工结构趋于合理；其次，将流域经济发展政策和制度作为宏观调控手段之一，有效加强区域经济合作，促进流域中上游欠发达地区与下游发达地区的空间联动效应，以实现流域经济可持续发展；最后，合理利用县域经济的空间集聚与扩散效应的交互作用，进一步提升欠发达地区保留人力资源、劳动力资源和社会资本的"软实力"，以构建珠江—西江流域上、中、下游良性互动的协调发展格局。

参考文献

陈国阶，1995，《长江流域经济发展的省际差异与变化趋势》，《长江流域资源与环境》第 1 期。

陈湘满，2002，《论流域开发管理中的区域利益协调》，《经济地理》第 5 期。

代明、陈向东、覃成林等，2012，《基于面板数据的西江流域经济发展成本差异分析》，《经济地理》第 1 期。

代明、覃剑，2009，《西江流域经济发展不平衡测度与分析》，《地域研究与开发》第 2 期。

邓宏兵，2000，《试析长江流域空间经济系统运行机制及其演变规律》，《社会科学研究》第 4 期。

樊福才，2008，《黄河流域城市经济空间分异与发展研究》，硕士学位论文，河南大学。

胡碧玉，2004，《流域经济论》，博士学位论文，四川大学。

黄峥、徐逸伦，2011，《区域经济空间分异及其演变分析研究——以浙江省为例》，《长江流域资源与环境》第 S1 期。

黎鹏，2003，《区域经济协同发展研究》，经济管理出版社。

李俊、唐芳、胡碧玉，2004，《流域经济开发视野中的问题探讨》，《生态经济》第 12 期。

李敏纳，2011，《要素禀赋与黄河流域经济空间分异研究》，《经济地理》第 1 期。

李敏纳、蔡舒，2010，《区域经济空间分异研究述评》，《河南大学学报》（社会科学版）第 1 期。

李敏纳、蔡舒、覃成林，2011，《黄河流域经济空间分异态势分析》，《经济地理》第 3 期。

罗君，2010，《嘉陵江流域经济空间分异研究》，《长江流域资源与环境》第 4 期。

覃成林、李敏纳，2010，《区域经济空间分异机制研究——一个理论分析模型及其在黄河流域的应用》，《地理研究》第 10 期。

覃成林、周二黑，2010，《黄河流域经济空间分异格局研究》，《河南大学学报》（自然科学版）第 1 期。

覃剑、冯邦彦，2012，《流域经济增长空间分异研究——基于 2001~2009 年长江流域数据的面板计量分析》，《长江流域资源与环境》第 11 期。

王兵、臧玲、苗长虹，2006，《伊洛河流域经济空间分异研究》，《经济地理》第 S1 期。

王辉、苑莹、刘帆等，2013，《辽宁省人口、经济与环境协调发展的空间自相关分析》，《人口与发展》第 3 期。

王良健、郭齐、肖大鹏，2005，《长江流域经济发展水平差异的实证分析》，《地理与地理信息科学》第 2 期。

吴玉鸣，2006，《空间计量经济模型在省域研发与创新中的应用研究》，《数量经济技术经济研究》第 5 期。

张侃侃，2013，《基于空间特征、过程与机制的流域经济研究》，《经济问题》第 10 期。

张学斌、石培基、罗君，2010，《嘉陵江流域经济差异变动的空间分析》，《地理与地理信息科学》第 4 期。

张志斌、李书娟、何伟等，2011，《基于 ESDA 的兰州 - 西宁城镇密集区经济空间差异分析》，《干旱区地理》第 5 期。

周二黑，2007，《黄河流域经济空间分异规律研究》，硕士学位论文，河南大学。

Anselin, L., Florax, R. J. 1995. *Small Sample Properties of Tests for Spatial Dependence in Regression Models：Some Further Results*. Springer Berlin Heidelberg.

Cliff, D. A., Ord, K. J. 1973. *Spatial Autocorrelation*. London：Pion Press.

Moran, P. A. 1950. "Notes on Continuous Stochastic Phenomena." *Biometrika* 37.

珠江—西江经济带经济重心偏移特征
及区域经济差异研究*

裴金平　廉　超**

摘　要：结合重心模型和基尼系数分解模型，对珠江—西江经济带经济重心偏移特征及区域经济差异进行研究，我们发现：珠江—西江经济带经济重心偏移的带状特征比较明显，地理因素和经济发展因素是影响重心偏移的两个重要因素。2001～2005年，地区生产总值重心向东偏南方向移动，但在2006年以后其重心偏移方向发生逆转，向西偏北方向移动。三次产业发展演变在前期呈现以第一产业发展为主，中后期呈现以第二、第三产业发展为主的演变特点。区域经济差异在2003～2013年经历了从逐渐扩大到逐渐缩小的变化过程，这期间结构效应、集中效应和综合效应对区域差异扩大的推动作用总体上是逐渐减弱的；第二、第三产业的区域发展差异也经历了由逐渐扩大到逐步缩小的变动过程。结构效应和集中效应在2009年以前引起的基尼系数的变化量都较大，且对地区差异的扩大起到推动作用，但是这种推动作用呈减弱趋势，并在2009年以后转变成抑制地区发展差异扩大

---

* 基金项目：本文系珠江—西江经济带发展研究中心、广西人文社会科学发展研究中心"泛北部湾发展研究团队"的阶段性建设成果，受到2015年广西哲学社会科学规划课题青年项目"珠江—西江经济带多维贫困测度与减贫策略研究"（编号：15CMZ003）、广西人文社会科学发展研究中心"科学研究工程·青年项目培育工程"2015年度项目"多维贫困视角下的珠江—西江经济带贫困问题及治理对策研究"（编号：QNPY2015007）、2015年国家社会科学基金一般项目"西南边疆民族地区丝绸之路经济带建设中城镇化多元格局实现路径研究"（编号：15BMZ080）、2014年度广西高等学校科研项目"广西北部湾经济区低碳城市发展评价与对策研究"（编号：YB2014602）的资助。该文已发表在《广西师范大学学报》（哲学社会科学版）2016年第2期。

** 作者简介：裴金平，女，湖北浠水人，武汉大学经济与管理学院全日制博士研究生，广西师范大学漓江学院专任教师，中级经济师，主要从事城市群与城市可持续发展评估、财政学等方向的研究；廉超，男，广西博白人，广西师范大学社会科学研究处助理研究员，硕士，主要从事区域经济、贫困与反贫困研究。

的主要力量。

关键词：珠江—西江经济带　经济重心　产业重心　区域经济差异

根据 2014 年国务院批复的《珠江—西江经济带发展规划》及该经济带的流域特点，珠江—西江经济带的区域规划范围和规划延伸区包括广东的广州、佛山、肇庆、云浮 4 市，广西的南宁、柳州、梧州、贵港、百色、来宾、崇左、桂林、玉林、贺州和河池 11 市，贵州的黔东南、黔南、黔西南和安顺 4 市，以及云南的文山、曲靖 2 市。珠江—西江经济带的提出是顺应东西部区域跨区域联动发展，实现东西部区域协调发展的重大战略选择，对打造区域经济新增长极、西南和中南地区开放发展新的战略支点和海上丝绸之路桥头堡具有重要的战略意义。

关于珠江—西江经济带的研究，虽然珠江—西江经济带的提出时间较晚，但是早期的研究主要集中在珠江、西江流域的通道经济建设（陈利丹，2003；李景堂，1998）、流域城市体系和产业带发展（肖曾艳，2014；代明、覃剑，2009；黄方方，2014）等方面，目前相关研究主要集中在经济带建设（黄海燕、陈杏梅，2013）、城镇结构体系（李平星、樊杰，2014；甘灿业，2013）、产业发展（刘波，2014；乐小兵，2013）、金融支持（潘经富，2014；鲍明，2013）、航运和港口经济（李宁波，2013）等。尽管学术界对如何推进珠江、西江流域及该经济带的发展进行了相关探索，但是对珠江—西江经济带跨区域经济发展特征的研究仍较少。本文尝试从重心偏移和地区差距的角度对珠江—西江经济带区域经济发展特点进行研究，并试图回答珠江—西江经济带区域经济重心发展和演变规律及其产业发展演变的特点，以及由此引起的区域经济发展差距的变化特点等，为摸清区域经济带发展特征和规律以及缩小区域发展差距，推动珠江—西江经济带实现跨省区流域经济合作发展具有重要的理论和现实指导意义。

一　珠江—西江经济带经济重心测算模型及数据来源

（一）重心测算模型

重心来源于物理学领域，应用到区域经济研究中，是指在各个不同的方向都保持着作用力相对均衡的一个点。本文对该重心点变动的研究，对探析重心指标的区域偏移特点及其历史演变特征、探讨区域经济发展特点具有重要的研究价值（胡安俊、刘元春，2013；蒋团标、廉超，2012）。其中，重心的测算公式为式（1）、式（2）：

$$J = \sum_{i=1}^{n} (A_i \times J_i) \Big/ \sum_{i=1}^{n} A_i \qquad (1)$$

$$W = \sum_{i=1}^{n} (A_i \times W_i) \Big/ \sum_{i=1}^{n} A_i \qquad (2)$$

其中：(J_i, W_i) 表示某 i 地级市的经纬度坐标，J_i、W_i 分别是其坐标经度和坐标纬度，且该地级市的经纬度坐标通常选取其政府所在地的经纬度坐标作为其坐标代表点。J、W 分别是所要求的某个经济属性值指标的地区重心经度、纬度，A_i 表示某 i 地级市的经济属性值指标，n 是地级市的数量。

（二）数据来源

以珠江—西江经济带根据其流域特点所包含的 21 个地级市为研究对象，这 21 个地级市的 2001～2013 年地区生产总值和三次产业增加值的指标数据来自 2002～2014 年的《广东统计年鉴》《云南统计年鉴》《广西统计年鉴》和《贵州统计年鉴》以及各地市对应的国民经济和社会发展统计公报。为了保持研究数据的连贯性，根据其区划调整情况，对 2001 年和 2002 年广西部分地级市的数据进行了相应的处理。各地级市的政府所在地的经纬度坐标代表点通过 Google 在线地图来获得。此外，以 2000 年为基期，分别采用国内生产总值指数（上年 = 100）、三次产业增加值指数（上年 = 100）对地区生产总值、三次产业增加值进行平减处理。

二 珠江—西江经济带经济重心偏移特征分析

从地区生产总值重心和三次产业增加值重心的角度对珠江—西江经济带经济重心偏移特征进行研究。采用式（1）和式（2）可以求得 2001～2013 年珠江—西江经济带地区生产总值重心和三次产业增加值重心的经度、纬度值（见表 1），并在直角坐标系中画出其相应的重心变化轨迹（见图 1 至图 4）。

表 1　珠江—西江经济带地区生产总值重心和三次产业增加值重心的经度、纬度变化

年份	地区生产总值重心		第一产业增加值重心		第二产业增加值重心		第三产业增加值重心	
	纬度	经度	纬度	经度	纬度	经度	纬度	经度
2001	23.5022	111.3067	23.8489	109.7191	23.4673	111.6045	23.4084	111.6186
2002	23.4975	111.3348	23.8420	109.7412	23.4725	111.5784	23.4061	111.6478
2003	23.4902	111.3575	23.8282	109.7195	23.4773	111.5495	23.3929	111.7060
2004	23.4832	111.3567	23.8292	109.6583	23.4694	111.5406	23.3853	111.7179
2005	23.4747	111.4096	23.8654	109.5120	23.4644	111.5668	23.3843	111.7419
2006	23.4686	111.4074	23.8640	109.4767	23.4594	111.5339	23.3807	111.7503
2007	23.4696	111.3973	23.9016	109.3502	23.4701	111.4913	23.3691	111.7730
2008	23.4650	111.3987	23.8800	109.3029	23.4726	111.4762	23.3673	111.7647
2009	23.4609	111.3938	23.8824	109.2507	23.4540	111.4886	23.3891	111.6961
2010	23.4635	111.3554	23.8803	109.2307	23.4632	111.3945	23.3861	111.7057
2011	23.4672	111.3182	23.8630	109.1986	23.4745	111.3312	23.3853	111.7013
2012	23.4912	111.2536	23.8960	109.1298	23.4909	111.2619	23.4200	111.6161
2013	23.5015	111.2310	23.9123	109.1108	23.5006	111.2211	23.4334	111.5972

　　从表 1 列出的重心坐标可以发现，地区生产总值重心、第二产业增加值重心和第三产业增加值重心大致处于广西梧州市区域附近，第一产业增加值重心大致处于广西来宾市区域附近。从图 1 至图 4 珠江—西江经济带地区生产总值重心和三次产业增加值重心的变化趋势可以发现，珠江—西江经济带的地区生产总值重心和三次产业增加值重心的偏移主要围绕经济

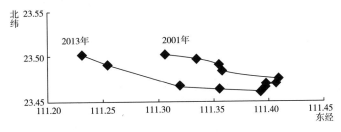

图 1　2001~2013 年珠江—西江经济带地区生产总值重心的轨迹变动

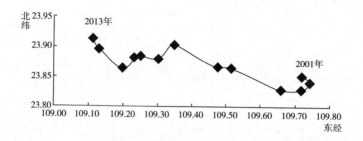

图 2　2001～2013 年珠江—西江经济带第一产业增加值重心的轨迹变动

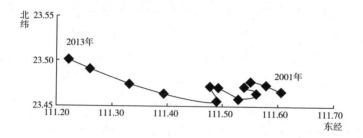

图 3　2001～2013 年珠江—西江经济带第二产业增加值重心的轨迹变动

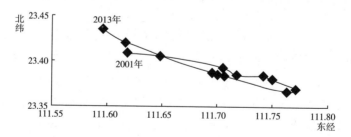

图 4　2001～2013 年珠江—西江经济带第三产业增加值重心的轨迹变动

带的流域地理走势方向发生变动，说明珠江—西江经济带经济发展重心偏移的带状特征比较突出，很显然，这也反映了珠江—西江经济带的带状发展特征对整个经济带的经济发展走势有着重要的影响，因此，这也可以从中挖掘出影响珠江—西江经济带经济重心发生偏移的两个重要因素——地理因素和经济发展因素，也进一步印证了区域经济带经济发展的带状特点。

通过对图 1 中珠江—西江经济带地区生产总值重心的轨迹变动进行分析，我们可以发现，2001～2005 年，地区生产总值重心主要向东偏南方向移动，这期间经度增加了 0.1029，而纬度减小了 0.0275；随后在 2006～2013 年，地区生产总值重心主要向西偏北方向移动，并引起经度比 2005 年减小了 0.1786，而纬度比 2005 年增加了 0.0268。通过对地区生产总值重心的偏移做深入的分析，我们可以发现，2001～2005 年，地区生产总值重心向东偏南方向移动是在东部地区经济发展实力较强而西部地区经济发展实力较弱的背景下进行的，这在一定程度上不利于流域地区东西部地区差距的缩小，反而会导致区域差距的扩大，当然，这期间也是西部地区向东部地区转移农村剩余劳动力，缓解各种经济社会发展问题，并带动西部地区经济社会发展的重要时期。自 2006 年以后，珠江—西江经济带地区生产总值重心的偏移方向发生逆转，并向西偏北方向移动，这期间也正值我国国民经济和社会发展第十一个五年规划纲要（2006～2010 年）开始实施，该规划纲要对引导东西部区域协调方面的政策制定和落实发挥着重要的作用，而且地区生产总值重心不断向西偏北方向移动，也表明了国家的东西部区域协调发展战略取得了重要的成效，尤其是对把珠江、西江流域打造成为西南、中南开放发展战略支撑带具有积极的意义。

从珠江—西江经济带三次产业增加值重心的偏移来看（见图 2 至图 4），第一产业增加值重心快速向西偏北方向移动的带状特征比较突出；第二产业增加值重心总体上也是呈现向西偏北方向移动，但在 2001～2009 年的移动速度比较缓慢；第三产业增加值重心在 2001～2008 年向东偏南方向移动，接着在 2009～2013 年向西偏北方向移动。研究发现，珠江—西江经济带，尤其是中上游地区的三次产业发展呈现比较明显的演变特征，即前期以第一产业的发展为先导，同时伴随第二产业的发展，但第二产业的发展较为缓慢，而第三产业的发展较为落后；在中后期，第二产业和第三产业发展较快，甚至其增长速度超越第一产业，对区域经济增长起着重要的主导和推动作用。当然，这与珠江—西江经济带上的东西部地区之间的经济发展实力差距较大有着密切联系，同时也是区域产业发展演变规律使然的结果。

三 珠江—西江经济带经济发展差异的 产业分解及效应分析

（一）基尼系数分解模型的应用

基尼系数（Gini Coefficient）是由意大利经济学家 Gini 于 1992 年提出的，原本是用以分析收入分配差异的一个重要指标，现已被广泛应用到地区差异等研究领域中（刘俊杰、贾兴梅，2012）。其取值范围在 0~1，其系数值越大，表明地区差异就越大，地区差距就越突出；反之，其系数值越小，地区差异就越小。基尼系数虽然不能按照地区进行分解，但是可以按照产业分类进行分解，并分解成一产分项基尼系数、二产分项基尼系数和三产分项基尼系数，还可以进一步根据三次产业基尼系数的变化量，将其变化量进一步分解成结构效应、集中效应和综合效应引起的基尼系数变化量。其中，结构效应是产业结构的调整和优化等因素引起的（詹新宇、黄河东，2012；刘俊杰、贾兴梅，2012；陈纪平，2012），集中效应是产业的聚集程度等因素引起的，而综合效应则是产业结构的调整和产业的集聚程度等因素共同引起的（章昌平等，2013；余海清等，2010）。基尼系数的各求值公式见式（3）至式（7）。

首先，根据式（3）求得三次产业的分项基尼系数 C_k，然后根据式（4）求出总基尼系数 G。接着，根据式（5）和式（6）求到相邻年份的三次产业增加值在分区域中的比重的变化量 ΔS_k 和分项基尼系数的变化量 ΔC_k，然后结合式（7）求出相邻年份的总基尼系数变化量 ΔG。

$$C_k = \frac{2}{n^2 \times \mu_y} \times \sum_{i=1}^{n} (i \times y_i) - \frac{n+1}{n} \tag{3}$$

$$G = \sum_{k=1}^{3} S_k C_k \tag{4}$$

$$\Delta S_k = S_{k(t+1)} - S_{kt} \tag{5}$$

$$\Delta C_k = C_{k(t+1)} - C_{kt} \tag{6}$$

$$\Delta G = \sum_{k=1}^{3} \Delta S_k C_{kt} + \sum_{k=1}^{3} S_{kt} \Delta C_k + \sum_{k=1}^{3} \Delta S_k \Delta C_k \tag{7}$$

其中：k 分别表示一、二、三产业，C_k 是三次产业分项基尼系数，n 是地级市数量，y_i 表示各地级市人均产业产值（$y_1 < y_2 < \cdots < y_n$），μ_y 是 y_i 的平均数，$\sum\limits_{k=1}^{3} \Delta S_k C_{kt}$、$\sum\limits_{k=1}^{3} S_{kt} \Delta C_k$ 和 $\sum\limits_{k=1}^{3} \Delta S_k \Delta C_k$ 分别表示结构效应、集中效应和综合效应引起的基尼系数变化量，$\dfrac{S_k C_k}{G}$ 表示各分项基尼系数的贡献率。

（二）区域经济差异的产业分解及其特征

以珠江—西江经济带所包含的 21 个地级市为研究对象，运用式（3）和式（4），求出 2003~2013 年珠江—西江经济带区域经济发展的总基尼系数和三次产业分项基尼系数及其贡献率（见表 2）。

表 2　2003~2013 年珠江—西江经济带区域经济差异的
总基尼系数、三次产业分项基尼系数及贡献率

年份	总基尼系数	一产		二产		三产	
		分项基尼系数	贡献率	分项基尼系数	贡献率	分项基尼系数	贡献率
2003	0.5214	0.2187	0.0599	0.5642	0.4370	0.5723	0.5032
2004	0.5228	0.2129	0.0561	0.5632	0.4569	0.5749	0.4869
2005	0.5415	0.1842	0.0400	0.5917	0.4612	0.5804	0.4988
2006	0.5448	0.1838	0.0366	0.5900	0.4726	0.5812	0.4908
2007	0.5468	0.1667	0.0314	0.5836	0.4788	0.5898	0.4898
2008	0.5503	0.1639	0.0283	0.5854	0.4884	0.5887	0.4834
2009	0.5467	0.1649	0.0263	0.5914	0.4840	0.5677	0.4896
2010	0.5400	0.1932	0.0307	0.5688	0.4705	0.5661	0.4987
2011	0.5354	0.1905	0.0309	0.5591	0.4737	0.5687	0.4953
2012	0.5231	0.1795	0.0288	0.5550	0.4750	0.5459	0.4962
2013	0.5178	0.1710	0.0273	0.5425	0.4654	0.5472	0.5072

从表 2 和图 5 可以看到，珠江—西江经济带区域经济差异的总基尼系数在 2003~2008 年呈现逐渐增加的趋势，其中在 2005~2008 年的增长速度有所放缓，总体而言，其地区总差异不断扩大；但在 2008~2013

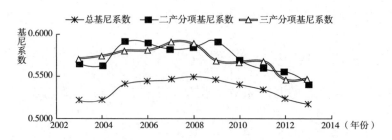

图 5　珠江—西江经济带区域经济差异的总基尼系数和二、三产业分项基尼系数变化

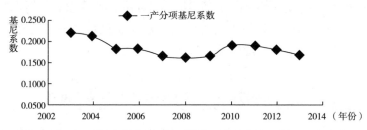

图 6　珠江—西江经济带区域经济差异的一产分项基尼系数变化

年，珠江—西江经济带区域经济差异的总基尼系数呈缩小之势。2003～2013 年珠江—西江经济带区域经济发展的总体差距有所缩小。

　　同时从图 5、图 6 发现，一产分项基尼系数的数值和比例都较小，总体上均略呈缩小之势，表明第一产业发展的均衡程度相对较高，地区之间差异较小。二产分项基尼系数在 2004～2005 年呈扩大之势，在 2005～2009 年保持在较高的差异水平上，但在 2009～2013 年呈现缩小之势，可见，在 2009 年以前珠江—西江经济带第二产业发展的差距较突出，但在 2009 年以后珠江—西江经济带第二产业发展差距逐渐缩小，地区之间均衡程度不断提高。三产分项基尼系数在 2003～2007 年不断扩大，在 2008～2013 年总体上在缩小，2008 年以后第三产业发展的均衡程度进一步提高。

　　可见，2003～2008 年，总基尼系数、二产分项基尼系数和三产分项基尼系数的变化特征表明其所对应的经济和产业发展差异总体呈现扩大之势或者处在差异较大的水平上，区域差异问题较突出。但是在 2008 年以后，总基尼系数、二产分项基尼系数和三产分项基尼系数总体呈缩小之势，区域发展差距总体上也有所缩小。此外，一产分项基尼系数对总基尼系数的贡献率和影响都较小，第一产业发展的均衡程度相对较高。

（三）产业效应与基尼系数变化量

在上述研究数据的基础上，运用式（5）至式（7），求出 2003～2013 年珠江—西江经济带区域经济差异的总基尼系数变化量及结构效应、集中效应和综合效应引起的基尼系数变化量及其贡献率（见表3）。

表 3　2003～2013 年珠江—西江经济带区域经济差异的总基尼系数、结构
效应、集中效应和综合效应的基尼系数变化量（×100）及其贡献率

变化年份	总基尼系数变化量	结构效应		集中效应		综合效应	
		变化量	贡献率	变化量	贡献率	变化量	贡献率
2003～2004	0.1340	0.1480	1.1042	−0.0107	−0.0801	−0.0032	−0.0242
2004～2005	1.8738	0.7468	0.3985	1.0623	0.5669	0.0648	0.0346
2005～2006	0.3283	0.3728	1.1357	−0.0421	−0.1282	−0.0025	−0.0075
2006～2007	0.2061	0.2751	1.3343	−0.0651	−0.3160	−0.0038	−0.0183
2007～2008	0.3463	0.3442	0.9940	−0.0023	−0.0066	0.0044	0.0126
2008～2009	−0.3627	0.3509	−0.9675	−0.6644	1.8319	−0.0492	0.1356
2009～2010	−0.6706	0.1709	−0.2548	−0.8386	1.2504	−0.0029	0.0043
2010～2011	−0.4531	−0.1133	0.2500	−0.3303	0.7290	−0.0095	0.0210
2011～2012	−1.2333	0.1269	−0.1029	−1.3452	1.0908	−0.0150	0.0121
2012～2013	−0.5294	0.0370	−0.0699	−0.5723	1.0811	0.0060	−0.0113

注：表中的数值符号为正，表示对区域差异的扩大起到推动作用；数值符号为负，表示对区域差异的扩大起到抑制作用。

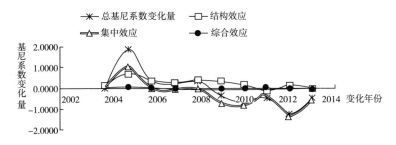

图 7　珠江—西江经济带区域经济差异的总基尼系数、结构效应、
集中效应和综合效应的基尼系数变化量（×100）

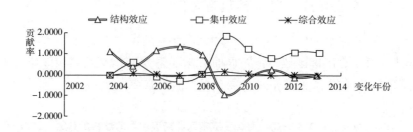

图8 珠江—西江经济带区域经济差异的结构效应、集中效应
和综合效应的基尼系数变化量（×100）的贡献率

从表3和图7、图8可以看到，2004～2013年各年份的总基尼系数变化量总体上呈减小之势，反映了结构效应、集中效应和综合效应对地区差异扩大的推动作用总体在减弱，其中在2009年以后其对地区总差异的扩大起到了抑制和阻碍作用。

从结构效应和集中效应来看：结构效应变化量的变化幅度较小，且在2004～2013年总体上呈现缩小之势，对区域经济差异扩大的推动作用逐渐减弱，有利于区域均衡发展水平提高；集中效应变化量的变动幅度相对较大，是总基尼系数变化的主要影响因素，但仍然看到，集中效应引起的基尼系数变化量总体上也在减小，其对地区发展差异扩大的推动作用也在减弱，且在2009年以后其对地区发展差异的扩大也起到了抑制作用。此外，结构效应的贡献率总体在减小，即其对地区发展差异扩大的影响总体在减小，但是集中效应对地区发展差异扩大的贡献率及其影响有一定程度的扩大，集中效应所引起的区域发展差异扩大问题日渐凸显。从综合效应来看，综合效应的基尼系数变化量及其贡献率都较小，表明结构效应和集中效应所共同引起的基尼系数的变化较小，两者共同对区域发展差异扩大的影响作用相对较弱。

可见，在2009年以前，结构效应和集中效应引起的基尼系数的变化量都较大，其对地区差异的扩大起到了较强的推动作用，但是这种推动作用在一定程度上是减弱的；在2009年以后，结构效应和集中效应引起地区差异扩大的推动作用变得较为薄弱或者转化为了抑制地区发展差异扩大的主要力量，地区之间的经济发展均衡程度有所提高。

四 结论及启示

通过结合重心模型和基尼系数分解模型，对珠江—西江经济带经济重心偏移特征及区域经济差异进行研究，可以发现以下方面。

第一，珠江—西江经济带经济重心的偏移主要围绕经济带的流域地理走势方向发生变动，重心偏移的带状特征比较明显，地理因素和经济发展因素是影响经济重心发生偏移的两个重要因素。2001~2005年，地区生产总值重心向东偏南方向移动，在一定程度上易引起区域发展差距的扩大；在2006年以后珠江—西江经济带地区生产总值重心的偏移方向发生逆转，并向西偏北方向移动，东西部区域发展差距有所缩小，这也是国家区域协调发展战略实施的必然结果。

第二，珠江—西江经济带三次产业发展演变特征较为突出。在前期发展阶段，第一产业发展较快，且以第一产业的发展为主，而第二产业发展较为缓慢，第三产业发展也较落后；但在中后期，第二、第三产业发展较为迅速，并超越第一产业发展成为区域经济发展的主要推动力。

第三，珠江—西江经济带区域经济差异的总基尼系数在2003~2008年呈现逐渐增加的趋势，但在2008~2013年呈现缩小之势，表明了区域经济差异在2003~2013年经历了从逐渐扩大到逐渐缩小的变化过程；2004~2013年各年份总基尼系数变化量总体呈减小之势，说明结构效应、集中效应和综合效应对区域差异扩大的推动作用总体是减弱的，且在2009年以后由推动作用转变成抑制和阻碍作用，区域经济发展均衡程度有所提高。

第四，二产、三产分项基尼系数经历了由总体上增加到总体上减小的变化过程，表明第二、第三产业的区域发展差异也经历了由总体上扩大到总体上缩小的变动过程。一产分项基尼系数的数值和贡献率都较小，第一产业区域发展均衡程度相对较高。

第五，结构效应和集中效应在2009年以前引起的基尼系数的变化量都较大，且对地区差异的扩大起到推动作用，这期间地区发展差异总体上是扩大的，但是这种推动作用在一定程度上正在减弱，并在2009年以后转变成抑制地区发展差异扩大的主要力量，从而加快推动区域之间的均衡发展。而综合效应的基尼系数变化量及其贡献率都较小，对区域发展差异扩大的影响较弱。

参考文献

鲍明，2013，《市场低迷背景下金融支持西江内河航运创新模式探讨》，《经济论坛》第 4 期。

陈纪平，2012，《产业结构变迁在西部经济发展中的作用——基于广西经验的实证分析》，《广西师范大学学报》（哲学社会科学版）第 6 期。

陈利丹，2003，《西江流域经济走廊建设前瞻》，《中央民族大学学报》第 2 期。

代明、覃剑，2009，《西江流域经济发展不平衡测度与分析》，《地域研究与开发》第 2 期。

甘灿业，2013，《广西西江经济带近域城市发展整合分析》，《玉林师范学院学报》第 6 期。

国家发展改革委，2014，《关于印发珠江—西江经济带发展规划的通知》，http://www.ndrc.gov.cn。

胡安俊、刘元春，2013，《中国区域经济重心漂移与均衡化走势》，《经济理论与经济管理》第 12 期。

黄方方，2014，《加快珠江—西江经济带建设　打造西南中南地区开放发展新的战略支点》，《中国经贸导刊》第 31 期。

黄海燕、陈杏梅，2013，《产业分工视角下西江经济带产业定位与发展对策——以广西贵港为例》，《玉林师范学院学报》第 4 期。

蒋团标、廉超，2012，《广西财政收支重心地域迁移的动态轨迹分析》，《广西师范大学学报》（哲学社会科学版）第 5 期。

乐小兵，2013，《制造业与生产性服务业关联发展的差异化分析——基于西江经济带面板数据的实证研究》，《赤峰学院学报》（自然科学版）第 9 期。

李景堂，1998，《实施珠江流域规划　促进西江经济走廊繁荣》，《人民珠江》第 2 期。

李宁波，2013，《贵港：西江流域的核心港口城市》，《中华工商时报》12 月 17 日。

李平星、樊杰，2014，《区域尺度城镇扩张的情景模拟与生态效应——以广西西江经济带为例》，《生态学报》第 24 期。

刘波，2014，《广西西江经济带承接产业转移探析——以贵港、玉林、梧州、贺州 4 市为例》，《经济与社会发展》第 3 期。

刘俊杰、贾兴梅，2012，《工业结构变动对能源强度的影响：基于广西的实证》，《广西师范大学学报》（哲学社会科学版）第 3 期。

刘俊杰、叶允最，2015，《城镇居民消费影响因素研究：基于广西的实证》，《广西师范大学学报》（哲学社会科学版）第 2 期。

潘经富，2014，《西江经济带建设与金融资源配置研究》，《区域金融研究》第 4 期。

肖曾艳，2014，《论当前珠江—西江经济带经济发展中的几个问题及其反思》，《梧州学院学报》第 2 期。

余海清、陈阿林、杨军，2010，《基于基尼系数分解的山东省区域经济差异实证分析》，《鲁东大学学报》（自然科学版）第 1 期。

詹新宇、黄河东，2012，《广西产业结构升级的经济波动效应研究》，《广西师范大学学报》（哲学社会科学版）第 6 期。

章昌平、廉超、裴金平，2013，《Theil 系数、基尼系数和县域差异的实证分析》，《统计与决策》第 1 期。

珠江—西江经济带发展现状、问题及对策建议

曹剑飞　谢　予　管梓妤　周漾林[*]

摘　要：文章分析了 2016 年珠江-西江经济带地区生产总值、财政、金融、保险、产业结构、固定资产投资、对外经济等方面的发展情况，指出目前存在核心城市辐射能力不强、产业分工协作水平较低、生态环境保护压力较大、内部协调机制建设滞后、面临地方保护主义威胁等五大问题，进而提出促进珠江——西江经济带发展的对策建议。

关键词：珠江—西江经济带　产业结构　产业对接与分工

在当前错综复杂的国内外形势和较大经济下行压力下，珠江—西江经济带经济运行保持总体平稳态势。主要经济指标呈现"缓中趋稳、稳中向好"的态势，为经济带建设从近期阶段迈向中期阶段奠定坚实基础。

一　2016 年珠江—西江经济带发展情况

2016 年，珠江—西江经济带经济发展稳中有进，产业结构渐趋优化，投资和消费成为拉动经济增长的主要动力；受世界经济增长乏力的影响，对外贸易出现负增长，对外贸易依存度有所下降。

* 曹剑飞，广西社会科学院副研究员，经济学博士；谢予，广西大学商学院 2016 级硕士研究生；管梓妤，广西大学商学院 2016 级硕士研究生；周漾林，广西大学商学院 2016 级硕士研究生。

（一）2016 年珠江—西江经济带发展情况

1. 地区生产总值、财政、金融、保险发展情况

2016 年，珠江—西江经济带地区生产总值达到 41887.48 亿元，比 2015 年增长 7.43%，其增速低于两广地区的增速（9.08%），占两广地区生产总值的 42.58%；财政收入为 8421.41 亿元，比 2015 年增长 3.67%，其增速低于两广地区的增速（8.62%），占两广财政收入总额的 33.34%，财政收入增速虽有减缓，但总额依然持续提高。其中，广西段 7 市地区生产总值为 10784.24 亿元，同比增长 7.30%，占全区地区生产总值的 59%；财政收入为 1421.51 亿元，同比增长 5.10%，占全区财政收入的 58%。如表 1 所示。

表 1　2016 年珠江—西江经济带地区生产总值、财政收入情况

单位：亿元,%

	地区生产总值		财政收入	
	2016 年数值	增速	2016 年数值	增速
珠江—西江经济带	41887.48	7.43	8421.41	3.67
南宁	3703.39	7.00	613.83	7.22
柳州	2476.94	7.30	370.16	7.67
梧州	1175.60	7.60	127.60	3.10
贵港	958.80	9.76	78.90	8.50
百色	1114.31	8.80	123.22	7.60
来宾	589.00	3.90	49.60	-0.90
崇左	766.20	8.20	58.20	-22.60
广西段	10784.24	7.30	1421.51	5.10
广州	19610.94	8.20	5174.00	3.60
佛山	8630.00	8.30	1676.91	6.20
肇庆	2084.02	5.00	91.69	-34.60
云浮	778.28	7.90	57.40	0.30
广东段	31103.24	8.00	7999.00	3.39

注：相关增长速度为名义增长速度。

资料来源：《广东统计年鉴 2016》《广西统计年鉴 2016》；珠江—西江经济带各市 2017 年政府工作报告、2016 年国民经济和社会发展统计公报。

2016 年，珠江—西江经济带年末各金融机构人民币存款余额共计 79770.30

亿元，比 2015 年增长 11.03%，占两广地区人民币存款余额的 39%；年末各金融机构人民币贷款余额共计 54286.56 亿元，比 2015 年增长 14.87%，占两广地区人民币贷款余额的 41.26%；全年保费收入增长幅度较大，2016 年实现1886.80 亿元，增速达到 48.35%，高于两广全年保费收入增速 34.10%，占两广地区全年保费收入的 43.98%。其中，广西段 7 市年末各金融机构人民币存款余额共计 17483.24 亿元，比 2015 年增长 11.32%，占全区人民币存款余额的68.62%，年末各金融机构人民币贷款余额共计 14738.45 亿元，比 2015 年增长13.67%，占全区人民币贷款余额的 71.41%；全年保费收入实现 293.27 亿元，增速达到 21.40%，占全区全年保费收入的 62.50%。

表 2　2016 年珠江—西江经济带金融发展情况

单位：亿元，%

	年末各金融机构 人民币存款余额		年末各金融机构 人民币贷款余额		全年保费收入	
	2016 年数值	增速	2016 年数值	增速	2016 年数值	增速
珠江—西江经济带	79770.30	11.03	54286.56	14.87	1886.80	48.35
南宁	8901.72	7.80	9423.79	14.52	146.98	19.57
柳州	3305.14	17.74	2273.90	11.90	55.83	28.79
梧州	1044.90	13.80	721.90	8.50	22.70	13.50
贵港	1089.92	12.02	683.85	14.60	27.32	19.41
百色	1928.10	16.15	815.08	14.50	18.86	23.03
来宾	606.68	14.88	405.46	13.10	10.60	28.02
崇左	606.78	8.05	414.47	11.10	10.98	24.63
广西段	17483.24	11.32	14738.45	13.67	293.27	21.40
广州	45937.34	10.49	28885.54	10.50	1166.20	64.52
佛山	13281.61	11.91	8717.81	9.65	346.73	35.17
肇庆	2041.58	14.37	1293.43	0.90	59.58	25.43
云浮	1026.53	12.08	651.33	8.90	21.02	20.32
广东段	62287.06	10.94	39548.11	9.94	1593.53	54.67

注：相关增长速度为名义增长速度。

资料来源：《广东统计年鉴 2016》《广西统计年鉴 2016》；珠江—西江经济带各市 2017 年政府工作报告、2016 年国民经济和社会发展统计公报。

2. 产业结构：三次产业和工业发展情况

产业结构渐趋完善。2016 年，珠江—西江经济带第一产业发展稳定，

实现增加值 2138.57 亿元，比 2015 年增加 3.21%；第二产业增加值为
16799.74 亿元，比 2015 年增长 6.51%；第三产业增加值为 21978.19 亿
元，比 2015 年增长 9.10%。其中规模以上工业增加值 14890.00 亿元，比
2015 年增长 4.93%。三次产业结构不断优化，其增加值之比由 2015 年的
5.43∶42.57∶51.82 调整为 2016 年的 5.22∶41.06∶53.71，第一、第二
产业比重有所下降，第三产业比重稳步提高。2016 年，珠江—西江经济带
工业总产值增至 62270.53 亿元，比 2015 年增长 9.61%。其中，规模以上
工业总值为 59714.66 亿元，比 2015 年增长 7.19%。2016 年，广西段 7 市
三次产业结构之比为 13.0∶46.3∶40.7；工业总产值为 14549.28 亿元，同
比增长为 15.32%，占全区工业总产值的 59.32%；规模以上工业总产值为
13725.03 亿元，同比增长为 9.34%。如表 3 所示。

表 3 2016 年珠江—西江经济带产业结构及工业发展情况

单位：亿元，%

	2016 年三次产业增加值			工业总产值		规模以上工业总产值	
	第一产业	第二产业	第三产业	2016 年数值	增速	2016 年数值	增速
珠江—西江经济带	2138.57	16799.74	21978.19	62270.53	9.61	59714.66	7.19
南宁	400.71	1427.14	1875.20	3628.07	8.68	3537.05	8.83
柳州	180.80	1362.35	933.83	4787.19	5.10	4685.11	5.10
梧州	131.71	682.66	362.21	2359.70	7.70	2310	7.80
贵港	173.87	348.60	323.51	985.70	13.30	980.29	8.80
百色	173.00	534.00	293.00	1480.63	9.40	1119.62	32.70
来宾	147.84	219.70	221.46	559.01	3.50	526.81	3.60
崇左	158.90	282.10	259.00	748.98	14.00	566.15	17.90
广西段	1366.83	4856.55	4268.21	14549.28	15.32	13725.03	9.34
广州	239.24	5926.14	13444.62	19556.25	6.50	19555.13	6.50
佛山	154.80	5091.20	3354.00	22000.00	9.90	21263.98	7.10
肇庆	320.94	1002.40	760.66	4965.00	3.60	4000	3.60
云浮	163.38	325.30	289.42	1200.00	18.50	1170.52	9.70
广东段	878.36	12344.94	17848.70	47721.25	8.00	45989.63	6.59

注：相关增长速度为名义增长速度。

资料来源：《广东统计年鉴 2016》《广西统计年鉴 2016》；珠江—西江经济带各市 2017 年政府
工作报告、2016 年国民经济和社会发展统计公报。

3. 固定资产投资、社会消费品零售情况

资产投资依然强劲。2016 年，珠江—西江经济带固定资产投资达到21908.28 亿元，比 2015 年增长 11.34%，增速高于全国平均水平（7.90%），同时高于两广地区的增速（10.78%），占两广的比重为42.80%。其中，广西段 7 市固定资产投资为 10435.73 亿元，比 2015 年增长 12.03%，占广西的比重为 59.12%。市场消费能力进一步提升。2016年，珠江—西江经济带社会消费品零售总额为 17185.19 亿元，比 2015 年增长 10.75%，占两广地区的比重为 41.15%。其中，广西段 7 市社会消费品零售总额为 4390.54 亿元，比 2015 年增长 10.59%，占广西的比重为62.48%。如表 4 所示。

表 4　2016 年珠江—西江经济带固定资产投资、社会消费品零售情况

单位：亿元,%

	固定资产投资		社会消费品零售总额	
	2016 年数值	增速	2016 年数值	增速
珠江—西江经济带	21908.28	11.34	17185.19	10.75
南宁	3824.73	13.60	1980.36	10.84
柳州	2338.00	14.02	1045.13	10.70
梧州	1169.00	11.81	395.90	8.50
贵港	841.70	22.04	431.90	11.01
百色	1061.40	3.90	246.84	11.69
来宾	370.90	-17.41	159.11	9.65
崇左	830.00	20.02	131.30	9.98
广西段	10435.73	12.03	4390.54	10.59
广州	6000.00	10.99	8700.00	9.67
佛山	3512.04	15.70	3024.43	12.55
肇庆	1369.00	2.93	725.00	14.65
云浮	591.51	0.20	345.22	15.18
广东段	11472.55	0.20	12794.65	10.75

注：相关增长速度为名义增长速度。

资料来源：《广东统计年鉴 2016》《广西统计年鉴 2016》；珠江—西江经济带各市 2017 年政府工作报告、2016 年国民经济和社会发展统计公报。

4. 对外经济发展情况

对外贸易增速减慢。2016 年，珠江—西江经济带外贸进出口总额有所增加，进出口总额为 15273.62 亿元，比 2015 年增加 2.15%，同期两广地区下降 0.79%，占两广的比重为 21.15%。外商直接投资出现负增长。2016 年共引外资 86.870 亿美元，比 2015 年下降 15.10%，占两广的比重为 22.97%。其中，广西段 7 市外商直接投资为 11.024 亿美元，比 2015 年增长 11.00%，占广西的比重为 47.56%。如表 5 所示。

表 5   2016 年珠江—西江经济带对外经济发展情况

	进出口总额		外商直接投资	
	2016 年数值(亿元)	增速(%)	2016 年数值(亿美元)	增速(%)
珠江—西江经济带	15273.62	2.15	86.870	-15.10
南宁	416.23	14.20	7.700	9.83
柳州	135.37	-2.40	0.280	72.00
梧州	40.56	-28.50	1.310	1.30
贵港	18.79	-12.52	0.019	33.00
百色	138.08	36.40	0.001	25.00
来宾	5.95	32.80	0.024	-19.70
崇左	1232.00	-0.60	1.690	16.50
广西段	1986.98	3.14	11.024	11.00
广州	8566.92	3.10	57.010	5.30
佛山	4130.80	1.10	14.720	-38.09
肇庆	461.20	-9.80	3.700	-73.40
云浮	127.72	7.30	0.420	-21.90
广东段	13286.64	2.00	75.850	-18.00

注：相关增长速度为名义增长速度。

资料来源：《广东统计年鉴 2016》《广西统计年鉴 2016》；珠江—西江经济带各市 2017 年政府工作报告、2016 年国民经济和社会发展统计公报。

综上所述，2016 年，珠江—西江经济带经济运行总体稳中有进，各项主要经济指标保持合理增速；与两广地区相比，经济带地区固定资产投资、对外贸易情况、公共财政预算收入指标增长速度领先；地区生产总值、市场消费能力、规模以上工业增加值指标速度滞后。如表 6 所示。

表 6　2015 年、2016 年珠江—西江经济带经济总体发展情况

指标	2015 年增长率（%）		2016 年经济带数值	2016 年增长率（%）	
	经济带	两广地区		经济带	两广地区
地区生产总值（亿元）	6.89	7.37	41887.48	7.43	9.08
三次产业结构	—	—	5.22：41.06：53.71	—	—
公共财政预算收入（亿元）	8.16	14.74	2925.40	2.98	2.13
规模以上工业增加值（亿元）	—	—	14890.00	4.93%	广东：6.7 广西：6.5
固定资产投资（亿元）	14.73	14.87	21908.28	11.34	10.78
社会消费品零售总额（亿元）	11.03	10.22	17185.19	10.75	10.84
外贸进出口总额（亿美元）	3.31	-3.86	15273.62	2.15	-0.79

注：相关增长速度为名义增长速度。

资料来源：《广东统计年鉴 2016》《广西统计年鉴 2016》；珠江—西江经济带各市 2017 年政府工作报告、2016 年国民经济和社会发展统计公报。

二　当前珠江—西江经济带建设面临的困难和问题

2016 年，珠江—西江经济带建设取得新进展、新成效、新突破，但是也存在一些亟待解决的困难和问题，主要表现在以下方面。

（一）核心城市辐射能力不强

区域内缺乏辐射带动作用强的特大城市，除广州、佛山外，其他城市如南宁等中心城市集聚和辐射效应不足。广州、佛山等珠三角核心城市的辐射带动作用仅限于环珠三角地区，对珠江—西江经济带中上游的带动作用不大，而南宁等珠江—西江经济带中上游城市的辐射带动作用较小。2015 年南宁市的地区生产总值为 3410.08 亿元，分别只有上海、南京、杭州的 13.6%、35.1%、33.9%，市区人口为 365 万人，分别只有上海、南京、杭州的 15.6%、44.3%、52.1%。珠江—西江经济带城镇分布较为稀疏，城市间产业结构趋同，分工协作不够，孤立发展特征较明显。基础设施建设有待完善。高等级运输通道较少，机场航线设置偏少，与国内外联

系通道不畅。城际交通网络不健全，互联互通和运输服务水平较低。

（二）产业分工协作水平较低

珠西规划实施以来，虽然珠江—西江经济带产业发展取得了长足进步，但广西段产业总体上仍比较薄弱，产业结构同质、发展方式粗放的局面尚未根本改变，各市不同程度存在产业层次不够高、结构不够合理等问题。由于体制等各方面的因素，各个城市在制定本地区产业发展政策时，往往"求大、求快、求全"，热衷于那些投资多、见效快的重化工业，而且也没有分工协作意识，都要打造全产业链条，很少考虑本地区的要素禀赋及由此带来的成本和效率的差异，这样做的后果就是地区产业结构同构，特别是"价高利大"的产业结构趋同。多个地市将建材、电子信息等产业作为重点产业，导致各市在承接产业转移时产生了无序竞争的现象。多数产业的生产集中度低、产业链短，产业集群发展滞后，产业分工协作水平低。

（三）生态环境保护压力较大

珠江—西江经济带广西段发展相对滞后，产业结构以资源型产业和粗加工产业为主，一方面既要加快做大经济总量，另一方面又要做优产业结构，加快发展与产业转型升级的压力叠加在一起，对生态环境造成很大的压力。万元工业增加值能耗、水耗和万元地区生产总值污染物排放量均高于全国平均水平。局部地区不当开采矿产资源，造成矿山生态环境恶化，使周边的农田、水体受到有害物质污染。部分地区农业生产方式落后，农村生态环境污染严重，农业用化学物质使用量逐年上升，大量畜禽粪便污染物的排放造成农用地污染扩大。为继续保持西江流域良好的水质，仍需进一步加快流域养殖业转型升级，进一步加大珠江防护林保护力度，共同对西江干流沿岸进行整体规划，加快推进西江水系"一干七支"沿岸生态农业产业带建设，发展沿江休闲旅游和清洁产业，高标准建设珠江—西江生态廊道。

（四）内部协调机制建设滞后

由于现行行政体制分割，没有形成一个行之有效的统一合作机制，经济带内不同城市之间存在各自为政的现象，相互之间缺乏必要的沟通和协调，不利于各市优势互补和错位发展。2015 年 5 月，广西成立了珠江—西江经济带（广西）规划建设管理办公室，专门负责统筹协调经济带建设工作，经济带广西市级层面也设立了相应的管理机构，但是这个机构的级别和层次仍然不够高，只能统筹协调广西的 7 个市。目前，广东省级政府层面还没有成立相应的工作机构，两广之间没有形成常态化的沟通协调机制，未能及时有效地研究、解决珠江—西江经济带建设过程中涉及的跨省区、跨地市的相关问题。虽然，建立了西江绿色发展论坛，开展了珠西规划实施工作对接会议、珠西规划联席会议、西江经济带城市共同体暨市长联席会议等一系列的协调机制，但这种协调机制较为松散，未能有效地突破原先各个城市各自为政的格局。

（五）面临地方保护主义威胁

以上这些还只是一些面上的制约因素，背后的核心制约因素是长期行政分割所造成的地方保护主义。长期以来，我国都是以行政区为经济发展单元的，而不是以经济区为经济发展单元，绝大部分的规划、制度、政策都是以行政区为界，这样的制度设计就使我国形成了省、市、县等大大小小的"诸侯经济"，并由此产生了地方利益集团、地方保护主义和市场分割。建设珠江—西江经济带就是要以经济区为经济发展单元，打破这种行政分割造成地方利益集团、地方保护主义和市场分割，按照市场经济的规律发展经济。只要解决了这个核心问题，上面提到的那些制约因素都将迎刃而解，相反只要这个因素不"铲除"或者不弱化，那经济带发展就会举步维艰。

三 进一步促进珠江—西江经济带发展的对策建议

（一）加强产业对接与分工协作

以沿江产业园区为载体，以交通干线为纽带，以点带线大力发展通道经济，加快建设，形成珠江—西江经济带。粤桂两省（区）应以推进两广经济一体化发展为契机，充分发挥自身在自然资源、产业基础、人力资源、生态环境等方面的比较优势和竞争优势，建立产业分工协作对接机制，合理确定各自的主导产业，优化产业布局，实行差异发展、错位发展，避免大而全、小而全，降低生产和交易成本，取得专业化分工的效率与效益。同时要把广西的产业发展纳入区域整体产业链和价值链中去，扬长避短，使生产要素向区域内的支柱产业和优势产业靠拢，纵向结成产业链，横向结成产业群，取得区域优势互补和叠加放大效应。

广西在建设北部湾经济区的过程中，应大力推进"飞地经济"模式，积极争取粤西湛江、茂名、阳江三市纳入北部湾经济区，争取国家支持，推动三市共享北部湾经济区的有关政策。要充分利用沿海港口优势，积极引进国内外大企业，重点发展石油化工、钢铁、林浆纸、修造船、电子信息、粮油加工、新能源等产业，培育壮大临港产业集群，加快形成临海先进制造业基地和现代物流基地。从产业结构调整的需要出发，选准互补性强的产业，大力推进粤桂区域产业转移和产业对接，培育新的产业链和产业集群。鼓励广东企业参与改造，提升广西的汽车、制糖、建材、化工、纺织等传统优势工业；鼓励广东企业参与广西的铝、林纸、石化、钢铁、医药、电力等优势资源开发；鼓励广东企业参与培育和发展广西的电子信息、生物工程、新材料、环保等高新技术产业。互相开放现有外贸公共服务平台，共同应对外贸壁垒和外贸争端。

（二）加强通道经济与开放合作

沿西江各市应树立"大通道、大流通、大市场、大产业"的理念，依托立体交通枢纽和区位优势，规划产业布局结构，构建开放型经济圈，以各类生产要素的活跃通畅聚集流动，带动通道经济快速发展。应从战略层面规划大产业，最大限度发挥枢纽建设带来的低成本优势，着力培育区域主导产业，发展壮大产业基地，变"交通走廊"为"经济走廊"。要根据交通网络走向，合理调整各地人口资源、土地利用、城镇体系和重大基础设施的中长期规划，着眼发挥比较优势，突出重点区域发展，以重点带动全局。同时，依托交通枢纽节点，立足区域特点，通盘规划各个产业园区，建设布局合理、互补协作的沿线产业带，形成经济大走廊。同时，围绕交通沿线和优势产业，打造区域性综合物流中心，以物流业推动商贸服务业快速发展，搭建起现代物流平台。

推动外贸企业建立企业联盟，共同利用技术、品牌、营销网络、会展平台等资源，开拓国际市场。鼓励企业共同开发境外经贸合作区，共同发展境外营销网络，共同承揽境外大型工程，共同开发国际市场。一是市场合作。利用对方的销售网络体系和渠道互相拓展市场空间。广西可以借助广东与港澳和欧美日韩密切的传统经济合作关系、成熟的市场机制、一整套与国际接轨的进出口贸易机制，开拓港澳和欧、美、日、韩市场，广东可借助广西开拓东盟市场。两广可以联手互推对方旅游景点、路线，或共建两广旅游路线，共同开拓两广市场。二是物流合作。两广共建、共享物流基础设施，深化口岸通关、检验检疫、电子口岸等方面合作，组建两广跨区域物流联盟，整合物流供应链，统一运营标准、统一运营管理，降低两广物流成本，提高产业效率。三是技术合作。积极开展现代农业，汽车、装备制造、船舶制造等先进制造业，战略新兴产业的技术合作，发挥比较优势，降低研发成本，提高效率。四是品牌合作。两广联手打造一批知名品牌，互相利用对方知名品牌进行"贴牌生产"等。

（三）促进生态环境保护一体化

西江水资源保护一体化。一是西江水质保护合作。科学确定西江流域水环境功能和省界断面水质保护目标。创新流域综合整治的合作机制和管理模式。推进西江流域水量、水质系统建设，抓好重点饮用水源地安全保障工作，确保供水安全。二是跨界河流的水污染管理合作。加强对西江干流及贺江、九洲江等跨界河流的水污染联测、联防、联控管理机制。建立省级突发污染事故信息通报机制，加强联合执法，完善跨界流域（区域）污染纠纷协调处理办法。三是西江水生态保护与修复合作。严格执行产业准入标准，全面落实环境影响评价制度。共同协商开展跨省（区）自然保护区的管理和科研监测。重视西江水生态保护与修复，共同开展水生态保护与修复试点工作，研究建立生态用水保障机制。四是渔业管理合作。共同采取措施保护西江渔业资源和产卵场、索饵场、越冬场、洄游通道等重要渔业水域。在西江上建闸、筑坝应设置过鱼设施。加大人工增殖放流力度，控制捕捞强度。共同实施珠江流域禁渔期制度，在交界水域组织开展联合执法，打击跨省（区）渔业违法活动，建立粤桂渔政管理协作机制。

森林资源保护一体化。一是森林资源保护管理合作。构建森林资源保护合作机制。建立森林资源保护管理联席会议制度，研究协商重大破坏森林资源案件。完善重大林业有害生物疫情信息通报和联防、联控机制。二是西江流域森林生态管理合作。加强西江流域国家级和省级生态公益林封山管护工作，逐步提高省级生态公益林效益补偿标准。在西江及西江一、二级支流建设国家级、省级生态公益林，提高森林生态功能等级。加快西江流域防护林体系建设和湿地保护。加强野生动植物保护管理合作，打击破坏野生动植物资源的违法犯罪行为。三是毗邻地区森林管理合作。建立毗邻地区火情监测和预警体系，加强设施设备建设，实行毗邻地区森林火灾通报和扑救联动。加强跨省（区）林地、林木权属纠纷调处协作，力争解决一批交界地林地、林木权属争议。

（四）探索区域经济一体化机制

珠江—西江经济带各地区应该利用西江黄金水道优势，建立内部的协作机制。可设立中央政府直属跨区域或城市的协调机构，突破行政分割，加强区域整合，实现跨流域、跨省区的合作，营造良好的合作氛围，发挥市场在资源配置中的决定性作用，破除阻碍资金、技术、劳动力等生产要素在不同行政区域间自由流动的壁垒，合理配置资源，激发经济活力。通过建立一系列配套的法律法规或者部门规章制度来规范地方政府的市场行为，破除行政壁垒的束缚，为跨区域联合协调组织机构的良好运行提供有力保障。同时，在资金支持上采取多种方式，吸引民间资本或者国外资本，拓宽融资渠道，减少地方财政的负担，弱化地区行政意识，促进资金的跨区域流动。此外，珠江—西江经济带还应当建立外部联动机制，加强与国内其他经济带的互动发展，促进要素在区际的合理配置，取长补短，实现经济全面发展。

粤桂双方本着互利共赢的原则，研究建立区域财税、投资管理、技术创新等有利于协调发展的利益协调机制，协商议定合作方式，明确责任义务和经营期限。合作共建园区的发展成果由合作方分享，并根据两省（区）的不同贡献分享共建合作项目的财政收入。两省（区）财政10年内对特别试验区实行地方级财政收入全留的财政优惠政策。合作共建期间，引进项目投产后新增的增值税、所得税地方留成部分，各方按一定比例分成，地区生产总值等主要经济指标按比例分别计入。加快探索建立两广跨地域、跨行业的项目分类管理体制和机制，对双方共建的（在建或已建的）基础设施、公益设施和产业设施项目实施共同管理、共同受益，做到保障管理责任的匹配与衔接。积极发展共建共享、收益分成的"飞地经济"，实现优势互补、集聚发展、互利双赢。

城乡发展

基于城市流强度模型的珠江—西江经济带城市发展研究[*]

杜俊义[**]

摘　要： 基于城市流强度模型，对 2014 年珠江—西江经济带 11 个城市的区位熵、外向功能量、城市流倾向度、城市流强度及其结构进行测度分析。结果表明：广州、南宁作为经济带内的核心城市区位熵大于 1 的外向型部门较多，外向功能量较大，在经济带内具有较强的辐射带动作用，其他城市需要加快发展提升城市流强度，发展成为区域性中心城市。为此，应加快改善珠江—西江经济带的城市流强度结构，注重培育经济带新的增长极，加强经济带交通基础设施建设，基于资源优势重新布局和优化经济带产业结构。

关键词： 城市流强度　珠江—西江经济带　城市发展

区域内城市之间相互作用而产生的影响量，可以通过城市流强度及其结构来测量。近几年来，我国学者运用城市流强度模型对北部湾、福建、中原经济区、丝绸之路经济带、甘肃、京津冀与长三角等区域内城市间的空间联系进行了研究（赵宇鸾等，2008；喻微锋等，2009；林东华、吴秋明，2013；徐慧超等，2013；高新才、杨芳，2015；程贵、姚佳，2015；李慧玲、戴宏伟，2016）。但还未有学者运用城市流强度模型来分析珠江—西江经济带城市间的空间联系。因此，本文以珠江—西江经济带作为研究对象，基于城市流强度模型测算出珠江—西江经济带内 11 个城市的区位熵、外向功能量、城市流倾向度、城市流强度及其结构，分析经济带城

---

* 基金项目：广西哲学社会科学规划研究课题（编号：15AJY001）；广西人文社会科学发展研究中心"珠江—西江智慧经济带建设研究团队"和广西师范大学西南城市与区域发展研究中心阶段性建设成果。

** 作者简介：杜俊义，男，河南安阳人，广西师范大学经济管理学院助理研究员。

市间的空间联系，找出各自的优势与不足，以完善各城市的功能定位，调整和优化产业结构，促进城市间协调发展。

一　研究区域概况

《珠江—西江经济带发展规划》实施的范围包括广州、佛山、肇庆、云浮、南宁、柳州、梧州、贵港、百色、来宾、崇左11个城市，区域总面积为16.5万平方公里，区域常住人口超过5000万人。珠江—西江流域是连接西南和华南的黄金水道，其中珠江从广州市中心穿流而过。广州作为广东的省会城市，也是我国重要中心城市和国际交通枢纽，广州港是我国第三大港口。广州还是我国重要的工业基地，轻工业较为发达，商业、金融、会展业等也很发达。佛山是广东第三大城市，是以工业为主导的制造业名城，且以民营经济为主体，已发展成为中国先进制造业基地。肇庆东部与佛山接壤，西南部与云浮市相连，西部及西北部与广西的梧州市和贺州市交界，是广东省的经济欠发达地区。云浮位于广东省的西部，与广西交界，属于广东经济欠发达地区。南宁是广西的首府，作为广西政治、经济、文化、交通中心，是广西区域性物流、资金流、信息流的交汇中心。柳州是广西最大的工业城市，其工业经济总量约占广西的1/4，已形成以汽车、机械、冶金为支柱，化工、制糖、造纸、制药、建材、日化等产业并存的工业体系。梧州是广西建设最早的工业城市，形成了纺织、化工、食品、机械、电子、塑料、制革、制药、服装、造船、轻工、印刷、石材等产业，其中轻化工业、食品工业、对外贸易等是梧州的优势产业；梧州还是一个内河港口城市，与珠三角一水相连，是广西最靠近珠三角和粤港澳的城市，具有一定的区位优势。贵港地处西江流域的中游，贵港港是我国西部第一大内河港，是华南地区水陆联运的交通枢纽，交通便利，具有独特的区位优势。百色位于广西西部，地处珠江水系上游，是国家确定的南（宁）贵（阳）昆（明）经济区中心地带，是滇、黔、桂三省（区）边缘交通枢纽、重要的物流集散地和大西南出海通道的咽喉，是中国与东盟双向开放的前沿。来宾地处广西中部，资源物产丰富，公路、水路运输业比较发达，交通便利，有明显的地缘优势。崇左位于广西西南部，是中国通往东盟最便捷的陆路大通道，地理位置非常优越，面向东南亚，背靠大西南，具有独特的区位优势。

二 研究方法与数据收集

（一）研究方法

城市流是指在城市群区域内各城市间的人流、物流、信息流、资金流、技术流等空间流所发生的频繁、双向或多向的交互流动的现象，是城市间相互作用的一种基本形式。城市流在现实中表现为各种社会经济要素在区域空间中随着市场导向力的流动。城市流强度是指在某一区域内各城市间的联系中，城市外向功能所产生的集聚与辐射能量在城市之间相互影响的数量关系，反映区域内部的要素流动与互动。一般用公式 $F = N×E$ 来计算，其中，F 为城市流强度，N 为城市功能效益，E 为城市外向功能量（朱英明、于念文，2002）。

区位熵（Location Quotient）是衡量某一区域要素的空间分布情况，反映某一个产业部门的专业化程度，可用于协助测度城市某个部门的外向功能量。考虑到指标选取的代表性和可得性，本文选取城市从业人员作为城市外向功能量的度量指标：

$$LQ_{ij} = \frac{G_{ij}/G_i}{G_j/G} \qquad (i = 1, 2, \cdots, n; j = 1, 2, \cdots, m) \tag{1}$$

式（1）中，G_{ij} 是 i 城市 j 部门从业人员数量，G_i 是 i 城市从业人员数量，G_j 表示所在区域 j 部门从业人员数量，G 表示所在区域总从业人口数量。当 $LQ_{ij} < 1$ 时，即 $E_{ij} = 0$，表明 i 城市 j 部门不存在外向功能量；当 $LQ_{ij} > 1$ 时，即 $E_{ij} > 0$，表示 i 城市 j 部门存在外向功能量。由区位熵的含义可知，i 城市 j 部门从业人员数量超过该城市所在区域的分配比例，表明 i 城市 j 部门在该区域的专业化程度较高，能够为周边地区提供专业化服务。由此，i 城市 j 部门外向功能量的公式是：

$$E_{ij} = G_{ij} - G_i × (G_j/G) \tag{2}$$

i 城市 m 个部门总的外向功能量为 $E_i = \sum_{j=1}^{m} E_{ij}$。

N_i 为 i 城市的功能效率，用人均从业人员的 GDP 表示，即：

$$N_i = GDP_i/G_i \tag{3}$$

其中 GDP_i 表示 i 城市的地区生产总值。

F_i 是 i 城市的城市流强度：

$$F_i = E_i \times N_i = E_i \times (GDP_i / G_i) = GDP_i \times (E_i / G_i) = GDP_i \times K_i \tag{4}$$

式（4）中，K_i 是城市流倾向度，为 i 城市外向功能量占总功能量的比重，反映了 i 城市总功能量的外向程度。

（二）数据来源

对城市流强度的研究，国内外学者一般选取第三产业主要外向型服务业的从业人数来考察城市外向服务功能。本文选取交通运输、仓储及邮政业，信息传输、计算机服务和软件业，批发和零售业，住宿和餐饮业，金融业，房地产业，租赁和商务服务业，科学研究、技术服务和地质勘查业，水利、环境和公共设施管理业，居民服务、修理和其他服务业，教育业，卫生、社会保障和社会福利业，文化、体育和娱乐业，公共管理和社会组织共 14 个外向型行业（部门）作为研究对象。为了保证数据来源的可靠性和计算的科学性，研究使用的数据均取自 2014 年《中国城市统计年鉴》。从中选取珠江—西江经济带内 11 个城市 2014 年末的数据来进行城市流强度相关指标的测度和分析各城市之间的对外空间联系。

三　城市流强度的实证分析

（一）区位熵分析

珠江—西江经济带各城市 14 个外向型部门的区位熵计算结果如表 1 所示。

表 1　珠江—西江经济带各城市 14 个外向型部门的区位熵

城市	(1)	(2)	(3)	(4)	(5)	(6)	(7)	(8)	(9)	(10)	(11)	(12)	(13)	(14)
广州	1.740	1.484	1.532	1.540	0.985	1.592	1.668	1.566	1.000	1.739	0.624	0.696	1.418	0.713
佛山	0.332	0.433	0.569	0.630	0.696	0.525	0.292	0.238	0.345	0.814	0.582	0.620	0.268	0.449
肇庆	0.502	0.517	0.613	0.733	0.990	0.499	0.285	0.269	0.818	0.457	1.471	1.395	0.603	1.561
云浮	0.291	0.557	1.184	0.628	0.931	0.329	0.091	0.137	0.574	0.219	1.726	1.283	0.579	1.979

续表

城市	(1)	(2)	(3)	(4)	(5)	(6)	(7)	(8)	(9)	(10)	(11)	(12)	(13)	(14)
南宁	0.768	1.059	0.929	1.008	1.557	0.773	1.133	1.359	1.568	0.333	1.391	1.380	1.721	1.278
柳州	0.550	0.296	0.523	0.386	0.899	0.844	1.002	0.840	1.792	0.306	1.075	1.285	0.607	0.965
梧州	0.589	0.740	0.460	0.274	1.274	0.829	0.358	0.544	0.987	0.116	2.065	1.946	0.977	1.878
贵港	0.446	2.706	0.125	0.505	1.384	0.283	0.198	0.540	1.406	0.511	3.386	2.202	0.337	2.157
百色	0.681	0.387	0.633	0.455	0.950	0.343	0.157	0.636	1.540	0.219	2.184	2.149	0.753	3.131
来宾	0.426	1.055	0.445	0.163	1.102	0.623	0.530	0.801	1.498	0.165	2.139	1.945	0.784	2.104
崇左	0.474	0.599	0.420	0.369	1.164	0.332	0.606	1.170	1.401	0.170	2.040	1.915	0.717	2.679

注：（1）交通运输、仓储及邮政业；（2）信息传输、计算机服务和软件业；（3）批发和零售业；（4）住宿和餐饮业；（5）金融业；（6）房地产业；（7）租赁和商务服务业；（8）科学研究、技术服务和地质勘查业；（9）水利、环境和公共设施管理业；（10）居民服务、修理和其他服务业；（11）教育业；（12）卫生、社会保障和社会福利业；（13）文化、体育和娱乐业；（14）公共管理和社会组织。下同。

由表1可知，珠江—西江经济带城市中还没有一个城市的所有外向型部门的区位熵都大于1，说明跟发达地区的城市群相比，这11个城市整体的空间聚集与经济辐射能力还比较弱，与国内发达地区的城市群之间存在较大的差距。其中，广州、南宁作为经济带的核心城市，其区位熵大于1的外向型部门总体数量明显要多于其他城市。广州在交通运输、仓储及邮政业，信息传输、计算机服务和软件业，批发和零售业，住宿和餐饮业，房地产业，租赁和商务服务业，科学研究、技术服务和地质勘查业，居民服务、修理和其他服务业，文化、体育和娱乐业的区位熵都大于1，分别为1.740、1.484、1.532、1.540、1.592、1.668、1.566、1.739、1.418，说明广州的这些外向型部门具有较强的外向服务功能。南宁是广西的政治、经济、文化、交通中心，其优势体现在，信息传输、计算机服务和软件业，住宿和餐饮业，金融业，租赁和商务服务业，科学研究、技术服务和地质勘查业，水利、环境和公共设施管理业，教育业，卫生、社会保障和社会福利业，文化、体育和娱乐业，公共管理和社会组织。由此表明广州、南宁在经济带具有相对较强的外向服务功能，可以为其他城市服务。佛山的所有外向型部门的区位熵都小于1，表明佛山的这些部门不存在外向服务功能，这是由于选取的部门都来自第三产业，也说明佛山是一个以第二产业制造业为主的城市。肇庆、云浮、柳州、梧州、百色等城市外向型部门的区位熵小于1的数量比较多，表明这些城市的外向型部门聚集与辐射能力相对较为薄弱。肇庆、云浮、南宁、柳州、梧州、贵港、百色、来宾、崇左9个城市在教育业和卫生、社会保障和社会福利业的区位熵均大于1，表明这些部门具有较强的外向服务功能。

（二）城市外向功能量分析

当 $LQ_{ij}<1$ 时，则该城市部门不存在外向功能量，即 $E_{ij}=0$。结合表1可以计算出各城市各部门的外向功能量 E_{ij} 和城市总的外向功能量 E_i。结果如表2所示。

表2　珠江—西江经济带城市的外向功能量

城市	(1)	(2)	(3)	(4)	(5)	(6)	(7)	(8)	(9)	(10)	(11)	(12)	(13)	(14)	E_i
广州	14.817	3.063	9.900	3.820	0.000	6.347	7.844	5.040	0.000	1.033	0.000	0.000	1.106	0.000	52.970
佛山	0.000	0.000	0.000	0.000	0.000	0.000	0.000	0.000	0.000	0.000	0.000	0.000	0.000	0.000	0.000
肇庆	0.000	0.000	0.000	0.000	0.000	0.000	0.000	0.000	0.000	0.000	1.639	0.674	0.000	1.523	3.836
云浮	0.000	0.000	0.224	0.000	0.000	0.000	0.000	0.000	0.000	0.000	1.317	0.251	0.000	1.385	3.177
南宁	0.000	0.104	0.000	0.017	1.202	0.000	0.434	0.893	0.804	0.000	3.031	1.442	0.532	1.683	10.142
柳州	0.000	0.000	0.000	0.000	0.000	0.000	0.005	0.000	0.751	0.000	0.389	0.725	0.000	0.000	1.870
梧州	0.000	0.000	0.000	0.000	0.131	0.000	0.000	0.000	0.000	0.000	1.831	0.797	0.000	1.178	3.937
贵港	0.000	0.605	0.000	0.000	0.166	0.000	0.000	0.000	0.116	0.000	3.713	0.917	0.000	1.405	6.922
百色	0.000	0.000	0.000	0.000	0.000	0.000	0.000	0.000	0.179	0.000	2.147	1.021	0.000	3.015	6.362
来宾	0.000	0.015	0.000	0.000	0.034	0.000	0.000	0.000	0.110	0.000	1.374	0.559	0.000	1.039	3.131
崇左	0.000	0.000	0.000	0.000	0.054	0.000	0.000	0.064	0.086	0.000	1.218	0.526	0.000	1.536	3.484

由表2可知，广州的外向功能量达到了52.970，明显超过其他城市，说明广州在珠江—西江经济带区域发展中具有核心地位，其外向型部门表现突出，这与其经济社会发展水平相吻合。南宁的外向功能量为10.142，除广州外，比其他城市都高，这与南宁的GDP规模以及作为广西的政治、经济、文化、交通的中心地位是相符合的。佛山、肇庆、云浮、柳州、梧州、贵港、百色、来宾、崇左的外向功能量分别为0、3.836、3.177、1.870、3.937、6.922、6.362、3.131、3.484。贵港的外向功能量较大，从外向功能量的分布上看，其外向功能量大于0的部门恰好是其他城市外向功能量大多为0的部门，说明贵港具有优势的行业是其他城市相对劣势

的行业，贵港可以与珠江—西江经济带内其他城市进行优势互补，促进经济带城市的共同发展。百色的外向功能量在这些城市中也较大，反映出百色在水利、环境和公共设施管理业，教育业，卫生、社会保障和社会福利业，公共管理和社会组织方面具有优势，这些行业具有较强的外向服务功能。此外，位于经济带内广西城市的外向功能量整体大于经济带内广东除广州以外城市的外向功能量，表明社会经济要素在经济带内广西城市间流动更强一些，这些城市联系更加密切，经济带内广西与广东城市间的空间经济联系还较弱，有待加强。

（三）城市流倾向度与强度分析

根据 2014 年珠江—西江经济带各城市的 G_i、GDP_i，可求出各城市的 N_i、K_i、F_i，结果如表 3 和图 1 所示。

表 3　珠江—西江经济带各城市的城市流倾向度与强度

城市	地区生产总值 GDP_i（万元）	总从业人数 G_i（万人）	城市功能效率 N_i（万元/人）	城市流倾向度 K_i	城市流强度 F_i
广州	154201434	324.6	47.505	0.163	2516.323
佛山	70101725	174.2	40.242	0.000	0.000
肇庆	16600720	40.7	40.788	0.094	156.474
云浮	6022990	21.2	28.410	0.150	90.259
南宁	28035444	90.6	30.944	0.112	313.838
柳州	20100543	60.7	33.115	0.031	61.945
梧州	9917096	20.1	49.339	0.196	194.290
贵港	7420091	18.2	40.770	0.380	282.247
百色	8038711	21.2	37.918	0.300	241.229
来宾	5155700	14.1	36.565	0.222	114.479
崇左	5846288	13.7	42.674	0.254	148.635

由表 3 可知，广州属于高城市流强度值城市，城市流强度达到2516.323，是珠江—西江经济带中最具实力的城市，其在交通运输、仓储及邮政业，信息传输、计算机服务和软件业，科学研究、技术服务和地质勘查业，批发和零售业，住宿和餐饮业，房地产业，租赁和商务服务业，

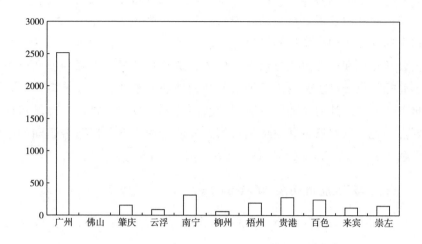

图 1　珠江—西江经济带城市流强度柱状图

文化、体育和娱乐业等领域表现出明显的优势，充分起到了对周边城市的辐射带动作用。南宁的城市流强度值为 313.838，其在信息传输、计算机服务和软件业，住宿和餐饮业，金融业，租赁和商务服务业，科学研究、技术服务和地质勘查业，水利、环境和公共设施管理业，文化、体育和娱乐业，公共管理和社会组织等部门具有优势，对经济带内城市可以发挥辐射带动作用。这两个城市的发展与其在各省区的政治、经济、文化的中心地位相关，两个城市的投资建设力度较大，又都是重要的交通枢纽，因此资金流、技术流、信息流、服务流在此汇聚。此外，贵港、百色的城市流强度均大于 200，表明这两个城市与区域中心城市南宁协同辐射，带动次级区域的发展。柳州的城市流强度值为 61.945，低于其他城市（除佛山外），说明柳州的工业发达，但是在资源整合能力与区域辐射带动作用方面较为薄弱。其余城市的城市流强度值在 100~200，表明这些城市的辐射带动能力较弱，以后需大力发展第三产业（如交通运输、仓储及邮政业，住宿和餐饮业，金融业，租赁和商务服务业等），增强外向型部门的影响力，带动周边地区的发展，发挥区域辐射功能。

　　由图 1 可知，广州的城市流强度远高于其他城市，说明其在珠江—西江经济带经济发展中居于核心地位。南宁虽然位于第二，但与第一差距较大。一般来讲，城市流强度值越大，其与外界联系越紧密；城市流强度值越小，其与外界联系越松散。珠江—西江经济带内各城市之间存在密切的联系，各种社会经济要素在此区域内流动，促进了各城市的发展。

（四）城市流强度结构分析

城市流强度结构是指构成城市流强度影响因素之间的相对数量比例关系。测量城市流强度结构的公式为：

$$GDP_i' = GDP_i / GDP_{max} \qquad K_i' = K_i / K_{max} \qquad (5)$$

式（5）中，GDP_i' 和 K_i' 是各城市生产总值与城市流倾向度的标准化，GDP_{max} 和 K_{max} 是各城市生产总值与城市流倾向度的最大值。根据 2014 年珠江—西江经济带内各城市的相关数据，由式（5）可以计算出各个城市的 GDP_i' 和 K_i'，然后得出珠江—西江经济带城市流强度结构，如图 2 所示。

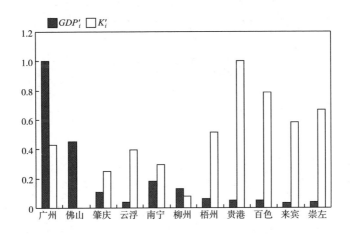

图 2　珠江—西江经济带城市流强度结构

从图 2 可以看出，珠江—西江经济带 11 个城市的总体经济实力与城市流倾向度以及这些城市间相互的对比数据。广州是珠江—西江经济带的核心城市，经济实力最强，对珠江—西江经济带的经济发展具有显著的带动和辐射作用。广州、佛山、柳州是珠江—西江经济带内城市总体经济实力大于城市综合服务能力的城市，其标准化后的城市流倾向度要小于其经济总量。这三个城市较低的城市流倾向度与较强的城市经济实力是不对称、不协调的。广州虽然在珠江—西江经济带各城市中拥有最大外向功能量与最高城市流强度，但是它的外向型部门从业人员总量很大，使得以单位从业人员外向功能量计算的城市流倾向度相对较低。柳州是工业城市，第三产业从业人数相对较少，使得其城市流倾向度小于经济总量。佛山发展以制造业为主的第二产业，第三产业的外向型部门不存在外向功能量，因此使得其城市流倾向度为 0。基于此，广州需要调整产业结构，推动产业结构的优化升级，增强城市的综合实力与辐射功能。柳州、佛山则要大力发展第三产业，提升其外向服务功能。珠江—西江经济带其余城市的城市流强度结构呈现城市经济实力要小于城市流倾向度，部分城市（梧州、贵港、百色、来宾、崇左）的城市流倾向度要高于广州，只有肇庆和南宁的城市经济实力与城市流倾向度差距较小。在珠江—西江经济带内，除广州、佛山以外，大多数城市的经济实力还比较薄弱，城市总体经济实力与城市流倾向度还不够协调。虽然这些城市的经济发展形势较好，对周边地区的发展也具有良好的带动作用，但是它们的经济实力整体较弱，将降低城市综合服务能力，影响到珠江—西江经济带城市的协调发展。

四 结论及建议

通过以上分析可知，广州的城市流强度值远远高于珠江—西江经济带内其他城市，在经济带内居于核心主导地位；南宁在经济带内是除广州之外城市流强度值较高的城市，也是经济带内的核心城市；广州和南宁在经济带发展中发挥着龙头带动作用。佛山、肇庆、云浮、柳州、梧州、贵港、百色、来宾、崇左则构成了经济带内区域性中心城市，带动周边地区的发展。为了提升经济带内城市的城市流强度，促进经济带城市的协调发展，提出以下政策建议。

（一）加快改善珠江—西江经济带的城市流强度结构

针对珠江—西江经济带内的城市总体经济实力与外向功能相对水平差距较大的情况，需要根据经济带内每个城市的具体情况采用不同的对策予以改善。对于佛山，要大力发展第三产业，提升城市流强度，增强外向型部门的辐射能力。柳州的城市流倾向度较低，对外服务能力较弱，需要加快发展外向服务部门，提升对外服务水平。云浮、梧州、贵港、百色、来宾、崇左等城市的 GDP 偏低，需要增强城市的总体经济实力，这些城市可以利用自身的资源和区位优势，大力发展优势产业，提升经济实力。

（二）注重培育珠江—西江经济带新的增长极

由增长极理论可知，区域经济的发展主要依靠条件较好的地区和优势产业带动，因此应把区位条件好的地区和具有优势的产业培育成经济增长极。珠江—西江经济带内的城市具有区位优势和优势产业，构成了区域经济发展的增长极，可以带动周边地区的发展。广州和南宁作为珠江—西江经济带的核心城市，应充分发挥增长极的功能，承担起带动珠江—西江经济带区域经济发展的作用。经济带内的其他城市要依托本地的资源禀赋与产业基础，发挥自身比较优势，积极加强与核心城市在资金、技术、人才等各方面的合作，发展各具特色的优势产业，通过优势互补和生产要素整合，形成带动区域经济发展的新的增长极，提升城市流强度，增强经济辐射功能。

（三）加强珠江—西江经济带交通基础设施建设

为了促进珠江—西江经济带城市的协调发展，应加强各城市间的交通网络建设，尽快建立连接 11 个城市的铁路、公路、水路、机场联运的综合交通运输大通道，让经济带内的城市形成互联互通的交通网络，促进经济带内的资金、信息、物质等要素的流动，带动交通运输业、金融业、住宿和餐饮业等产业的发展。构建两广铁路运输的大通道，完善客运、货运网络，提高铁路的运输能力。加快珠江—西江黄金水道的建设，完善高等级航道网络，提高航运能力。在公路建设方面，要形成完善的高速公路网络。加强机场建设，优化机场布局，提升机场的服务功能，形成功能完善的航空体系，为经济带的经济建设服务。

（四）基于资源优势重新布局和优化珠江—西江经济带产业结构

位于经济带内的广西城市要抓住机会，积极承接东部产业转移，依靠资源优势，实施产业合作对接，推进产业集聚和升级。充分利用广西的区位优势、政策优势、资源优势、港口优势，发展基于区位优势的出口加工业和物流业，基于港口优势的临海工业，基于资源优势的铝产业、旅游业、蔗糖业等产业（潘永、常庆，2009）。广州、柳州、佛山要依靠制造业优势大力发展高端装备制造业，加快产业转型升级。加强广州、南宁作为区域性金融中心的建设，促进经济带内金融业的合作发展。构建统一的旅游信息服务平台，共同推进智慧旅游的发展。大力发展现代农业，打造循环经济。总之，通过经济带的建设和发展，强化广州、南宁作为经济带核心城市的地位，把佛山、肇庆、云浮、柳州、梧州、贵港、百色、来宾、崇左等城市发展为区域性中心城市，带动周边地区的发展。

参考文献

程贵、姚佳，2015，《基于城市流强度模型的甘肃省城市发展研究》，《西北人口》第 2 期。

高新才、杨芳，2015，《丝绸之路经济带城市经济联系的时空变化分析——基于城市流强度的视角》，《兰州大学学报》（社会科学版）第 1 期。

李慧玲、戴宏伟，2016，《京津冀与长三角城市群经济联系动态变化对比——基于城市流强度的视角》，《经济与管理》第 2 期。

林东华、吴秋明，2013，《福建省城市流强度与结构研究》，《东南学术》第 1 期。

潘永、常庆，2009，《广西承接东部产业转移的战略选择——基于 SWOT 方法的分析》，《广西社会科学》第 4 期。

徐慧超、韩增林、赵林、彭飞，2013，《中原经济区城市经济联系时空变化分析——基于城市流强度的视角》，《经济地理》第 6 期。

喻微锋、蒋团标、刘祎，2009，《滇中城市群与北部湾城市群比较分析——基于城市流视角的城市群发展研究》，《重庆工商大学学报》（西部论坛）第 6 期。

赵宇鸾、林爱文、骆建礼，2008，《基于城市流强度的广西环北部湾城市群发展研究》，《山西师范大学学报》（自然科学版）第 3 期。

朱英明、于念文，2002，《沪宁杭城市密集区城市流研究》，《城市规划汇刊》第 1 期。

经济新常态背景下广西城镇居民
收入分配问题初探*

——基于 2008~2015 年数据的统计分析

朱良华　杨西春**

　　摘　要： 广西经济的新常态已经初步形成。收入分配制度改革与经济新动力的培育紧密相连，在经济新常态背景下，加大收入分配改革力度十分必要。对 2008 年以来广西城镇居民收入总体水平、收入来源结构、收入差距现状进行考察发现，经济新常态背景下，尽管广西城镇居民收入保持了较高速度的增长，可是收入增速仍明显低于全国水平，并且出现了下降趋势，与全国的差距继续扩大；工资性收入受宏观经济波动影响明显，增速和比重双双下降；基尼系数则呈现增长态势，收入差距表现出持续扩大的动向。建立向科技创新人员倾斜的收入分配激励机制，助力经济增长新动力的培育与壮大，从而推动城镇居民收入持续增长，同时，注重缩小收入差距，应该成为广西城镇居民收入分配改革的重要制度取向。

　　关键词： 经济新常态　广西城镇居民收入　收入分配

　　广西地方政府于 2013 年提出了收入倍增计划。其中，对于城镇居民设定的目标是，到 2020 年按当年价广西城镇居民人均可支配收入要达到 5.14 万元，比 2010 年翻 1.59 番；按 2010 年不变价则要达到 3.82 万元，比 2010 年翻 1.16 番。在实施收入倍增计划的过程中，遭

---

　　*　基金项目：本文系 2017 年广西哲学社会科学规划研究课题"广西财政精准扶贫的收入分配效应研究"（编号：17FJY020）的阶段性成果。

　**　作者简介：朱良华，男，湖北仙桃人，梧州学院副教授，主要研究方向为收入分配与人力资源开发；杨西春，男，山东莒县人，梧州学院教授，主要研究方向为技术创新与企业管理。

遇中国经济向新常态转换，为居民收入实现稳步增长带来了巨大挑战。在经济新常态背景下，广西城镇居民收入问题呈现哪些新变化？考察和探究这一问题，对于新形势下广西居民收入倍增计划的实施具有重要的现实意义。

一 广西经济初步形成新常态

经济新动态或者经济新状态均不等于经济新常态（王全兴，2015）。通过检索媒体上的报道，我们可以发现，习近平总书记第一次提出"新常态"概念是在 2013 年 12 月 10 日中央经济工作会议的讲话中；然后于 2014 年 5 月在河南考察时，又再次强调要从当前我国经济发展的阶段性特征出发，适应新常态，保持战略上的平常心态；接下来则分别于 2014 年 11 月 9 日在 APEC 工商领导人峰会开幕式的主旨演讲中和同年 12 月 9 日在中央经济工作会议上的讲话中，对中国经济发展新常态进行了全面阐述和系统解读。经过习近平总书记提出并在各种场合反复多次使用之后，中国经济"新常态"引起了学者们的广泛关注，各种相关研究层出不穷。但是，在各种媒体的报道和研究论文中，给人的普遍感觉是中国经济的新常态已经顺利实现了。这其实是对经济新常态特征的一种误解。诚然，与过去相比，中国经济出现了增速下滑的新动态，或者说新状态，但这并不意味着中国经济已经是新常态了。

对当前经济态势做出尽可能准确的判断是科学应对经济变化的前提与基础。习近平总书记在 APEC 工商领导人峰会开幕式的主旨演讲中就曾提出经济新常态应该具备三大特征：①经济从高速增长转为中高速增长；②经济结构不断优化升级，第三产业、消费需求逐步成为主体，城乡区域差距逐步缩小，居民收入占比上升，发展成果惠及更广大民众；③从要素驱动、投资驱动转向创新驱动。2014 年 8 月 7 日《人民日报》发表的《经济发展迈入新阶段》一文进一步归纳了中国经济新常态的四个主要特征：中高速、优结构、新动力、多挑战。从这些论述我们可以发现，经济新常态的判断不仅应该包括经济增长数量指标，还应该包括经济增长的动力结构、产业结构，经济与社会、生态的协调程度等经济增长质量指标。也就是说，除了经济增速放缓这一新趋势外，还必须在发展中实现经济结构转型和经济驱动力转型，才能够下结论认为经济已经完全进入了新常态。

《广西统计年鉴》显示，2016 年广西 GDP 达到 18245.07 亿元，同比增长 7.3%，高于全国增速 0.6 个百分点。初步核算，2017 年前三季度广西地区生产总值为 12757.93 亿元，按可比价格计算，同比增长 7.0%。[①]继 2016 年之后，广西经济在 2017 年前三季度继续保持平稳增长，顺利实现缓中趋稳、总体回升态势，具备了"经济从高速增长转为中高速增长"这一特征，佐证广西基本实现了经济新、旧常态转换。不过，这还只能说明广西经济初步形成了新常态，还是不完整的新常态。这是因为广西尚未完全具备经济新常态的质量特征要求，或者说还处于优化形成过程中，尤其是目前广西经济的创新驱动力有待加强，仍然倚重于投资拉动。

乔榛和孙海杰（2015）也认为，"新常态"所描述的内涵不仅应该指中国经济进入了一个特征上与过去发展阶段完全不相同的新发展阶段，而且应该包括在新阶段实现经济发展的新机制。由此可见，对于当下的中国经济而言，经济新常态更多的应该是指我们在经济新阶段的努力方向或者说工作目标。如果措施得力，经济结构和驱动力转型成功，那么中国经济应该在这个阶段会顺利实现新常态；否则的话，很有可能会掉入"中等收入陷阱"。要想顺利实现习近平总书记所描述的"新常态"，广西还需要克服诸多挑战和困难，收入分配改革便是其中之一。

二 经济新常态背景下加大收入分配改革力度的必要性

如前所述，一旦离开了人的能动作用，经济"新常态"便不会自发形成。鉴于收入分配改革与形成新常态内在机制之间的关系，笔者认为，在经济新常态形成过程中，加大收入分配改革力度是一项不可或缺的内容。

（一）经济增速下滑要求必须加大收入分配改革力度

改革开放 40 年来，中国经济持续保持高速增长，实现了其他国家需要几十年甚至上百年才能完成的经济增长。但是，在经济新常态形成过程

---

① 相关数据参见广西统计信息网，http://www.gxtj.gov.cn/tjsj/xwfb/tjxx_ sjfb/201710/t20171026_ 134562.html。

中，首先要面临的挑战是经济由高速增长换挡为中高速增长。许多隐藏在经济高速增长阶段本不成为问题的问题，在经济增长速度下降之后就会显现出来，或者说，就会由次要矛盾上升为主要矛盾。比如，当经济高速增长时，就业机会增加、收入增长稳定，居民对于现状的满足程度提高，会对收入差距表现得相对宽容；当经济增速下降后，伴随着就业岗位减少、收入水平面临下降，居民对于现状的不满程度增加，对收入分配不公问题更加敏感，对收入差距的容忍度便相应会下降，从而提出更高缩小收入差距的要求。

经济转型的关键在于利益格局的调整，收入分配制度又是调整利益格局的重要手段。因此，在经济新常态形成过程中，构建一个适应"新常态"特征的收入分配制度有着特殊的意义。习近平总书记在讲话中提出，要在经济新常态下实现第三产业、消费需求逐步成为主体，城乡区域差距逐步缩小，居民收入占比上升。这每一项目标的实现都要求必须加大收入分配改革力度，尤其是要进一步缩小收入差距。这是因为，通过有效遏制收入差距不断扩大的趋势、不断缩小收入差距，可以有效地提升消费能力，扩大第三产业的发展空间，进而可以实现经济结构调整、城乡区域差距缩小的良性循环。

（二）培育经济新动力要求必须加大收入分配改革力度

构建中国经济的新常态，关键是要找到经济发展的新动力。可以说，培育和壮大经济发展新动力是顺利实现经济"新常态"的重要保障和支撑。众所周知，拉动国民经济发展的"三驾马车"分别是：投资、净出口和消费。然而，近30年来中国经济的飞速发展主要依赖于投资和净出口的推动，经济增长的动力结构存在失衡。投资增长波动性比较大，以及自2008年国际金融危机以来外贸环境不断恶化，造成净出口的经济驱动力不断消减，因此，在当前经济转型过程中，中国经济实现持续增长的驱动力明显不足。要避免出现经济增长大幅波动和掉入"中等收入陷阱"，则必须培育和壮大消费这一新的经济发展驱动力，以确保顺利进入新常态。与投资相比，消费的波动性要平稳很多，消费驱动力的不断增强必然会帮助实现经济持续平稳增长。目前，中国的消费率偏低应是一个不争的事实，消费对经济增长的推动作用不仅没有上升，反而降低了（郭鸿懋，2008）。要提高消费率，增强消费需求对国民经济的拉动力，首先是要实现收入增长，其次是要提高边际消费倾向。我们必须通过完善收入分配制度，从整体上促进增收，尤其是增加中低收入阶层的收入。这是因为，与高收入阶层增加的收入倾向于投资相比，中低收入阶层的消费倾向更大。此外，我们还可以通过建立以激发人们科技创新积极性的收入分配制度，促进产业结构的优化升级，为消费提供更加多样化的产品选择，从而更好地满足社会的消费需求。由此可见，收入分配制度改革与经济新动力的培育紧密相连，经济发展的新动力培育离不开收入分配改革的有效配合。

三 经济新常态背景下的广西
城镇居民收入分配现状

据统计，2017 年前三季度广西全区居民人均可支配收入为 14671元，同比名义增长 8.3%，扣除价格因素实际增长 6.8%。城镇居民人均可支配收入为 22813 元，同比名义增长 7.3%，扣除价格因素实际增长 5.5%。① 那么，在经济新、旧常态转换过程中，广西居民收入分配问题呈现哪些新变化呢？为此，笔者以城镇居民可支配收入为例，尝试进行简单分析。

鉴于国外"新常态"一词最早是由美国太平洋投资管理公司（PIMCO）首席执行官穆罕默德·埃尔-埃里安（Mohamed El-Erian）提出的，描述 2008 年国际金融危机爆发以后，世界经济从此进入一个新的发展阶段。下面将重点分析 2008 年以来，广西在经济新常态形成过程中的城镇居民收入分配现状及存在问题。

（一）广西城镇居民收入水平考察

本文选取城镇居民人均可支配收入指标来揭示城镇居民收入水平。表1 清晰地反映出了广西城镇居民人均可支配收入自 2008 年以来的变动情况，并与全国的情况进行了对比。这里的人均可支配收入为现行价格水平，后文涉及的各类收入水平亦然。

---

① 相关数据参见广西统计信息网，http://www.gxtj.gov.cn/tjsj/xwfb/tjxx_sjfb/201710/t20171026_134562.html。

表 1   2008～2016 年广西城镇居民收入规模与增速

年份	全国		广西	
	绝对值（元）	增速（%）	绝对值（元）	增速（%）
2008	15780.80	—	14146.04	—
2009	17174.70	8.83	15452.00	9.23
2010	19109.44	11.27	17064.00	10.43
2011	21809.78	14.13	18854.06	10.49
2012	24565.00	12.63	21242.80	12.67
2013	26955.00	9.73	23305.00	9.71
2014	28844.00	7.01	24669.00	5.85
2015	31195.00	8.15	26416.00	7.08
2016	33616.00	7.76	28324.00	7.22
年均增速（%）	—	9.91	—	9.07
2016/2008	2.13		2.00	

注：本表中最后一行为 2016 年与 2008 年的比值，下同。

资料来源：根据 2009～2016 年的《中国统计年鉴》《广西统计年鉴》以及 2017 年的全国统计公报、广西统计公报提供的相关数据计算整理得到。

从表 1 可以发现，2008～2016 年，广西城镇居民人均可支配收入由 14146.04 元增加到 28324.00 元，年均增长率为 9.07%，增长了约 1 倍。同一时期，全国城镇居民人均可支配收入则从 15780.80 元增加到 33616.00 元，年均增长率为 9.91%，增长了约 1.13 倍。从环比增速来看，广西城镇居民收入增长的变动与全国基本保持一致，总体呈现先升后降再升"过山车"般的动态变化。广西城镇居民收入从 2009 年开始逐年递增，在 2012 年增速达最大值 12.67%，此后出现连续下降；在 2014 年降幅超过 3 个百分点，增速仅为 5.85%，为经济新常态以来的最低增速；从 2015 年又开始持续上升，但仍低于 2009 年的水平。与全国增速相比较，在 2008～2016 年这 9 年期间，广西仅有 2009 年和 2012 年城镇居民收入增速略高于全国增速，其余年份均低于全国水平，尤其是 2011 年和 2014 年，广西与全国在增速上的差距较大，在 2011 年差距达到最大。值得注意的是，2016 年全国城镇居民收入增速也是低于 2009 年的。不管是从全国，还是从广西层面来看，经济新常态对城镇居民的收入增长带来明显迟滞作用。

在经济新常态背景下，尽管广西城镇居民收入实现了持续增长，但是，与全国平均水平的差距总体在扩大，与此同时增速又无法达到全国水平。广西城镇居民收入受到外部宏观经济的显著影响，而复杂又严峻的外部经济环境进一步增加了广西如期实现城镇居民收入倍增挑战的难度。在接下来的 3 年时间里，努力提高广西城镇居民收入水平，切实缩小广西与全国差距的工作可谓任重而道远。

（二）广西城镇居民收入结构考察

为了了解经济新常态形成过程中广西城镇居民收入结构的变化，笔者对 2008～2015 年广西城镇居民收入结构进行了比较，如表 2 所示。笔者在写作本文时，2017 年的《广西统计年鉴》尚未发布，因此未能获得 2016 年的相关数据。

表 2　2008～2015 年广西城镇居民收入结构分析

年份	城镇居民收入水平（元）	收入构成（元）				各项收入占比（%）			
		工资性收入	经营净收入	财产性收入	转移性收入	工资性收入	经营净收入	财产性收入	转移性收入
2008	15393.20	10321.20	1314.40	441.20	3316.40	67.05	8.54	2.87	21.54
2009	17033.00	11193.60	1385.90	493.40	3960.10	65.72	8.14	2.90	23.25
2010	18742.20	12061.80	1474.90	576.90	4628.60	64.36	7.87	3.08	24.70
2011	20846.10	13550.20	1699.80	844.90	4751.20	65.00	8.15	4.05	22.79
2012	23209.40	14693.50	2131.80	883.70	5500.40	63.31	9.19	3.81	23.70
2013	25028.73	15647.77	2326.75	997.91	6056.30	62.52	9.30	3.99	24.20
2014	24669.00	13892.69	3431.40	2234.99	5110.00	56.32	13.91	9.06	20.71
2015	26415.87	15163.07	3665.05	2307.89	5279.86	57.40	13.87	8.74	19.99
年均增速（%）	8.02	5.65	15.78	26.66	6.87	—	—	—	—
2015/2008	1.72	1.47	2.79	5.23	1.59	—	—	—	—

注：在《广西统计年鉴》中，从 2014 年才开始按照人均可支配收入口径来统计居民收入结构，其余年份均是按照居民家庭人均总收入口径来统计居民收入结构的。居民家庭人均总收入略高于人均可支配收入，因此表 2 中 2008～2013 年广西城镇居民的收入结构是基于城镇居民家庭人均总收入做的分解，与表 1 中的对应数据略有差异。

资料来源：根据 2009～2016 年《广西统计年鉴》相关数据计算整理得到。

居民收入由工资性收入、经营净收入、财产性收入以及转移性收入构成。表 2 的数据显示，广西城镇居民收入由 2008 年的 15393.20 元提高到 2015 年的 26415.87 元，年均增速为 8.02%，增长了约 0.72 倍。其中，工资性收入和转移性收入增速慢于总收入增速；经营净收入和财产性收入增速远快于总收入增速，尤其是财产性收入增速最快，达到了 26.66% 的年均增速。从各项收入占比来看，工资性收入仍然是广西城镇居民最主要的收入来源，由 2008 年的 10321.20 元上升到 2015 年的 15163.07 元，年均增速为 5.65%，但其占总收入比重总体呈现下降趋势，从 2008 年的 67.05% 下降到 2015 年的 57.40%，下降了近 10 个百分点；广西城镇居民第二大收入来源为转移性收入，由 2008 年的 3316.40 元上升到 2015 年的 5279.86 元，年均增速为 6.87%，占总收入比重也总体呈下降趋势，由 2008 年的 21.54% 降到 2015 年的 19.99%，降低了 1.55 个百分点。虽然经营净收入和财产性收入占总收入的比重较小，但是，它们的年均增长速度都比较快，并且结构占比也在大幅增加。总体来看，经济新常态形成过程中，广西城镇居民收入来源趋于多元化，虽然依然保持了较快增长，但是工资性收入增长最慢且结构占比总体在下降，受经济波动的影响最大。

（三）广西城镇居民不同阶层收入差距考察

笔者通过城镇居民分组人均可支配收入的分布情况、分组收入结构及基尼系数等数据，对经济新常态形成过程中广西城镇居民收入差距现状进行了考察。表 3 报告了广西城镇居民各阶层 2008～2015 年的收入情况。

从表 3 可以看出，2008～2015 年广西收入年均增速最快的是高收入户所在组，由 22563.16 元上升到 54482.86 元，年均增长 13.42%，增长了约 1.41 倍；增速排第二的则是中等偏上收入户所在组，由 16947.21 元上升到 33950.45 元，年均增长 10.44%，增长了约 1 倍。2008～2012 年，最低收入户年均增长 13.71%，比最高收入户大约多 2 个百分点。在 2008 年，最高收入户人均收入是最低收入户的 7.06 倍；到 2012 年，则缩窄到 6.54 倍，最高收入户与最低收入户的收入差距出现一定程度回落。但是，从 2013 年到 2015 年，高收入户与低收入户的收入比则由 4.75 倍扩大到 5.24 倍，收入差距又呈现持续扩大的趋势。

表 3　广西城镇居民分组人均可支配收入

年份	最低收入户（元）（占比10%）	低收入户（元）（占比10%）	中等偏下收入户（元）（占比20%）	中等收入户（元）（占比20%）	中等偏上收入户（元）（占比20%）	高收入户（元）（占比20%）	最高收入户（元）（占比10%）	最高收入/最低收入
2008	4581.75	7018.31	9672.82	12938.30	16947.21	22563.16	32345.01	7.06
2009	5203.31	7781.31	10593.56	13959.50	18595.09	24474.17	35575.78	6.84
2010	6204.91	8940.13	11713.04	15563.90	20284.22	26381.57	37744.69	6.08
2011	6241.05	9493.43	12564.84	16800.27	21774.04	28777.45	44034.70	7.06
2012	7660.32	11321.92	14618.66	19100.83	24475.84	31539.88	50127.11	6.54
2013	—	11246.99	17016.30	22874.91	29976.92	53400.58	—	4.75
2014	—	10339.15	16958.45	23204.82	30723.35	51949.93	—	5.02
2015	—	10400.02	18488.72	25791.75	33950.45	54482.86	—	5.24
年均增长率（%）	13.71	5.78	9.70	10.36	10.44	13.42	11.57	—
2015/2008（2012/2008）	1.67	1.48	1.91	1.99	2.00	2.41	1.55	—

注：关于城镇居民分组收入的统计，《广西统计年鉴》的统计口径有所变化。其中，2008~2013 年是指城镇居民家庭人均总收入，从 2014 年开始，则调整为城镇居民人均可支配收入。

资料来源：根据 2009~2016 年《广西统计年鉴》相关数据计算整理得到。需要注意的是，自 2014 年开始，《广西统计年鉴》中城镇居民分组方式发生变化，由过去的七组调整为五组，各组权重均为 20%。

利用表 3 的数据可以计算得出广西城镇居民各收入组占可支配总收入的比重。如表 4 所示。

表 4　广西城镇居民各阶层占可支配总收入的比重

单位：%

年份	最低收入户	低收入户	中等偏下收入户	中等收入户	中等偏上收入户	高收入户	最高收入户	基尼系数
2008	3.15	4.82	13.28	17.77	23.28	15.49	22.21	0.278
2009	3.27	4.88	13.30	17.52	23.34	15.36	22.33	0.276
2010	3.56	5.13	13.43	17.85	23.26	15.13	21.64	0.264

年份	最低收入户	低收入户	中等偏下收入户	中等收入户	中等偏上收入户	高收入户	最高收入户	基尼系数
2011	3.27	4.97	13.17	17.61	22.82	15.08	23.08	0.278
2012	3.53	5.22	13.47	17.60	22.55	14.53	23.10	0.267
2013	—	8.36	12.65	17.01	22.29	39.70	—	0.289
2014	—	7.76	12.73	17.42	23.07	39.01	—	0.291
2015	—	7.27	12.92	18.02	23.72	38.07	—	0.290

注 在 2008~2012 年计算基尼系数时，首先分别将最低收入户和低收入户的收入取平均值、高收入户和最高收入户的收入取平均值，从而将七等分组转化为五等分组，然后根据公式计算基尼系数。

资料来源：根据表 3 相关数据计算整理得到。

由于 2013 年的分组发生变化，我们首先考察 2008~2012 年的情形。表 4 的数据表明，收入最低的 10% 人口的收入占总收入的比重从 2008 年的 3.15% 先上升到 2010 年的 3.56%，达到最大值，然后下降到 2012 年的 3.53%，总体来看略有上升。收入最高的 10% 人口的收入占总收入的比重从 2008 年的 22.21% 上升到 2012 年的 23.10%，在 2010 年曾下降到最低点 21.64%，但总体来看略有上升。2012 年中等偏上收入户、中等收入户、高收入户收入占总收入比重均比 2008 年有所下降，低收入户的收入占比则有一定程度的上升。从 2013 年到 2015 年，低收入户和高收入户的收入占比则呈现持续下降的趋势，其余收入组则呈现持续上升趋势。不过，截至 2015 年，高收入户占比仍然超过了 2008 年的高收入户与最高收入户之和。从结构上看，经济新常态背景下，广西城镇居民收入依然在向高收入阶层集聚，"贫者恒贫，富者恒富"的马太效应依然明显。

为了进一步刻画广西城镇居民收入差距的变化，笔者分别计算出了 2008~2015 年的城镇居民基尼系数。如表 4 所示。所运用的计算公式是 Sen（1973）所定义的基尼系数计算公式：

$$G = 1 + \frac{1}{n} - \frac{2}{n^2\mu}\sum_{i=1}^{n}\left[(n-i+1)y_i\right]$$

该式中，μ 为全部样本的人均收入，n 为样本数量，y_i 为排在第 i 位的个体收入（鲁元平等，2016）。

2008 年广西城镇居民的基尼系数为 0.278，连续下降到 2010 年，达最小值 0.264，接下来出现反复波动，在 2015 年又扩大到 0.290。结合 2008~2015 年各收入组所占可支配总收入比重的变化趋势来看，最低收入户和最高收入户结构占比的变动趋势与基尼系数的变动趋势基本同步。当最低收入户的比重有所提高、最高收入户的比重有所下降时，基尼系数则会相应下降。这说明调控高收入者的收入对于缩小收入分配差距具有重要作用。

通常学者们将基尼系数等于 0.4 视为收入分配差距的警戒线，如果基尼系数大于 0.4，则认为收入差距较大；如果基尼系数在 0.3~0.4，则认为收入相对合理；如果基尼系数在 0.2~0.3，则认为收入比较公平。按照这一常用标准来判断，广西城镇居民的收入差距总体还算是合理的，但是，需要引起注意的是，在经济新常态背景下，广西城镇居民基尼系数总体呈现扩大的趋势，尤其是 2013 年以来收入差距在不断扩大。

综合上面的分析来看，在经济新常态背景下，广西城镇居民收入虽然依然保持了较高速度的增长，但收入增速明显低于全国水平，并且出现了下降趋势，与全国的差距继续拉大；在收入结构上，工资性收入的增速和比重双双下降；基尼系数在合理区间，但总体呈现增长态势，收入差距表现出持续扩大的动向。

四　改善广西城镇居民收入分配现状的制度取向

经济发展水平决定居民收入水平，居民收入水平又对经济发展水平具有反作用。在经济新常态背景下，针对广西城镇居民收入分配问题的现状，进行合理的分配制度安排来助力经济增长，通过经济增长传导推动城镇居民收入持续增长，同时注重缩小收入差距，应该成为广西城镇居民收入分配改革的重要制度取向。

（一）　加快构建对科技创新人员倾斜的分配制度体系[①]

通过收入分配制度改革，建立向科技创新人员倾斜的收入分配激励机

---

① 参见朱良华、胡益超（2016）。

制，为当下开展的"万众创新"活动注入活力，加速培育经济新动力。在这方面的制度探索，湖北已经走在了广西前面。2015 年 11 月 11 日荆楚网报道，湖北省政府最近出台了《省政府关于推动高校院所科技人员服务企业研发活动的意见》文件，将科研人员科研劳务收入比重大幅提高，像软件开发类、设计类、规划类和咨询类项目的比例最高可达团队使用经费部分的 70%，其他项目比例最高可达 50%，并且科研劳务收入按照单项劳务报酬计缴个人所得税，不纳入调控的绩效工资总额，以此激励科研人员积极投身于企业研发活动，推动产业升级。① 这一政策的出台，得到高校科研人员的普遍欢迎。

广西可以考虑借鉴湖北经验，探索具有区域特色的收入分配面向科技创新人员倾斜的激励机制，以充分调动他们的积极性，将"创新驱动"战略落到实处。加大向科技创新人员倾斜的分配制度体系可以考虑包含两大内容：一是在初次收入分配环节，要提升劳动报酬的分配比重，尤其是要凸显技术和知识要素所获得的劳动报酬在初次收入分配中的重要地位；二是在收入再分配环节，要进一步加大财政对于技术和知识创新的支持力度，并大幅降低凭借技术和知识要素所获得收入的税负水平，并且增强对技术和知识创新的财政支持。过去提倡劳动致富，现在不仅要继续倡导劳动致富，更应该倡导知识致富。我们的政策导向应该允许社会出现依靠知识和技术而富裕的新阶层，让掌握技术和知识要素、具有转化能力和创新能力的科技创新人员变得越来越富裕。

（二）努力遏制收入差距扩大势头

过大的收入差距会导致消费断层和有效需求不足，阻碍经济发展新动力的培育与壮大，从而消解前面提出的建立向科技创新人员倾斜的收入分配激励机制的正面效应。从长期来看，如果居民收入差距持续扩大不仅会影响到我国经济可持续发展，而且会影响到社会的长久稳定。因此，广西城镇居民收入分配制度改革必须同时注重缩小收入差距，这是判断收入分配制度合理的重要标准。

众所周知，缩小居民收入差距的基本指导思想是"提低、扩中、调

① 详情请浏览荆楚网相关报道，http://news.cnhubei.com/xw/jj/201511/t3446343.shtml。

高",即提高低收入者收入、扩大中产阶级比重、合理调节高收入者水平,以降低低收入者因"门槛效应"或"马太效应"的影响所导致的低收入者惯性贫困、高收入财富惯性高速增长,从而拉大收入差距。考虑到省级政府层面的职能空间,广西在缩小居民收入差距的收入分配制度改革问题上,一方面是前面已经提到的逐步提高劳动报酬在国民收入初次分配中的比重,尤其是要通过必要的制度安排,解决企业职工工资偏低、工资增长缓慢等问题,建立企业职工收入与企业经济效益同步增长的长效机制;另一方面则是要加强各级政府的基础教育、基本职业技能教育等公共产品供给能力,进一步完善社会保障体系,为低收入者提供良好的公共服务环境。增加以基础教育、基本职业技能教育和社会保障等为代表的公共服务产品数量,可以有效地提高低收入者的收入水平,缩小城镇居民收入差距。因此,在经济新常态形成过程中,广西政府应该加快公共基础服务体系的完善,从制度层面协调好外来流动人口与城市居民之间、高收入人群与低收入人群之间、市民与农民工之间的利益分配关系,为低收入人群建立起完备的基础教育、基本职业技能教育和社会保障体系,努力实现公共服务产品供给的均等化,切实有效提高低收入者人群收入水平。

参考文献

郭鸿懋,2008,《中国城乡发展动力结构调整的思考——收入分配视角的分析》,《南开学报》(哲学社会科学版)第 2 期。

鲁元平、詹新宇、赵颖,2016,《中国省域居民收入分配问题研究——以河南和广西为例》,经济科学出版社。

乔榛、孙海杰,2015,《适应经济新常态的中国收入分配制度改革》,《学术交流》第 8 期。

王全兴,2015,《经济新常态形成中和谐劳动关系构建的思考》,《中国人力资源社会保障》第 8 期。

朱良华、胡益超,2016,《经济新常态形成过程中广西城镇居民收入分配问题考察》,《经济研究参考》第 5 期。

Sen,A. K. 1973. *On Economic Inequality*. Oxford:Clarenon Press.

历史文化

"以火为政"：明清时期梧州城火政与区域社会的变迁

麦思杰[*]

摘　要：在帝国时期，火政是城市社会生活的重要内容，其往往与区域社会的变迁有着密切关系。明清时期，在西江流域社会转型的大背景下，广西梧州城经历了从军事重镇到商业枢纽的转变。而这一过程，被全息地投射到梧州城火政的演变上。本文以梧州城的火政为中心，透过探讨其演变的过程，重新理解明清时期西江流域社会的地方动乱、人口流动、商业贸易等重大问题。

关键词：明清时期　梧州城　火政　西江流域　社会变迁

一　序言

自韦伯（Max Weber）以来，类型学一直是中国城市史研究的主要范式。这一范式试图在与西方城市比较的基础上，回答中国社会"现代性"与"公共性"等问题。韦伯的思路在对后世研究产生重要影响的同时，亦遭到了许多学者的批评与挑战。批评者认为这一思路带着强烈的"西方中心观"，对中国社会的内在结构缺乏深入的了解。在芸芸批评者之中，施坚雅（G. William Skinner，1977）的观点尤为重要。施坚雅在中国城市史研究中强调区域主义的研究取向。他在研究中指出，帝国时期中国社会的结构并非由官僚体系单方面塑造而成，而是官僚体系与区域市场体系两者相互作用与影响的结果。只有在充分了解两者关系的基础上，研究者才能

---

* 作者简介：麦思杰，广东财经大学人文与传播学院老师，多年致力于明清时期两江流域社会经济史研究。

准确把握城市的区域特性与内部结构。罗威廉（William T. Rowe，1992）则透过对汉口的研究指出，因为区域贸易等因素的发展，汉口社会在 18、19 世纪出现了许多新的变化。罗威廉试图证明的是，帝国晚期的中国城市内部存在着非常重要的社会力量，这些变化对 20 世纪中国社会的变迁产生了深刻的影响。

施坚雅与罗威廉的研究提醒我们，区域是城市史研究的关键因素之一。如何在区域的视野下，对城市社会结构的变迁展开研究，是整体把握帝国时期城市社会的关键所在。区域社会的变迁，必然会引起城市的区域地位与功能的改变，进而导致城市社会结构的变化。这一变化主要由两方面原因造成。首先，城市官僚体系的变化。城市区域地位的上升与下降，往往会引起驻城国家官僚机构的调整。不同的官僚机构，因性质与功能的差异，对社会生活的介入与影响程度不尽相同。其次，人口的流动与新的社会阶层出现。在帝国时期，科举制度的推行促使士绅阶层的形成，区域贸易的发展促使人口的流动并使城镇出现庞大的商人群体。这些因素在不同程度上导致了城市的功能与社会结构在区域变动的大背景下不断被重新定义与塑造。

关于区域与城市变迁的关系，许多学者会以公共事务为切入点展开研究。这一思路主要是借助公共生活了解权力关系的互动与构建过程，由此诠释城市社会结构的过程。火灾，一直以来都是城市生活的重大威胁，故火政为城市公共生活的重要事务之一。以往关于火政的研究，多将焦点集中于近现代的大城市。研究者希望借此了解近代中国社会变迁中的"现代性"等问题。与此相比，古代城市的火政研究则较为薄弱。事实上，火政在帝国时期的城市公共事务中一直有着相当重要的位置，它不仅是官员管理地方社会的重要事务，更是社会精英获得权力、声望与地位的重要路径。在帝国时期，火政既包括具体的救灾事务，亦包括相关的宗教祭祀，后者的重要性丝毫不低于前者。时人认为，火患多为天灾或神明之意，奉祀火神或水神等神明，祈求得到其庇佑，是防范火患的重要举措。因此，官员或地方精英往往会借助对火政宗教的操控来获得文化权力。但对于火政宗教的理解，不同的群体因文化传统的不同而存在差异，他们往往会以自身的文化去构建、诠释火政宗教，用以表达权力、区分彼此。因此，透过火政去研究区域与城市变迁之间的关系时，我们必须要注意到相关宗教构建背后的社会互动过程。罗威廉研究的薄弱之处，正是对宗教祭祀研究的欠缺。

本文希望以梧州城的火政宗教为个案，讨论西江流域社会变迁与城市社会转型的关系。明清时期，华南区域社会先后经历了帝国版图扩张与贸易发展两个阶段。前者使得大量原先的"化外之民"被逐步整合到国家的权力体系之内，成为为王朝政府当差纳粮的编户齐民。此后，科举制度的推行，新兴乡绅阶层的出现，促使土著社会的转型。从明代中后期开始，因长距离贸易的发展，区域内的人口流动日趋频繁，广东商民成了西江沿岸各大城市及墟市的重要力量。这两大因素使地处两广交界的梧州城社会发生了重大转型，这一转型的过程，被全息地投射到梧州城的火政上。本文希望在细致梳理明清时期梧州城火政问题流变的基础上，对这一时段西江流域的社会变迁有新的体会。

二 大藤峡"瑶乱"与梧州城官僚体系的变动

本文讨论的梧州城即现今梧州市的河东一带，在明清时期为广西梧州府与苍梧县的衙署驻地。梧州城位于两广交界，为浔江、府江、西江三江汇集之处，大江环绕，背靠大山，城市空间较为狭小，在军事上属易守难攻之地。在漫长的帝国时期，梧州城一直是帝国维系南疆统治的政治、军事重镇。在 20 世纪 80 年代以前，梧州每岁火灾无常，为当地社会生活最严重的威胁之一。事实上，早在明嘉靖四十五年（1563），苍梧道佥事林大春就注意到梧州城的火灾问题：

> 梧州为东南重镇，实两省冠裳之会，三军所出，四民聚焉。然其地僻在西鄙，非通都大郡。其俗尚简朴，无高堂华屋之观。盖自官府学宫之外，率多竹庐以蔽风雨。每间岁，旱烈辄焚烧，数百家俄顷而尽。居民常望见火荧荧从屋脊起，遂谓天灾，莫可幸免。已复结竹，环居如故，以为常岁。（汪森，1999a：卷 44）

林大春的寥寥数语勾勒了梧州城内社会的基本情况及其在华南区域格局中的地位。彼时梧州城虽为"东南重镇"，但非"通都大郡"，商业未兴。梧州城内火灾频繁的原因在于南方炎热的天气与当地居民结竹为居的生活方式。此外，林的文字揭示了一个更为重要的信息，当时梧州城的火灾不仅威胁到城内居民的日常生活，更关乎区域秩序的稳定。

上文引用林大春的《肇造全镇民居碑》，为记录梧州城火灾最早的历史文献，而《明实录》中关于梧州城火灾最早的记录为万历五年（1577）（台湾"中研院"史语所，1962：1418）。从上文引用的材料中可以看出，梧州每岁火灾频发，并非嘉靖末年才有。因此，我们需要追问的是：为何嘉靖末年之前的官方文献对梧州城火灾不做记录？至嘉靖末年，地方官员为何开始重视城内火灾？在此基础上，梧州城火政又是在怎样的区域背景下成为官员重点关注的地方事务的？

要回答这一问题，我们不妨先了解嘉靖以前梧州城基本情况。根据崇祯《梧州府志》记载，梧州城建于北宋开宝六年（973），"周二里一百四十步，高二丈五尺，开四门"（谢君惠，2013：165）。宋皇祐年间，侬智高叛乱，波及两广，梧州城未能幸免，城墙毁于战火。北宋至和二年（1055），王朝政府修复并拓宽梧州城墙（谢君惠，2013：167）。宋元时期，因统治者对岭南地区控制甚为薄弱，相关史料对梧州城的记载几为空白。

明王朝建立后，帝国致力于开拓南疆，处于两广要冲之地的梧州城因其特殊的地理位置而成为军事重镇。洪武初年，明政府在梧州设守御千户所。后西江流域各地瑶人"叛乱无常"，梧州城的驻军人数遂不断增加，城内空间日见拥挤。洪武十二年（1379），明政府"复拓周八百六十丈为五门，有五楼。东曰正东，西曰西江，北曰大云，南曰南薰，西南曰德政门，覆以串楼一百九十间"（谢君惠，2013：233），是为梧州城在明代的第一次拓建。但在宣德之前，梧州的驻军单位仍只是千户所，说明其只是西江流域较为重要的驻军地点，而非最重要的军事重镇。同时，各种史料中并无梧州城社会情况的相关记载，这一情况从反面说明，当时城内的人口构成以驻军与土著居民为主，并无发达的绅商阶层。

宣德年间，广西浔州府的大藤峡地区爆发大规模"瑶乱"，是为著名的"大藤峡瑶乱"。瑶人为华南地区的主要族群，广泛分布于群山之间，梧州上游、广西中部的大藤峡地区即是其中一个重要的聚居地。瑶人"不入版籍"，"居徙无常，刀耕火种，不供赋役"（汪森，1999b：卷22），游离于国家权力体系之外。从洪武年间开始，西江上游的左右江地区的土司，不断以平息"瑶乱"为由，在明政府的支持下向东扩张，侵占瑶人地盘。明政府则希望借助土司的军事力量，将瑶人纳入帝国版图之内。土司的东扩，最后导致了大藤峡"瑶乱"的爆发（麦思杰，2005；唐晓涛，2011）。大藤峡瑶人的持续"叛乱"，构成了明代中前期梧州城发展的区域背景。

"瑶乱"始于永乐年间，但彼时仍局限在浔州府境内。至宣德以后，"瑶乱"日趋严重，瑶人开始越出浔州府府境，流劫其他府县并波及广东。瑶人越境劫掠，使大藤峡"瑶乱"从地区性问题上升为区域问题，并由此引发两广军事统帅不协调的问题。当其时，两广的军队系统各不相属，"事不一统"，导致"瑶乱"越发难以平息。在此背景下，整顿两广军队系统，使其令出一门，成为明朝政府在华南地区改革军事制度的关键。改革的首要之务为选择要地御控两广，而居于两广接壤、三江交汇的梧州城正是明政府统摄两广军事的理想之地。"宣德二年，以都督山云克总兵镇苍梧"（谢君惠，2013：177）。朝廷开始在梧州城安置重臣以协调两广军事，梧州城的战略地位日显重要。"天顺六年（1462），总督都御史叶盛请设帅府于梧州"（谢君惠，2013：179），希望借此强化对两广军事的统摄。叶盛在奏疏中如是论述在梧州城开府的必要性：

> 今臣等看得广西梧州府是两广交界，北抵增城，南抵交趾，程各半月，东抵广东省城，顺流而下，仅逾七日，最为紧要。中路控扼两广喉襟之地，流贼往来，必由梧州北南两江水面偷渡。因无将官重兵总制其间，又因先年原守广西地方贵州、湖广官军一万五千俱不赴调。旧守营堡，俱各废弃。以此不能守把，贼人肆志。
>
> 伏乞皇上特敕该部会议，合无于梧州立为帅府，挂印征蛮将军总兵官镇守节制两省，会官专管军马盗贼事务，其两广各止设副总兵一员，广西柳、庆、浔、梧等处照旧设立左右参将二员，广东高、雷、廉州设右参将一员，肇庆、韶州设左参将一员，悉听镇守总兵官调度。如此庶得耳目一新，号令丕变，将权归一，地方行事才得尔我相和，彼此相顾，实为经久便益。（汪森，1999a：卷5）

叶盛在梧州创立帅府以总督两广军务，力图透过统一两广兵权以控制"瑶乱"。帅府的职责相当于两广总兵，而原来的广东、广西总兵则变为副总兵。但此时"瑶乱"已到失控的地步，来自大藤峡地区的瑶人更为频繁地流劫梧州及广东州县。

（天顺七年）十一月十三日，大藤峡贼夜入梧州城。（台湾"中研

院"史语所，1962：7148)

（天顺八年三月甲戌）广西流贼入广东界，劫掳肇庆之新兴、阳江及雷、廉、高州等处吏民财畜，仍围困城池，经年未散。（台湾"中研院"史语所，1962：85)

（天顺八年夏四月癸未）广西流贼入广东石康县，杀乌家驿丞林安等，执海北课提举司提举邹贤、翁良等，并劫掳官民男妇四百二十余名口，劫去海北盐课提举司、石康盐仓、乌家、白石驿印四颗。（台湾"中研院"史语所，1962：95)

（成化元年二月癸未）巡按广西监御史方祐奏："广西流贼攻劫梧州、郁林、博白等州府县，而郁林荼毒尤甚……而广东群寇亦越境流劫，人情危机之甚。"（台湾"中研院"史语所，1962：311)

"瑶乱"的不断升级使梧州的军事战略地位变得更为重要。

成化元年（1465），在大藤峡"瑶乱"严重威胁到明帝国在南疆统治的背景下，朝廷任命都御使韩雍为两广总督，率重兵平定两广"瑶乱"。韩雍很快取得了军事行动的胜利。"瑶乱"平定后，为巩固对两广地区的控制，"成化五年十一月，（朝廷）设总府于梧州府，总制两广地方"（台湾"中研院"史语所，1962：1414）。梧州由是成了总督府、总镇府、总兵府三府所在地。驻梧官僚机构及军队的大量增加，导致城内空间更显拥挤。成化三年（1467），韩雍为此扩建了梧州城，将城墙"增高一丈，造串楼五百九十六间，遍覆之，城下复设窝铺三十六间，宿军士守夜"（谢君惠，2013：233）。成化七年（1471）三月，韩雍上奏朝廷，要求在城厢以外另辟地方以作驻军之用。

"近诏立总府于广西梧州，然必宿以重兵，庶可威镇蛮獠。而梧州守御士卒止三百四十余人，乞移奉议卫官军驻梧州以守城池。又：梧州旧城三面距江，内包高山，不足以容士马，城东南有教场遗址平旷，欲别立城与梧州城联络相通，可以振军威而服蛮獠。"事下兵部议："请令相度，其宜行之。"（台湾"中研院"史语所，1962：1732)

明宪宗同意了韩雍的请求，梧州城外的东南片遂成为驻军重地。开府之后，梧州城的驻军达万人以上（汪森，1999a：卷8）。如果再加上随军家属，相关人口估计达四五万人。上文已述，当时梧州城周长为 860 丈，换算面积约为 750 亩，即使再加上城厢的空地，估计亦只有一千多亩。不难想象，四五万的军队人员及本地军民拥挤于如此狭小的空间，再加上房屋多用竹木建造，火灾隐患极大。

但在这一时期现存的各种文献里，我们并没有看到梧州城火灾的任何记载。造成这一问题的根本原因在于梧州城当时的官僚体系。持续的"瑶乱"不仅导致梧州人口的剧增，更塑造了城内异常复杂的官僚体系。在嘉靖末年之前，梧州城的主要功能在于应付西江"瑶乱"，实质上是一座军事型城市，此为梧州城与西江流域其他府城最大的区别。从成化初年至嘉靖末年，梧州城内除了梧州府府衙与苍梧县县衙外，还设有总督、总镇、总兵三府。总督府权位最重，苍梧知县则最为卑微。当其时，梧州城内商业并未发达，城内事务基本以军务为主。在这样的背景下，梧州城的大小事务在严格意义上并不属于地方官员管辖，而是属于总督、总兵等高级武官权责范围内的军务。如《苍梧军门总督志》对总兵的职责即有以下记载：

> 总兵官镇守两广地方，于梧州府内驻扎，居中调度，操练军马，修理城池，防御贼寇，抚安人民。（应槚，1991：22）

因此可知，在这一时期内，总兵除了操练军马外，还需负责城池修护、抚安人民等事务，而这些事务本属知府或知县的权责范围。在这样的行政构架下，需要梧州知府或苍梧知县处理的事务甚少，地方官员在梧州城内的官僚体系中基本处于从属地位。同时，三府武官首先关注的是如何平定"瑶乱"，而非城内社会的稳定，梧州城只不过是其平定西江"瑶乱"的大本营。

因此，在嘉靖末年之前，各种史料中并无梧州城火灾记载的原因在于当地以总督、总兵为主导的官僚体系。在负责梧州城事务的武官眼中，城内火灾的重要性远低于大藤峡等地发生的"瑶乱"。当武官对"瑶乱"应接不暇之时，火政不可能会成为其日常事务的重心。作为史料"制造者"的武官，自然亦不会将梧州城的火灾情况记录到档案、日记等文献之中。嘉靖末年以后，火灾始见于文献记载，正是大藤峡"瑶乱"平定以后华南区域格局及梧州城内官僚权力体系变动的结果。

三 明末官僚体系的变动与梧州
城火政事务的出现

嘉靖中后期，西江上游地区的"瑶乱"基本平定，但广东沿海地区的动乱却日趋严重。动乱地点的转移对梧州城内的官僚体系产生了重大影响，两广总督关注的重点不再是大藤峡地区的"山贼"，而是广东沿海地区的"海盗"。嘉靖四十三年（1564），两广总督移驻肇庆，但梧州城仍保留了总督府。故嘉万年间，两广总督分驻在梧州、肇庆两地。梧州总督府在广东地区的事务改由肇庆总督府负责。

在这样的背景下，梧州城的军事功能及战略地位大为下降，逐步从军事重镇转变为普通行政城市。这一转变改变了梧州城火灾问题的性质。火灾已不再是威胁驻军大本营安全的军事问题，而是关乎地方社会稳定的行政问题。地方行政官员在社会事务中的职责日显重要。嘉靖四十四年（1565）、四十五年（1566），梧州城连续两年发生重大火灾。其中，嘉靖四十五年的灾后重建，在一定程度上可以视为梧州城火政转变的关键点。嘉靖四十五年火灾发生之时，两广总督吴桂芳正驻守肇庆。

> 是时，吴公适以上命东征二源，先移军于端州。（汪森，1999a：卷44）

火灾发生后，广西布政司与按察司上书吴桂芳，认为梧州城连续发生火灾乃地方官员失责所遭受的天谴。

> 嘉靖乙丑六月，城外火灾。其明年丙寅六月，又灾。于是藩臬二使者患之，因上书督抚兵部右侍郎兼都察院右佥都御史洪都吴公，自言奉职无状，弗能宣扬德美，致召天灾，殃及于民宇。民用惨戚，请与吏二千石而下，痛自修省，以回天谴。因发仓赈梧之被灾者，不胜惶恐待罪。（汪森，1999a：卷44）

广西布政司与按察司关于梧州城火灾为"天谴说"的言辞颇值得玩味。表面上，布政司与按察司是向吴桂芳请罪，认为火灾频发的根源在于行政官员"奉职无状"。正因如此，梧州城内的地方官员"不胜惶恐待罪"。但更深层的是，二司官员请罪言辞的背后，实际上是表达对高层武官疏忽梧州城事务的不满。对行政官员的责难，两广总督吴桂芳不得不做出回应。时身处广东的吴桂芳召集梧州父老论之曰："然火之作，不在秋冬，而于盛夏，此非必天灾也，其居使之然也。"（汪森，1999a：卷44）吴桂芳认为，梧州城火灾并非天谴，居民"编竹为户"的生活方式才是火灾发生的根本原因。吴桂芳否定天谴的言辞，无疑是为自身开脱责任。但不管怎样，吴桂芳已经感受到了来自广西布政司、按察司的压力。随后，驻城的官兵积极投入救灾事务当中。大参刘子兴、苍梧道佥事林大春先命城内外居民拆除竹庐，改易瓦房。同时，又组织戍兵烧制砖瓦，供贫民易取。

> 其令民自今皆易竹庐为瓦屋，力不足者，官为赀给助之。能以义倡为，凡民先者旌之，有不如令者罚之，甚者籍其地而墟之。于是乃发窖戍千人，命中军监制砖瓦，凡累数十钜万，恣贫民所易取。令藩臬使者，以意行之。行之郡县五，阅月而镇城外内居民，无敢复为竹舍矣。（汪森，1999a：卷44）

可以看出，戍兵在此次灾后重建中发挥了重要作用。但与此同时，地方行政官员亦积极参与其中。林大春在《肇造全镇民居碑》中对此如是记载：

> 自太守而下，若同知柯文绍，通判陈绍文、潘仕云，推官李佐，苍梧县知县海鹏则均之与有经理劝相之劳者。（汪森，1999a：卷44）

从林大春的表述可知，梧州府与苍梧县的地方官员在灾后重建中贡献甚多。嘉靖四十五年火灾的善后处理意味着梧州城社会公共事务的性质开始发生转变，开始从武官主导变为武官与地方行政官员共治，地方行政官员在城内社会生活中的角色日趋重要。这一转变的根本原因在于大藤峡"瑶乱"平定后梧州城军事战略地位的下降。对于此次改风易俗的效果，我们并不应该过分高估，梧州城在万历以后仍火灾不断。但关键的是，火灾因地方行政官员在社会公共事务中的作用日趋重要而开始被地方文献记载。

隆庆、万历以后，梧州城的军事战略地位进一步弱化，梧州城内驻军不断减少。行政官员在地方事务中的角色更显重要。万历末年以后，梧州城的火政变为完全由知府主导。万历四十六年（1618）、泰昌元年（1620），梧州城连续两年发生重大火灾。《明实录》及崇祯《梧州府志》如是记载：

> 万历四十六年（1618）冬十月丁丑，广西巡抚林欲厦奏："梧城火灾，延烧公署、官舍、楼亭二百九十余所，民居无数，死者四十四人，煨烬不辨者，不可胜计也。兼之亢旱为灾，啼饥满路，除另议赈灾外，乞留知府陈鉴免觐，以安孑遗。"（台湾"中研院"史语所，1962：10884）
>
> 泰昌元年（1620）九月，梧城大火。自西而东烧毁城外民庐八百余间，知府陈鉴同知陈熙韶各捐俸分恤之。（谢君惠，2013：226）

从第一条材料可知，梧州城在万历末年同时遭受火灾与旱灾之害。时朝廷为赈灾而特地留任知府陈鉴。在明末梧州城的火政事务中，陈鉴扮演了非常重要的角色。陈鉴认为各种救灾制度的不完善，是火灾每每为患的关键所在。陈鉴对此有以下观点：

> 水火之灾，洋洋□楮，夫固有待修救欤！余概观梧属故无储蓄以备非常，一遇凶荒，冻馁流离，寄命无所。次则火政为先，一劳永逸，毋如易竹而陶，去木而堵之于垣。百堵皆作，虽则劬劳，其究安宅。（谢君惠，2013：228）

陈鉴认为火政之重有二，一是"易竹而陶"，二是"储蓄以备"。两者之中，储备为赈灾的重要手段。随后，陈鉴亲自捐俸禄置办义田，完善储备，以作赈灾之需。

> 余莅梧之冬，水西坊火，为赈其焦屋者，率菜色、鹑结、嫠居十七，怵然有感于衷，因偏索城内外不赡授衣者踰百，周之嫠独倍异哉？……余为冬计一衣，夏计一石，两庠青衿举火艰者，佐之饔粥，置田若而亩，岁籍其入，为可继冀渐拓之，以备水墺灾肯斯。（金铁，1999：卷170）

陈鉴此举有着非同寻常的意义，标志着梧州府的官员彻底成为火政的主导者。在此基础上，梧州城首次出现为应付火灾而设立的储备系统。

火政从无史料可考到救灾系统初具规模，其折射的是梧州城官僚体系的变化。大藤峡"瑶乱"的平息与两广总督府的移设，导致梧州的区域地位的下降，行政官员重新主导地方事务，火患由是成为重要的社会问题。

四　明末梧州城的火政宗教

万历以后，地方官员对火政事务的主导，不仅表现在"易竹而陶""储蓄以备"等具体事务方面，还体现在其对宗教祭祀、堪舆话语等文化要素的掌控与改造。在帝国时期，火政往往与宗教、堪舆有着密切关系。地方官员在处理火政问题上往往会求助于宗教、堪舆等超自然的力量。但在不同时期，不同的地方官员会因国家制度与社会的变迁而对火政宗教有不同的理解。理解的差异导致了宗教、堪舆话语因应不同的历史场景而不断被重新表述。

万历以后，梧州城火政宗教的变化主要体现在两方面：一是"冰井火山"话语表述的改变，二是真武庙的移址。我们首先了解"冰井火山"话语的改变。冰井在城正东门外，火山位于城南隔江处，冰井与火山隔江相对。自唐以后，冰井、火山一直是地方官员与文人墨客笔下的梧州名胜。据后世文献记载，唐大历十三年（778），容州经略使元结过梧州，在冰井题刻"火山无火，冰井无冰"一句（汪森，1999b：卷1）。该碑刻存留至明代。此句为对冰井、火山最早的描述。宋代的周去非在《岭外代答》一书中对冰井、火山亦多有留意：

> 梧州城东有方井二，冰泉清冽，非南方水泉比也，谓之冰井。其南隔江有火山，下有丙穴嘉鱼生焉。元次山尝为梧州有"火山无火，冰井无冰"之句。（周去非，1999：卷10）

但纵观唐宋文人墨客对"冰井火山"的表述，多为泛泛之谈，并没有赋予其更多的文化意涵，冰井、火山只是梧州城郊的风景名胜而已。但至有明一代，冰井、火山的文化意涵在官员与文人的笔下变得深刻、丰富起来。如明末文人邝露在《赤雅》中就有以下描述：

火山，苍梧火山。传闻南武赵陀埋神剑于此。又云，下有宝珠，月星皦洁，冷光烛天，如峨眉落伽、南岳圣灯之状。其在泰山谓之仙灯，罗浮谓之珠灯，崇善白云洞谓之佚灯。隆安火焰泉，夏则有光，位之龙灯，君山谓之蛟灯。予所见者多，不能尽述要之。道元云，火山似山，从地中出，谓之荧灯，其说似长对山为冰井寺。（邝露：1999：卷2）

在邝露的笔下，火山俨然已是南疆的风景名胜，甚至可与泰山、罗浮等地相提并论。同时，火山的传说中还被增添上了赵佗埋剑的元素。由此可见，明代是梧州"冰井火山"传说发展的关键时期。但《赤雅》所展现的只是外地文人对梧州火山、冰井的理解，并不能揭示"冰井火山"话语与梧州城火政的关系。因此，我们仍需回到地方社会的脉络中去理解明代"冰井火山"话语的文化意涵。

如前文所述，在嘉靖末年之前，梧州城内事务由高级武官负责，故这一时段梧州的宗教系统亦由其掌控。武官为"冰井火山"话语的操控者。在历任高级武官中，以天顺年间的都御史叶盛与隆庆年间的两广总督张瀚对"冰井火山"着墨最多，但两人又因时代不同而侧重点有所差异。天顺六年（1462），叶盛为平定大藤峡"瑶乱"而驻守梧州。在冰井与火山两者之间，叶盛对前者描述较多，其观点见于《漫泉亭记》：

苍梧当二广之冲，小大命吏往还京国，多道出其下。间为刻辞于亭，将使读公之文，求公之政，慕公之为人，有如公所谓：徐李与夫彼不徐李者，知感发而惩艾焉，则吾民庶几其有瘳乎？是宜以漫泉名亭，盖又欲天下后世人皆知食人之力而居人之上，有公也。或曰：冰井以压郡火山，或又曰：双井泉高下异常，得异人言，分愈疾疫，兹固不足究已。（汪森，1999：卷32）

可以看出，当地社会关于冰井有两个不同的说法，一是"冰井以压郡火山"，二是"分愈疾疫"。在当地文化中，冰井有防御火灾与治愈疾疫两大功能。显然，地方土民的传统与官员的理解截然不同。对于当地的说法，叶盛不置可否，他更愿意将冰井、漫泉亭与大明帝国的开疆拓土联系起来。两广总督对于地方传统的漠视，从另一侧面证明当时高级武官对城内社会状况的不甚重视。

隆庆年间，两广总督张瀚在"冰井火山"的理解上，对地方传统仍采取否定态度。但与叶盛不同的是，张瀚开始强调"冰井火山"与科举制度的关系。在梧期间，张瀚将火山更名为冲霄山，并撰写了《冲霄山碑记》。兹摘抄部分如下：

> 苍梧镇城北枕大山，通星东笋，金石西峙，朝台南俯大江，江上诸峰从罗珠，又云南越王赵陀埋剑山，莫可考证。居民往往戒火十日，不雨间阎，祈禳献赛，金鼓相闻。问之曰，火山相对，故多火灾不禳疑有害，夫山以兴云，注雨利润民物。故曰说万物者泽终，始有万物者。山奠不察，夫山本有利无害，而徒称名之惑也。今学宫坐对此山太近，余窃于斯有深意焉。改题其山曰冲霄。冲霄冲傍从水，霄上从雨，皆以制火且不失夜光之意，既以解愚氓之惑重为士人祝继……即灵钟秀孕，焯烁冲汉，不在珠剑，而在人才矣！（李百龄，2010：430）

从上引材料可知，当地民众认为梧州城因与火山隔江相对，故城内多有火灾发生。为防止火灾的发生，民众"戒火十日，不雨间阎，祈禳献赛，金鼓相闻"。显然，梧州城内的土著居民有着自己的火政宗教传统。但这一宗教有着强烈"巫术"色彩且不符合国家的正统宗教。张瀚对其严加否定，认为其只是"徒称名之惑也"。张瀚在文中强调，火山影响的是科举考试与人才选拔，而非城内火灾。因此，张瀚将火山更名为冲霄山，意在润泽一方，为朝廷选举贤才，而非出于火政之虑。值得注意的是，张瀚在否定地方传统的同时，又试图对其加以改造，此举表明官员努力将地方文化纳入国家正统之中。颇有意思的是，张瀚尝试与地方传统对话的举措，被后人理解成接纳地方传统的开端：

> 冲霄山即火山……明总督张瀚因郡市多火，更今名。（吴九龄，1961：62）

叶盛与张瀚的言行表明，以平定"瑶乱"为己任的高级武官，与地方的火政宗教传统一直保持着若即若离的态度。但两人不同的是，后者注重对地方社会的教化。这一转变的原因在于，嘉靖、隆庆以后，"瑶乱"日渐平息，许多土民开始进入王朝版籍，成为编户齐民。在此背景下，两广总督开始注意到对土民的教化。

高级武官与当地以"冰井火山"话语为核心的火政宗教保持距离，并不意味其对火政宗教漠不关心。有明一代，梧州城东郊的火神庙是官方祭祀系统中最重要的火政宗教场所，该庙位于城东郊的大校场（谢君惠，2013：296），而大校场就是韩雍开辟的驻军重地。火神庙位于军营，表明该庙与军队有着密切的关系。

随着地方行政官员对梧州城内事务的掌控，火神庙的地位大不如前。崇祯年间，知府谢君惠在《梧州府志》中就对火神庙颇有微词：

> 火神庙在大校场府城患火，祀火神者岂其听命于神乎？而不闻祝融之不煽□也。蕴火藏于水，先王之意微也。（谢君惠，2013：297）

谢君惠认为如果只是简单奉祀火神，无异于听命于火神，此非火政宗教之本意，火政宗教的关键在于"蕴火藏于水"，以水神制约火神。谢君惠的言辞表明地方行政官员与武官在火政宗教的理解上有着巨大的差异。火政宗教的变化与梧州城的官僚体系变革相互呼应，折射了这一时期梧州社会权力变迁的一个侧面。

万历之后，水神的地位不断上升，在官方的火政祭祀系统中占据了重要位置。万历末年，知府陈鉴将奉祀水神北帝的真武庙从西江北岸、城南江边移至火山之巅。

> 真武庙在税课司前，明万历四十七年（1619）知府陈鉴移建火山之巅以压火灾。（谢君惠，2013：296）

陈鉴此举除了表明地方行政体系的变革外，还有着更为重要的社会信息。他认为火山是火灾根源，乃地方土著居民的观念。陈鉴的做法表明地方官府在一定程度已经接纳了土著居民的文化。或者说，具有"巫术"传统的地方宗教开始成为国家正统的一部分。

但需要指出的是，火山与真武是两个不同的宗教传统。众所周知，真武是西江下游、珠江三角洲的重要神明。真武在这一时期出现在官方的祭祀系统中，实为大量广东商民客居梧州的结果。这一变化表明，客居梧州的广东商民开始积极参与梧州的社会生活并扮演了重要角色。

广东商民在明代移居梧州城的原因众多，而首要原因在于食盐贩运。明初大藤峡"瑶乱"爆发后，两广政府因连年征讨而使财政日益窘迫，故不得不借助盐法的改革获得财政收入。嘉靖年间的著名学者黄佐曾对此总结道：

> 照得两广用兵，全仗盐利。而盐利之征，则出之于商，而不取于灶。盖灶丁所办之盐，则专客商支额，别无额外征备。（金铁，1999：卷101）

在明初的盐法制度中，广东食盐不能越境贩卖至广西。张江华的研究指出，明初广西大部分地区的食盐主要来自海北盐场。但由于南流江在宋代堵塞之后，海北盐场销往广西各地食盐成本极为高昂。在此背景下，成本低廉的广东私盐借西江水道的便利大量进入广西。开中制度的破坏，使海北提举司日渐衰落，引地不断缩小。在巨大财政压力之下，广东私盐得到了合法承认（张江华，1997：61~76）。依靠广东官员支持的两广总督不断鼓励广东盐商越境到广西鬻卖食盐，以使明政府获取更多的财政收入（麦思杰，2008：125~132）。叶盛在《措置军饷疏》中言道：

> 查得两广紧要用兵去处，仓粮一时虽够支给，俱各不多……及访得各处客商中到广东盐课司引盐，为因行盐地方北止南雄，西止肇庆，俱系盐贱去处，难于发卖，往往违例通同无籍之徒寅夜载去梧州、南安等处发买，积弊有年。但禁之则滞盐商，而利归奸贪之手；不禁则有碍盐法，而利归商贩之家。（叶盛，1999：卷10）

在新的盐法制度下，两广总督在梧州设置关卡，榷收盐税。梧州由是成为重要的食盐转运、销售地。食盐转运的兴盛导致了大量广东商民客居梧州。真武庙在移至火山顶前，修建于榷税司前，从侧面印证了真武庙与广东盐商的密切关系。

此外，军事戍守的调动，是城内广东人的另外一大来源。彭勇指出，隆庆以后，驻守梧州的军队多为来自广东的班军（彭勇，2004：37~45），人数约五千人，数量多时可达一万人。盐业的兴盛与军队的戍守，再加上区域内的长距离贸易开始发展，使得客居梧州的广东人数量不断增加，且职业各异。

> 惟东省接壤尤众，专事生息，什一而出，什九而归。中之人家，数十金之产，无不立折而尽。充兵戍衙役、急即逃去，多翁源人。习文移恃刀笔，为官府吏书，仰机利而食遍于郡邑，多高明人。盐商、木客、列肆、当炉，多新（会）、顺（德）、南海人。（谢君惠，2013：133）

从以上材料可知，客居梧州的广东人，或较为富有，或与地方官府有着密切关系。在此背景下，他们不仅会将原籍地的宗教信仰带至客地，更将这一宗教变成组织参与当地社会生活的重要手段。因此，前文所讲到知府陈鉴将真武庙移至火山顶的举措，正是客居梧州的广东人参与火政事务，影响官府决策的体现。

火山与真武，分别代表着本地土著与广东商民两个不同的文化传统。梧州知府试图将二者结合到一起，并形成新的火政宗教，所折射的正是这一时期官府统治所依赖的社会力量。土著精英与客居梧州的广东商民成了影响地方事务的重要力量。陈鉴之后，晚明的历任知府均延续奉祀北帝的理念，将火山真武庙看作压制城内火灾最重要的宗教。如"天启间，守道曾守身重修，每岁致祭"（吴九龄，1961：157）即是有力证据。

五　梧州火政与清代西江流域社会变迁

由明而清，西江流域的社会发生了两个显著的变化：首先，地方平定之后，土著居民透过科举考试成为士绅并取代了原有的地方豪强成为新的权力精英；其次，长距离贸易进一步发展，更多的广东商民溯西江而上，客居广西各地。这两方面的变化，既是晚明西江流域社会变迁的延续，又是清代该区域新问题的体现。位于两广枢纽的梧州城，更是深刻地呈现了这两大区域的问题。上述问题首先导致了社会的流动，而社会的流动又带来权力变迁。这一过程构成了清代梧州城的火政事务变化的社会基础。

我们先了解本地士绅阶层崛起对梧州城火政之影响。前文所述，隆庆以后，驻守梧州的两广总督就开始注意对当地社会进行教化，梧州地区的土著族群由是日渐向化。刘志伟、科大卫的研究指出，在华南地区，土著居民的入籍与士绅化的过程伴随着宗族的建立，新兴的士绅阶层透过宗族的建立来控制土地等资源（刘志伟，2010；David Faure，2009）。但在明末，梧州地区因教化时间不长，真正意义上的士绅阶层尚未形成，在方志等文献中亦未见有宗族的建立。地方社会的权力多控制于没有文化身份的豪强手中。

明清鼎革及吴三桂之乱，包括梧州在内整个华南社会在相当长的时段里陷入混乱与无序状态。康熙承平以后，社会秩序开始重组。土著居民重新登记入籍与科举考试的恢复使社会的流动产生了可能。康熙中叶以后，梧州城郊的不少土著居民通过参加科举考试获得了文化身份并移居梧州城。随后，这些有功名的士绅逐步建立了宗族并以其为手段不断参与城内的公共事务以获得社会权力。在此背景下，火政成了新兴士绅阶层确立社会秩序的重要手段。

清代梧州城内最为显赫的宗族为长洲李氏。雍正、同治两本《苍梧县志》均由李氏家族主修，其在梧州的地位可见一斑。考察其族源，我们不难发现，李家崛起的时期正是康熙中叶西江流域社会重组的阶段。《梧州李氏族谱》关于其始祖如是记载：

> 祖始讳勤，号明一，前明诰授朝议大夫，由安徽徽州府歙县（？）。明朝宦游粤西，任左州知州，擢升梧州府知府，览苍梧之胜景，（？）居长洲尾华严坊，为来梧始祖。有绢轴遗像留存，世远年湮，生卒无考。（梧州李氏宗亲会，2000）

上述材料关于李氏始祖的故事无疑为后人杜撰，在明代文献中并无此人的任何记载。《李氏族谱》关于始祖的描述极为简单且语焉不详，证明李氏在明代并非名门望族。康熙中叶，李氏崛起于长洲，部分族人迁居梧州。迁居梧州的关键人物为李世瑞。同治《苍梧县志》对李世瑞生平有如下记载：

> 李世瑞，字非凡，号月菴，始居长洲，吴逆之变，徙居长行乡，后迁梧城水街。康熙四十一年岁贡生……生平乐善好施，建宗祠、置

> 义田以瞻族人，立义学、社学以兴文教，设义渡以济行旅，舍田于各寺庙以奉香火，积贮备饥，施乐救病，善无不为。（李百龄，2010：1080）

长洲是位于梧州城上游数里的一个岛屿，居西江之中，明时为狼兵驻守之地。清代长洲以盛产竹子闻名，时有谚语云："出不尽戎墟谷，斩不尽长洲竹"（饶仁坤、陈仁华，1989：30）。康熙中后期，李世瑞获取功名，进而创建宗祠，并透过兴办文教、纂修地方志等手段使李氏宗族的社会地位迅速提高。更为重要的是，迁居梧州后，李世瑞热心城内社会公共事务，在赈灾方面捐助尤多。此后，李家数代人一直热心梧州赈灾事务，借此获得社会地位。乾隆年间，李世瑞之孙李朝桐亦常有慈善之举。

> 李朝桐，字少白，别号竹庄，世瑞之孙……岁贡生……迁居古教场，遇荒歉水灾，贷助外亲，驾小舟，载钱米，分送里党，人各如愿，冬寒则具棉衣分送，岁以为常。（李百龄，2010：1086）

需要指出的是，李家的赈灾活动之所以被同治《苍梧县志》所记载，其关键原因在于该书的修纂人为李朝桐之孙李百龄。嘉庆年间，李百龄出任长芦盐运使。还乡之后，百龄除热心公益事务外，还担任了同治《苍梧县志》总修一职（李百龄，2010：13）。李百龄生平如下：

> 李百龄，字明伦，别号仁山，朝桐之孙也……岁贡生……旋授长芦盐运使……归里出俸金浚城，培北山，修宗祠，置祀田……又以县志为祖世瑞公所辑，久为续修，倡捐开局，采访编纂。（李百龄，2010：1091）

文教与赈灾并举，成为李家获得社会地位与声望的重要手段。而对火政救灾、赈灾事务的参与，李家更是积极有加。李家对城内火政的参与，主要体现在与地方官员共同倡修火神庙及相关事务上。前文已述，梧州城火神庙修于明代，但至明末倾圮。康熙五十九年（1720），西门发生大火（李百龄，2010：1426），知县刘国臣随后在城内重建火神庙，"祀火神祝融以御火祟"（李世瑞，卷2）。当其时，前明祀于城外大校场的火神庙已废圮多时。乾隆十九年（1754）冬，梧州城再次发生火灾。此次灾情极为严重，火灾从北关一直蔓延至西门，死伤无数（李百龄，2010：1443）。火灾发生后，李家联合其他邑绅与官府重修火神庙。乾隆二十二年（1757），火神庙落成。李世瑞之孙李朝柱负责撰写《火神庙记》，兹摘抄部分碑文：

> 我梧州俗类黄冈，民居多剖竹以代陶瓦，自有明迄我本朝，时有灾于火。康熙六十年太守黄公于城内始建庙祀火神……然神不主而像则未知。其为荧惑与、心与、咮与、祝融火正与。盖自是梧民无布新之惊矣！迨岁之癸酉甲戌，城南大火，乙亥复火。维时太守永公来涖兹土，既听于民，亦听于神，政平民和，道路桥梁，坊表古迹，无废不兴，尤厪念火灾。修火政、置水具、选火兵、诣火神，以告虔然于庙之湫隘。像之于邑，谓神灵之滋恫也。捐俸谋以新之，而司马李公亦乐赞勷，暨同城诸当道者、邑之人士，遂踊跃趋事，扩旧址、高殿宇，焕其像貌，翼以回廊，右库左厨。经始于乾隆二十二年六月内落成。（李百龄，2010：451）

材料显示，李家与官府共同倡修后，城内邑绅均踊跃趋事。而李朝柱能担任碑记的撰写人，更是彰显了李氏宗族在城内的地位。同时，此次火神庙重修并非简单重塑神像，而是有着更为丰富的内容。透过邑绅与官员的合作，"水具、火兵"等具体的火政事务被重新组织与安排。李氏宗族通过上述活动进一步巩固了其在梧州社会名门望族的地位。

康熙末年李家重修火神庙的举动，除彰显了其在救灾、赈灾事务的参与外，还凸显了对火政宗教的改变。康熙末年的重修，使火神在宗教祭祀系统中的地位重新上升，成了地方官府与士绅互动与合作的中介。这一改变与以李家为代表的士绅阶层的出身有着密切关系。前文已述，火神庙在明代属军队火政范畴。有明一代，为了防守来自西江上游的瑶人，明政府将梧州附近的许多瑶、僮等土著编入军户：

> 瑶僮胜代取为狼兵，今皆编户，无异齐民。间有读书，入泮者亦可见教化。（李百龄，2010：375）

明清鼎革之际，这些土著瑶僮中的一部分经历了由军户到士绅的过程。李氏正是其中的代表。李氏宗族的原籍地长洲华严坊，现仍存有赵公元帅一庙。该庙为华严坊的村庙，内祀赵公元帅。根据当地老人的口述，赵公元帅为明代的元帅，因平定西江流域"瑶乱"有功而受封并赐居长洲。此外，该村直至中华人民共和国成立初期仍保留着浓厚的习武传统。神明的故事与村落的风俗从不同层面证明了李氏宗族为明代军户之后。因此，火神地位的重新上升，实际上是前明军户跻身士绅阶层并影响梧州社会的结果。

清代梧州火政问题变化的第二个方面主要体现在大量广东商民的流入。康熙年间，天下承平，西江流域以米粮、食盐为大宗的长距离贸易迅速发展。尤其广东严重缺粮的情况，更是促使了西江米粮转运贸易的兴盛（陈春声，2010）。商业贸易的发展带来大量的人口流动，广东商民遍布梧州及广西各城镇，当时即有"无东不成市"（饶仁坤、陈仁华，1989：31）的说法。与明末相比，客居梧州的广东商民人数更众，梧州的社会经济因此有了更大的发展。"国家承平二百里，商贾乐于赀迁梧地，遂为广西巨镇"（李百龄，2010：341）。作为城内重要社会力量的广东商民，对梧州社会产生了巨大影响：

> 城郭街市多粤东人，亦多东语。（李百龄，2010：272）
>
> 商贾辏集，类多东人，为其渐染，事尚纷华，川浴、山讴、鼻饮、手搏，出苍梧旧纪者，今虽僻远，乡俗亦知以陋习为耻，彬彬日变矣。（李百龄，2010：269）

时至今日，梧州城的语言风俗、文化传统仍处处保留着浓厚的广东色彩，许多居民的省城认同感是下游的广州，而非上游的南宁。广东商民对梧州城的影响可见一斑。

移居西江上游的广东人，透过原籍地神明信仰来构建其在客地的社会生活，"东人客也，以庙为家"（平南大安《创建列圣宫题名碑记》）。清代，客居梧城的广东人主要聚居于城南市场的沙街一带。城郭沿江一带遂出现了许多广东人的庙宇：天后庙、洪圣宫、三界庙、五通庙、五显庙、龙母庙。一个庙宇，往往就是某一个社会组织。如城南大街的五显庙即是其中一个案例。

> 五显庙神同五通在城南大街滆政坊，为市商祝釐之所，旧讲乡约地。（李百龄，2010：461）

这些由广东人建立的各色神明有着不同的功能，或保护舟楫，或祛除瘟病。而位于西门大街外的真武庙则为御火救灾之用。

> 祀北极佑圣真君，取坎离相济之意。岁以三月三日致祭。（李百龄，2010：458）

困于材料的散佚，我们并不能进一步了解清代梧州真武庙的具体情况。只能大概知道真武庙为在梧广东商民的火政宗教，该群体透过真武庙组织火政事务。

如果将广东人的真武庙与本地士绅的火神庙结合考虑，我们发现，清代梧州城内的两大群体分别有各自的火政组织。从上述材料又可知，同治年间广东商民在火政宗教上持"坎离相济"的理念。在八卦之中，坎为水，离为火，"坎离相济"指水火相济为防御火灾之根本。这一理念既有别于前明的"蕴火藏于水"，亦有别于康熙末年城内士绅"听命于火神"的理念。广东商民在同治年间的观念，实际上是其与本地官府、士绅互动的结果。

前文已述，晚明梧州地方官员对真武庙异常重视，采取真武压火山的做法以御火灾，这一举动实为本地巫术传统与广东传统的结合。但至清代，火山顶的真武庙不复存在，官方亦不再坚持以真武压火灾。地方官员甚至对"火灾因火山"的说法不屑一顾。康熙末年，苍梧县知县刘以贵就撰写《火山说》对这一观点严加驳斥。

> 梧有火山，其名已旧，或以数被火患，故更名冲霄。谓冲傍从水，霄上从雨将欲藉之以压灾患也，不意名既更，而火患日益多，是岂名之不可更与，抑或火所自起人实致之，不系于名之更与不更与……梧俗篱墙竹椽，鳞次栉比，盖未火而已有致火之具，不此是咎，徒归咎于火山，不亦诬乎！（李世瑞，卷4）

刘以贵此举不仅否定了前明时期梧州城内的"巫术"传统，亦否定了北帝在火政宗教方面的功能。这一做法背后有两大原因：其一，本地士绅崛起并取代地方豪强；其二，地方初定，梧州城内广东商民未众。因此，刘以贵的言辞实质上表明了官府的火政宗教是取自于本地士绅。盖因本地士绅为这一时期官府统治最为依赖的社会力量。但至清中叶之后，随着客居梧州的广东商民日益增多，真武北帝的地位再次上升。乾隆年间，时任梧州知府的吴九龄将火神庙迁至城外的冰井。真武的元素由是重新出现在官府的火政宗教之中。

> （火神庙）乾隆三十二年知府永常重修，然庙承旺气，灾故不免。三十四年吴九龄以冰井正对真武，盖取坎济离之意为禳灾设也。遂用其地修庙，迁神祀之。（吴九龄，1961：151）

从以上材料可知，火神庙在乾隆年间被迁至冰井的依据是"坎离相济"之理念。而这一理念实为火德与水神并祀。乾隆《梧州府志》对此一针见血地指出：

> 前明亦未有专祠，然春秋传，日国灾，子产使郊人祝史除于同此，禳火于元冥、回禄，则火德与水神并祀矣！（吴九龄，1961：157）

乾隆年间官府将真武与火神两种火政宗教理念的结合，体现了雍正以后广东商民的影响力日增。本地传统与广东传统在此背景下重新融合。对于在梧的广东商民而言，真武北帝既是其构建地缘组织的文化符号，又是与当地官府及士绅展开合作与互动的工具。

由明入清，梧州官府的火政宗教经历了从"蕴火藏于水"到"坎离相济"的转变。这一转变的背后，所折射的是梧州城内社会结构的变迁。士绅阶层与广东商民成了主导梧州城社会事务的两大群体，两种不同的文化传统透过官僚机制的运作被结合到一起，形成了新的火政宗教。而这一系列的变动，又是清代西江流域社会流动带来的结果。

六 简短的结语

明清两代是西江流域社会发生重大转型的历史时期。首先，西江流域从"化外之地"被逐步整合到王朝的权力体系之内。在"地方叛乱"与军事征讨的过程中，土著民众逐步变成为帝国当差纳粮的编户齐民。随后，地方社会又因政权的更替与科举制度的推行而出现了士绅阶层。最后，18世纪以后，在白银贸易的推动下，西江成了全球最为繁忙的航道之一，区域贸易的发展带来了大规模的人口流动。这三个因素导致梧州社会在明清时期发生了重大转型。梧州从一个重要的军事据点逐步演变成由官府、本地士绅、广东商民共同主导的商业枢纽。

城市的转型使得火政在社会生活中不断被重新定义。官僚机构的变动，新的社会群体的出现，在不同程度上导致了社会秩序的变迁。在社会变迁的过程中，不同的群体均以火政为手段，获取权力、声望与地位。作为火政重要内容的宗教祭祀，更是不同群体互动的手段。火政宗教观念的流变无不折射出社会结构的变迁。火山、火神与真武，三个不同的宗教传统在历史的过程中此起彼落。具有强烈巫术色彩的火山祭祀，在国家教化与土民向化的过程中渐渐被湮没于其他话语；属于军队传统的火神，在明末因军队系统的衰落而式微，至清代以后又因军户的士绅化而重新显赫；属于广东传统的真武，则随着在梧广东商民势力的消长而地位时有高低。乾隆以后，后两种火政宗教随着梧州社会秩序的逐步固化而相互融合，最后形成了"坎离相济"的观念。

以区域的眼光审视帝国时期的城市社会变迁，意味着我们需要以城乡一体的观点为前提展开研究。城市社会是乡村社会的延伸，城市社会的构建，无不深刻地带着乡村社会的烙印。梧州城火政事务的组织方式，无不是乡村社会构建方式的复写。宗教在其中扮演了至关重要的角色。我们也只有带着乡村的关怀，才能深刻理解帝国时期的城市社会。

参考文献

陈春声，2010，《市场机制与社会变迁：18世纪广东米价分析》，中国人民大学出版社。

金鉷，1999，（雍正）《广西通志》，文渊阁《四库全书》本，上海人民出版社，迪志文化出版有限公司。

邝露，1999，《赤雅》，文渊阁《四库全书》本，上海人民出版社，迪志文化出版有限公司。

李百龄，2010，（同治）《苍梧县志》，梧州市方志办内部资料。

李世瑞，（雍正）《苍梧县志》卷 2，广西壮族自治区图书馆藏本。

李世瑞，（雍正）《苍梧县志》卷 4，广西壮族自治区图书馆藏本。

麦思杰，2005，《大藤峡瑶乱与明代广西》，博士学位论文，中山大学。

麦思杰，2008，《"瑶乱"与明代广西销盐制度变迁》，《广西民族研究》第 2 期。

彭勇，2004，《明代广西班军制度研究——兼论班军的非军事移民性质》，《中国边疆史地研究》，第 3 期。

饶仁坤、陈仁华，1989，《太平天国在广西调查资料》，广西人民出版社。

台湾"中研院"史语所，1962，《明实录》，台北：台湾"中研院"史语所校印。

唐晓涛，2011，《俍傜何在》，民族出版社。

汪森，1999，《粤西丛载》，文渊阁《四库全书》本，上海人民出版社，迪志文化出版有限公司。

汪森，1999，《粤西文载》，文渊阁《四库全书》本，上海人民出版社，迪志文化出版有限公司。

吴九龄，1961，（乾隆）《梧州府志》，成文出版社。

梧州李氏宗亲会，2000，《梧州李氏族谱》，未刊资料。

谢君惠，2013，（崇祯）《梧州府志》，广西人民出版社。

叶盛，1999，《两广奏草》，文渊阁《四库全书》本，上海人民出版社，迪志文化出版有限公司。

应槚，1991，《苍梧军门总督志》，全国图书馆文献微缩复印中心。

张江华，1997，《明代海北盐课提举司的兴废及其原因》，《中国历史地理论丛》，第 3 期。

周去非，《岭外代答》，文渊阁《四库全书》本，上海人民出版社，迪志文化出版有限公司。

David Faure. 2007. *Emperor and Ancestor：State and Lineage in South China*. Stanford：Stanford University Press.

G. William Skinner. 1977. *The City in Late Imperial China*. Michigan：University Microfilms Intl.

Max weber. 1964. *The Religion of China*. New York：Free Press.

William T. Rowe. 1992. *Hankow：Commerce and Society in a Chinese City*，1796–1889. Stanford：Stanford University Press.

贵州晴隆县歪梳苗的石棺葬文化调查[*]

严奇岩[**]

摘　要：我国西南地区的少数民族历史上广泛存在石棺葬习俗，但大多在明代以前已经消失，至今留下很多谜团。明清以来贵州各地仍有石棺葬的发现，显示贵州民族墓葬文化清晰的文化线路。特别是今天贵州北盘江上游的晴隆县金竹凼的李姓歪梳苗仍孑遗石棺葬习俗，成为我们研究这类古老墓葬文化的"活化石"。从晴隆县石棺葬的实地调查看，歪梳苗的整个丧葬礼仪，包括一次葬与二次葬，葬礼简单，仪式简朴。其特点是以竹席殓尸，入殓与安葬同时进行，不用棺木而用无底的石板棺安葬死者，体现出苗族丧葬中棺尸分开、二次葬、风葬等文化特征。石棺葬是一定地区的民族信仰、地理环境以及相应的经济生活相互作用的产物。石棺葬以竹崇拜与芭茅草崇拜等自然崇拜表现祖先崇拜，也是歪梳苗文化认同的主要标识，这些支配着歪梳苗的丧葬观念和行为取向，也使歪梳苗的石棺葬习俗亘古不变。

关键词：歪梳苗　石棺葬　孑遗　田野调查

　　石棺葬，又称石棺墓、石板墓，是指在埋葬尸体时，先在地表挖一长方形竖穴土坑，坑壁沿边挖凹槽，再以薄石板竖立在凹槽内，墓底不铺石板，尸体不用棺木入殓，直接放入墓内，上再以薄石板为盖，地表有封土的墓葬。[①] 其特点是以石为棺，尸体直陈石板棺中。

　　童恩正曾应用人类学的研究方法，提出我国古代从东北经内蒙古、青

＊　基金项目：2013 年度国家自然科学基金项目：喀斯特环境与贵州民族墓葬文化研究（项目批准号：41361039）。

＊＊　作者简介：严奇岩，江西萍乡人，男，汉族，贵州师范大学历史与政治学院教授，博士，硕士生导师，主要从事民族史和西南历史地理的研究。

①　席克定：《灵魂安息的地方——贵州民族墓葬文化》，贵州人民出版社，1990 年，第 118 页。

海、甘肃至西南存在一条"边地半月形文化传播带"的著名论断，即我国的西北、东北、华北东部和西南地区广泛分布着石棺墓。[①] 西南地区是我国石棺葬的主要分布区。四川、云南地区的石棺葬主要在汉代，少数在明代以前。[②] 贵州也是我国石棺葬的分布区，主要在宋代至清时期，迄今仍有孑遗。与周边省区相比，贵州石棺葬延续时间长。不过，贵州地区的石棺葬往往为学者们在研究西南石棺葬时所忽略。

在各地石棺葬早已绝迹的情况下，贵州仍孑遗石棺葬习俗，无疑有重要的研究价值。

1984 年，席克定调查发现，在惠水县城关镇新光村城番关、斗底乡翁歹村岩下寨、断杉乡和九龙乡的部分白苗仍使用石棺葬。[③] 前不久，笔者去惠水县调查，遗憾的是当地白苗的石棺葬习俗已经消失。

目前，贵州只有地处北盘江上游的贵州晴隆县光照镇新益村金竹凼的李姓歪梳苗仍孑遗石棺葬习俗，成为我们研究这类古老墓葬文化的"活化石"。晴隆县金竹凼的石棺葬，在 20 世纪 80 年代当地文物部门已登录，并指出当地李姓苗族仍在使用石棺葬。[④] 也就是说，歪梳苗石棺葬习俗的记载都是在 30 年前，或做了简单调查，或仅有登录而没有民族调查。这说明对石棺葬习俗的进一步调查很有必要。而且，学界对歪梳苗的丧葬习俗虽有所论及[⑤]，但歪梳苗的石棺葬文化尚无专文讨论。

一　历史上歪梳苗的石棺葬

（一）　歪梳苗的分布

"歪梳苗"主要分布于贵州的黔西、织金、平坝、清镇、纳雍、关岭、

---

① 童恩正：《试论我国从东北至西南的边地半月形文化传播带》，文物出版社编辑部编《文物与考古论集》，文物出版社，1986，第 17 页。

② 罗开玉：《川滇西部及藏东石棺墓研究》，《考古学报》，1992 年，第 41 页；郭继艳：《云南地区石棺葬的分区研究》，《四川文物》2002 年第 2 期。

③ 席克定：《灵魂安息的地方——贵州民族墓葬文化》，第 122 页。

④ 贵州省黔西南布依族苗族自治州史志征集编纂委员会编《黔西南布依族苗族自治州志·文物志》，贵州民族出版社，1987，第 29 页。

⑤ 关于歪梳苗的丧葬仪式的研究，主要成果有黄秀蓉《贵州化屋歪梳苗"打牛"祭丧仪式探析》，《民族研究》2011 年第 6 期；刘锋、张敏波《"蒙萨"苗族"烧灵"：二次葬的仪式化传承与变迁》，《民族研究》2011 年第 1 期；等等。

普定、西秀区、紫云、水城、六枝、晴隆、普安、镇宁、大方、兴仁、册亨等地。分布区大致属于明清时期彝族土司的领地范围。

该支系自称"monsha"（蒙撒），他称有"偏梳苗""歪梳苗""汉苗""水西苗"等①，属于苗族川黔滇支系，通用的苗语是川黔滇次方言。因已婚妇女右耳后的发髻上斜插一把月亮形梳子，故名歪梳苗；因其文化汉化程度较深，故又称为汉苗；之所以称为水西苗，原因有二：一是主要分布于三岔河两岸和鸭池河西岸，属于历史上的水西地区，二是最早聚居于黔西县，明代始由黔西迁往各处。歪梳苗（水西苗）文化习俗类似于花苗或白苗。故有人认为水西苗为花苗的一种。②

（二）歪梳苗的石棺葬

"歪梳苗"作为西部苗族支系，不为官方所注意，在清代以前的文献中很难查找到。

民国时期对歪梳苗（水西苗）行石棺葬习俗开始关注。如民国《续修安顺府志》载水西苗"出丧用长丈余之小树劈而为二，稍削平去皮，以墨或栲炭画文于两端，捆以肩板，用以抬尸。抬至山麓，掘土为井，以石板镶边，以竹席裹尸置于井内，盖以石板"。③ 这是有关歪梳苗石棺葬习俗的详细记载。从中可看出，歪梳苗石棺葬的特点：一是以竹席殓尸；二是不以木棺为葬具，而是以石板为棺；三是软抬尸体，入殓与安葬同时进行。历史上歪梳苗的石棺葬习俗十分普遍，但受汉文化的影响，在民国以来歪梳苗石棺葬习俗开始发生变化，其变化大致经历三个阶段。

第一阶段是殓尸用具由竹席变为棺木。民国时期，黄元操在安顺调查注意到："近年苗死，不尽以席殓，多有用棺殓者，盖居近汉族渐染汉风耳。"④杨汉先也提到"水西苗葬，昔时以草席裹尸弃之野外，今则皆用棺木"。⑤

第二阶段是石棺内出现棺木的现象。竹席殓尸变成棺木殓尸后，石棺

① 姬安龙：《贵州苗族支系调查报告》，贵州省民族事务委员会、贵州省民族研究所编《贵州"六山六水"民族调查资料选编·苗族卷》，贵州民族出版社，2008，第165页。
② 吴定良：《黔省水西苗调查记要》，《学术汇刊》第1期，1942年。
③ 民国《续修安顺府志·土民志》，段志洪主编《中国地方志集成·贵州府县志辑》42，巴蜀书社，2006，第678页。
④ 黄元操：《贵州苗夷丛考》，《中国西南文献丛书》第4辑《西南民俗文献》第15卷，兰州大学出版社，2003，第118、119页。
⑤ 杨万选、杨汉先、凌纯声等著《贵州苗族考》，贵州大学出版社，2009，第92页。

葬仍保留，但出现石棺内套木棺的现象。如民国时期罗荣宗调查普定和水城的水西苗行石棺葬："葬之前，先倩人至墓地开石掘土，以石合成一井，用石灰将石缝紧扣，然后舁棺往，先用鸡跳井，称跳井鸡，后乃抬棺入井，以石盖口之，是或石椁之遗意也，再垒其上成坟。"① 吴泽霖等也载"至葬处，掘土为井，以石板镶于井中。孝子跃入少许即出，鬼师杀鸡说赞后，始将棺材或簟席横放井内，开路时所捏死之鸡亦一并放入井上盖以石板上，垒土为坟"。② 两则调查材料都注意到水西苗将石棺镶好后再"抬棺入井"。

第三阶段是中华人民共和国成立以来不用石棺，直接用棺木土葬。如20世纪80年代调查安顺歪梳苗，"据说前人多数是用石棺套木棺，现已改变，只用木棺埋葬"。③ 石棺套木棺已成传说，说明民国以后，各地歪梳苗的石棺葬习俗逐渐消失，歪梳苗的木棺土葬十分普遍。

二 贵州歪梳苗的石棺葬仪式

在各地石棺葬习俗都已消失的情况下，晴隆县仍孑遗的石棺葬无疑有独特的文化价值。金竹凼最近实行石棺葬的老人是2012年去世的李德学和2015年去世的李忠辅。两人都曾长期在外工作，去世后回归故里按照歪梳苗石棺习俗安葬。由于两地石棺葬习俗基本一致，笔者以晴隆县光照镇新益村金竹凼的李姓歪梳苗为例，解读歪梳苗石棺葬文化。④

晴隆县地处北盘江上游岩溶侵蚀山区，全县地形起伏大，具有"山高坡陡谷深"的特点，地貌类型有低山、低中山、中山和高中山。石山地区岩溶发育强烈，伏流、地下河床、溶洞、落水洞、竖林、岩溶干沟等极为普遍。

晴隆县光照镇金竹凼组是歪梳苗聚居的村寨，主要姓氏有何、彭、王、杨及李等五姓，人口最多的是李姓。全组共200多户，其中李姓歪梳

---

① 罗荣宗：《苗族之丧葬》，贵州省民族研究所编《民族研究参考资料·民国年间苗族论文集》，1983年印，第334页。

② 吴泽霖、陈国钧：《贵州安顺县苗民调查报告》，《中国西南文献丛书》第4辑《西南民俗文献》第19卷，兰州大学出版社，2003，第375页。

③ 安顺地区行署民委编《安顺地区民族志资料汇编》第2集，1990，第133页。

④ 2015年11月18日和2016年11月4日，笔者及研究生杨鸿、陈彤等两次采访金竹凼李姓歪梳苗后裔、晴隆县民宗局原副局长李光廷及其弟李勇。下文中涉及金竹凼歪梳苗资料未注明处，皆出自调查采访所记。

苗有 70 多户。全寨中，杨家、彭家、何家和王姓等歪梳苗用木棺土葬，唯独李姓歪梳苗行石棺葬。而且从金竹凼分迁到附近的小寨（约 9 户）、鸡场镇的豹子山（约 4 户）和三宝乡大坪村乌嘎组（约 7 户）等地的李姓歪梳苗都保留石棺葬习俗。三宝乡的黄井原有一户李姓歪梳苗也行石棺，因后继无人，现不再用石棺。

歪梳苗的整个丧葬礼仪，可以分为两大部分，前一部分为"热葬"，后一部分为"冷葬"，即"烧灵"。[①] 入土安葬是为一次葬，烧灵即招魂，为二次葬。金竹凼李姓歪梳苗实行石棺葬，其习俗一般是三天之内将死者软抬上山用石板安葬。因尸体软抬上山，待葬时间不会太长，特别是夏天，若尸体腐烂发臭后无法软抬。

丧葬仪式中的每一个环节都围绕如何才能送好亡灵的问题而展开。

（一）石棺葬仪式过程

1. 一次葬（"热葬"）

包括停尸、开路、敲牛、择地、挖井、选取石板、出殡与安葬等程序。

（1）停尸

人过世后，家人为死者净身、剃头后，给死者穿上寿衣，并在衣服的衣兜里面放置一点碎银子，用红布包裹住，主要是为了死者能在阴间有钱买地。衣服穿完后，将尸体抬到堂屋，堂屋中先摆好两条凳子，上放木板，木板上不垫任何东西。尸体横放在木板上，并用青布遮住死者眼睛和头部。死者头部位置放只公鸡。停放过尸体的木板在火烟上燎过之后，可留作他用。这种用木板来停尸的"鬼床"，在民国时期多用竹篱。停尸方向为头东脚西状，若因房屋朝向差异，横放不能保证头东脚西时，则死者的头部应摆在进门的左手边。

死者不论男女，把尸体停好后，拿事先准备好的一节刺竹从中间划破做成竹卦，这对竹卦即代表死者，整个丧葬仪式都要用这对竹卦来做。

停丧期间，要给死者供饭，即给死者供食品，包括用九把米煮熟的饭、捏死的公鸡肉及肝脏等，目的是劝死者灵魂吃饱喝足，好有精力返回

---

① 刘锋、张敏波：《"蒙萨"苗族"烧灵"：二次葬的仪式化传承与变迁》，《民族研究》2011 年第 1 期。

祖先的东方老家。供饭后是否送死者出门，则依竹卜卦而定。

（2）开路

歪梳苗亲人亡故后，要请本家族的"开路先生"为亡者开路，与亡者灵魂对话。叙述祖先迁徙的路线、给死者指明通往阴曹地府的路，并给亡者灵魂介绍去阴曹地府见亡者先辈已故老人。如歪梳苗开路词，汉语译其意为："西天路长、西天路远，手持竹杖泪涟涟。西天路远，你永远不回程往西天，天晴鹅儿叫，天雨鹅儿歇，天晴不见你的影子，天雨不见你的脚印。"正是讲述去西天的艰辛历程。苗族开路，一般是从始祖念到死者这一代，十多代至几十代不等，而歪梳苗开路经仅念已故父母、祖父母、曾祖父母等三代祖先名字，也只迎请三服以内列位祖先。迎请时逐一呼喊每位祖先的名字，且要反复请到。请到祖先与否，依卜竹卦而定。

（3）敲牛

敲牛是歪梳苗李家最为重要的一个环节。在人死后，必须通知亲姑爷、娘舅、女方的娘家等三方亲戚，敲牛必须有这三方协助才能完成。值得注意的是，被选中要敲的牛的要求：一是黄牛，不能为水牛，二是纯毛色的黄牛，不能是带花纹的牛，若找不到纯色的牛，必须把带花纹的牛染黑，三是必须是阉割过的公牛。据说，百年前李姓歪梳苗中某户人家，在丧葬中因用了母牛，后来家业就逐渐衰败，现在已后继无人。

（4）择地

金竹凼的歪梳苗葬于家族墓地。当地人传言，李家坟山是一块风水宝地，像一把座椅，后靠山，前是洼地，远眺山，坟山刚好在座椅上。与一般苗族横葬不同，清代以来金竹凼所有墓的朝向，都对准对面山顶成一条直线。若挖墓坑时遇到大雾天气或者其他情况以至于看不见对面的山顶，则必须提前打桩把墓向和墓址确定好。金竹凼李姓歪梳苗至今还没有请阴阳风水先生看墓地。

（5）挖井

歪梳苗在埋葬当天早上临时动工挖井（墓坑），井为一长方形坑，深度不一，以挖开松土为准。近年为了省事，也借助挖掘机挖。挖井时，在四周挖凹槽，利于嵌入石板。井的大小视石棺大小而定，而石棺大小根据死者的身材与性别而定。有多大的石棺，就挖多大的井。

（6）选取石板

早年，金竹凼经济条件差，一般不会提前准备石板，丧葬时临时到山坡上采石板运到墓地备用。当地若没有整块的石板，则由若干块单数的石板砌成石棺，石板数量不能出现双数。近年来，随着经济条件的改善，晴隆金竹函使用的石棺，多到五公里外的野麦冲去买石板。

石板为料石构成，即长侧板各一块，挡板各一块，大盖板一块，共五块整块的石板合成。石棺有女棺、男棺之分，女棺小于男棺。如笔者在新益村小寨组李光明家门口见到准备好的石板，盖板头部宽脚部窄，长 2.3 米，厚 0.11 米，大头宽 0.82 米、小头宽 0.72 米；侧板长 2 米，不加耳长约为 1.87 米。挡板大头宽 0.5 米、小头宽 0.4 米，长 1.69 米，内壁及外壁高 0.34 米。女棺的长、宽、高约比男棺尺寸相应少 0.05 米。石板厚度为 15 至 30 厘米之间，均有卡口。

（7）出殡

晴隆歪梳苗出殡前，鬼师以卜卦方式征求死者意见，必须是阴卦才能送死者出门，否则，就意味着死者还有未完成的心愿。出门时选取一丈多长的刺楸树，一分为二成两根木棒，去皮削平，用竹片在两根木棒上织个竹笆组成长方形抬架，并用炭灰在抬架两端四面画符，尸体直接放在抬架上，用布遮住死者，旁边系一只大红公鸡，由四人抬尸前行。这是歪梳苗出殡的"骑马"习俗，象征死者骑马去阴间。目前，这种抬架已看不出马的形状了，但在民国时期的抬架形似于马。吴泽霖等注意到，"用长约丈余之构皮树劈之为二，去皮削平后，以栫炭画纹上于两端，缚以短木为肩板，长木之前端用刀刻成马头之形，后端刻成马尾形……将棺材或簟席抬置于上，以示死者骑马至阴间之意。"①

（8）安葬

埋葬时，入殓和安葬同时进行。即将准备好的石板一块一块抬到井坑。在井坑四周用四块带有卡扣的石板围成石棺，因石棺无底，底部铺垫方形刺竹编的竹凉席。歪梳苗以竹席殓尸体，所用的竹席，一般生前准备，少数在死后临时赶做。制作竹席的竹片，只取中间近黄层编织簟席，忌用竹片的表面层。竹席铺好后，上面放六层或九层草纸，再把死者软抬到竹席的草纸上，身体摆正成仰身直肢状。同时，将遮住尸体的布揭开，露出脸部，并将雨伞打开，避免死者看到天。无底石棺使尸体直接接触土地，意思是死者生前靠土养，死后靠土埋，死者的尸体一定要落在土上。石棺中不放任

---

① 吴泽霖、陈国钧：《贵州安顺县苗民调查报告》，第 374 页。

何陪葬物，特别忌放铁之类的金属。最后用较完整的且宽于棺口的板石覆盖，并以石灰和煤灰混合来填补石板缝隙，忌用水泥密封，他们认为水泥中含有化学成分，不利于死者。石棺四周用石垒砌，一般由奇数层石块垒成（五层或七层），封土呈圆锥形坟堆。墓底为椭圆形，直径 300 厘米，封土高 1.4 米到 1.8 米。坟堆好后要在坟上种植芭茅草，若芭茅草长得越好，意味着这家风水越好，人丁兴旺。由于要准备日后烧灵，丧葬仪式中一直使用的竹卦作为死者遗骸的代替品和象征物，要藏在石棺墓的缝隙中。晴隆歪梳苗发丧时奏的芦笙调译意："请众人帮，请众人抬，挖山开石连累大家，先要落土，后要石头加。"这是对石棺葬的真实写照。

总之，歪梳苗石棺葬，葬礼简单，仪式简朴，将死者软抬上山用无底的石板安葬，不用棺木。安葬完毕，一般也不立墓碑，以后也不用扫墓祭祖。

2. "冷葬"，即"烧灵"

川黔滇支系苗族的丧仪中，都有重要的二次葬仪式即"烧灵"或"解簸箕"。[①] 其目的是让死者的魂魄转回。烧灵的日期和规模主要视丧家的经济状况而定。烧灵在一次葬至少 120 天之后。家庭条件宽裕的，烧灵时间较早；家庭条件困难的，烧灵时间较晚。丧家或杀猪或杀牛，宴请亲戚。

烧灵即烧死者生前所穿的衣服、裤子、鞋子等生活用品，若死者的衣服是新的，舍不得烧，留给家人或其他人穿，烧灵时必须向死者说清楚。烧灵时，来到墓地后，先奠酒鸣炮，然后杀公鸡进行血祭，再从石棺墓缝隙中找出预先藏好的竹卦，鬼师接过竹卦后，开始致辞迎请死者的亡灵。最后，将卦在半路上烧掉。烧灵仪式结束。

（二）歪梳苗石棺葬体现苗族丧葬的特点

歪梳苗石棺葬习俗是古代苗族丧葬习俗的孑遗，给我们提供了苗族葬俗的发展脉络，是研究苗族丧葬习俗的活化石。

1. 棺尸分开

今天，歪梳苗的石棺葬入殓与安葬同时进行。歪梳苗将尸体软抬到墓

---

① 刘锋：《百苗图疏证》，民族出版社，2004，第 129 页。

地后，先镶嵌好石板棺，再把篾席放入石棺中铺开，而后尸体直接放在篾席上，最后垒石，填土成坟墓。这说明历史上苗族在安葬中尸体一般不先装殓，往往是临入土前才装棺。

民族调查表明，麻山地区苗族丧葬中有棺尸分开的习俗。老人死后，以家族为单位，先把棺材抬到高山的洞穴中，棺材安置好后，再把尸体背去装在棺内，按家族辈分搁置，或成十成百地排好，或重叠放着。① 长顺县广顺镇四寨一带的苗族，人正常死亡后，上山安埋，原先是人和棺要分别抬上山，尸体是亲儿子或至亲背。入土时，先置好棺木，再把死者放入其中，并用土覆好。不过，现在这一带苗族丧葬已改为人棺合一的葬仪。② 紫云苗族丧葬历史上是人和棺分别抬上山，尸由亲子背至坟山上，随后是棺材。③ 正如民国《续修安顺府志》载"古代虽用棺，并不装殓，至穴乃以尸入棺"。④

2. 二次葬

歪梳苗的丧葬仪式包括一次葬与二次葬。歪梳苗的烧灵仪式，是两次葬的演化形式，是远古苗族二次葬遗风的虚化、礼仪化的衍生形态。⑤ 清代，川黔滇支系的"六额子"："人死葬亦用棺，至年余即延亲族至墓前，以牲酒致祭，发冢开棺，取枯骨刷洗至白为度。以布包骨覆埋一二年余，仍取洗刷，至七次乃止。"⑥ 由于两次葬的存在，石棺葬也包括一次葬和二次葬。一次葬的石棺较大，而二次葬的石棺较小。在今天这种二次葬的石棺很难见到。在乌江与北盘江的分水岭一带，因水土流失，往往出土不少小型石棺，此类石棺长 50 厘米，宽 20 厘米，棺内装的却是成人骨骸，这类二次葬的小型石棺，显然只能属于苗族。⑦ 紫云县猫营镇牛角井村现存32 座石棺古墓，基本暴露在耕地和地坎边等处，这些石棺只有 1 米左右，

① 贵州省民族事务委员会、贵州省民族研究所编《贵州"六山六水"民族调查资料选编·苗族卷》，贵州民族出版社，2008，第 289 页。

② 贵州省长顺县地方志编纂委员会编《长顺县志》，贵州人民出版社，1998，第 619 页。

③ 紫云苗族布依族自治县编纂委员会编《紫云苗族布依族自治县志》，贵州人民出版社，1991，第 147 页。

④ 民国《续修安顺府志·土民志》。

⑤ 刘锋：《百苗图疏证》，第 129 页。

⑥ 乾隆《贵州通志》卷七。

⑦ 刘锋：《百苗图疏证》，第 129 页。

形制很小，当是二次葬。考古报告中也发现有些石棺葬为二次葬。如贞丰县北盘江南侧的浪更燃山上发现 65 座石板墓，其中 18 座瓮棺葬石板墓为二次殓骨葬。[①]

3. 体现古代苗族的风葬现象

歪梳苗以竹席殓尸的石棺葬属于风葬的残存。

晴隆县光照镇新益村金竹凼组的歪梳苗，对 12 岁以上去世的人实行石棺葬，而对不满 12 岁的死者既不用石棺土葬，也不火葬，而是依然实行崖葬，即未满 12 岁的人死后，不用任何葬具，用背带茅草包好尸体后，直接放到人畜罕至的悬崖下或岩穴间，任其腐烂，这种"炕骨"现象是历史上风葬的残留。

历史时期，歪梳苗的石棺葬与崖葬并行不悖。如平坝区齐伯乡桃花村的刘姓"歪梳苗"至今仍在行洞葬。惠水县白苗在当代仍行石棺葬，历史上也存在洞葬。正如杨庭硕指出，土葬在苗族中是后起的习俗，苗族早期的葬习必以风葬为主，即"炕骨"之习本是苗族普遍的固有习俗。改为土葬后，仍保留有风葬残习之因素。表面上看苗族的葬习堪称千变万化了，而实质上却万变不离其宗，这个宗就是"炕骨"风葬。[②]

三 歪梳苗石棺葬的文化内涵及其功能

从环境与文化的关系看，石棺葬是一定地区的民族信仰、地理环境以及相应的经济生活相互作用的产物。

（一）歪梳苗石棺葬的文化内涵

1. 石棺葬产生的环境机理

从环境层面考量，石棺葬是喀斯特环境的必然选择。

石棺葬的最大特点是就地取材，以石为棺。石棺葬出现于新石器时代以来石材广泛分布的山区，多山多石的特点决定了石棺葬就地取材。学界

---

① 杨洪：《试论贵州贞丰浪更燃山石板墓》，《中国国家博物馆馆刊》2011 年第 7 期。

② 杨庭硕：《人群代码的历时过程——以苗族族名为例》，贵州人民出版社，1998，第 202 页。

讨论石棺时就石板的就地取材进行质疑，认为有些地区的是石棺葬当地并没有石板资源，石棺葬所用的石板多从其他地方运进来。其实早期石棺葬不一定用整块石板，可用多块石板拼叠或垒石成坟，换言之，石板的选择，早期很随意，毛料或石块皆可。从目前发现的石棺葬遗存看，垒石成棺的石棺也较多。当经济条件改善后，人们才开始刻意追求整块石板或打磨精细的石板。如金竹凼的歪梳苗过去使用青石做石棺，没有整块的石板，用多块石头拼接也可，但青石易碎，现在普遍到五公里外的野麦冲购买整块的豆瓣石板做棺。

由于就地取材，一般不需要提前准备石棺。晴隆县金竹凼的歪梳苗，40 岁以上或者身体不好的，就提前准备石棺材；除非突发性死亡，则临时准备石板或随便砌石为棺。惠水白苗石板的准备，地区差异大。新光村因本地没有石板，老人多在生前准备好石板，而在斗底乡由于当地出产此类石板，没有生前准备石板情况，都是临时在山坡上采石板。①

2. 石棺葬产生的经济基础

从经济层面考量，石棺葬既是族群生计方式的体现，也是家庭经济状况的反映。

学者指出石棺葬是农耕兼畜牧的文化类型。② 今天晴隆县金竹凼的歪梳苗仍行石棺葬，对应是古代苗族的狩猎经济。金竹凼虽现在明显石漠化，但 1958 年前，这里古树参天，四处有豺狼出没。当地苗族曾以狩猎为生。20 世纪 70 年代曾任晴隆县县长的金竹凼人李德学，因善于打猎而被称为"打猎县长"。歪梳苗丧葬仪式中，要在丧家门口插棵树，树前挂有装火药的牛角、弓箭等狩猎用具，以纪念祖先的狩猎生活。说明石棺葬与苗族祖先的狩猎生活密切相关。

石棺葬体现家庭经济差异性。石棺葬中石板的质地、大小等体现出死者家庭经济状况。

金竹凼李家流行石棺葬的传说，在兵荒马乱的年代，晴隆李家祖先三弟兄迁到金竹凼时，没有土地，只好到三公里外租种布村吴家土地而生，家境贫寒。后来三兄弟中有一位媳妇病死，因无钱买不起木棺，而当地盛

① 席克定：《灵魂安息的地方——贵州民族墓葬文化》，第 124 页。
② 童恩正：《四川西北地区石棺葬族属试探——附谈有关古代氏族的几个问题》，《思想战线》1978 年第 1 期。

产页岩和片麻岩，适合制作石棺，李家祖先只好选择用石棺安葬亲人。为使后代牢记家族艰苦创业的历史，三兄弟盟誓，后代不论贫富都必须用石棺而不能用木棺，否则家庭就会衰败甚至灭绝。这种诅咒使石棺葬成为李姓家族的族规家训，石板做棺的习俗得以代代相传。这个传说倒解释了金竹凼的歪梳苗在相同环境中为何只有李姓使用石棺葬，而何、彭、王、杨等姓用木棺土葬。

相对于木棺土葬，石棺葬是节俭的丧葬方式。即使现在，石棺的价格略低于木棺。如晴隆县十年前一副石棺（即五块石板）的价格为 2000 元至 3000 元，而木棺为 8000 元左右。现在市场上石棺的价格为 3000 元至 4000 元，加工精细的约为 5000 元，而木棺的价格已经 10000 元以上。由于石棺价格远低于木棺，加上石棺耐腐，当地人乐于购买石棺。

石板加工有粗细之分，因而石棺有价格的差异。做工粗糙的石棺价格在 3000 元上下，多数石棺在 5000 元左右；而做工精细、打磨平整或雕龙刻凤的石棺，价格在 8000 元左右。若是从其他地方运过来的，运费在 500 元左右。家庭经济条件不好的家庭，难以购置整块石板做棺的，可以就地取材，垒石成棺。经济条件较好的家庭，可购置整块的石板做棺。

3. 石棺葬与祖先崇拜

"祖先崇拜"的宗教观念支配着歪梳苗的丧葬观念和行为取向，也使歪梳苗的石棺葬习俗亘古不变，这也正是今日为什么歪梳苗仍原汁原味地保存石棺葬习俗的重要原因之一。石棺葬成为研究苗族墓葬文化的"活化石"。歪梳苗以竹崇拜与芭茅草崇拜等自然崇拜表现出祖先崇拜的内涵。

（1）石棺葬与竹崇拜

贵州彝族、苗族、仡佬族、布依族和水族等有竹崇拜习俗。竹崇拜的痕迹在以竹为图腾的各民族祭祀活动中表现突出。如仡佬族祭祖时，将竹筒放置在神龛上代表祖宗灵位，彝族象征其牌位的灵筒均以刺竹制成。

苗族祖先为夜郎，相传夜郎王出生在漂于河上的竹筒里。如常璩《华阳国志·南中志》记载："有竹王者，兴于遁水。先是，有一女子浣于水滨。有三节大竹流入女子足间，推之不去，闻有儿声。取持归，破之，得一男儿。养之，长有才武，遂雄夷濮。氏以竹为姓"。苗族以竹为图腾，崇拜竹王。

竹被视为有灵之物，具有图腾的符号意义，因而，竹在苗族的丧葬活动中充当主要角色。晴隆县歪梳苗丧葬仪式中竹图腾贯穿整个丧葬仪式。歪梳苗在丧葬中，刺竹制成的竹卦贯穿丧礼的全过程。认为刺竹有灵性，刺竹制成的竹卦能够沟通阴阳两界，是阴间和人世沟通的中介物，凭借竹卦，巫师与死者可以进行交流对话。

两地歪梳苗出殡时以竹笆做抬架，而最后以竹席殓尸入葬石棺的行为，也体现了苗族的竹崇拜。历史上，苗族安葬多用竹席裹殓入土。吴泽霖在解释花苗丧葬中尸体不放在门板上而是放在篾席上时，认为花苗房屋大都编竹为墙，大门亦系竹制，根本无门板可用；同时，因花苗房屋多矮小，不敷放置尸体之用。① 其实，以竹席停尸而不以门板停尸，是苗族竹崇拜的体现。

事实上，歪梳苗以竹为图腾，把竹子视为本氏族的象征和保护神，并对其虔诚祭拜。歪梳苗把本民族视为一根竹子，每个有血缘关系的家族是竹上的一块竹片，称同宗共祖为"同一块竹片"。同姓虽可通婚，但"同一块竹片"的则严禁通婚。②

（2）石棺葬与芭茅草崇拜

晴隆歪梳苗有在石棺墓上种植芭茅草的习俗。俗话说："坟头种上一窝草，子孙富贵用不了。"苗族对芭茅草特别崇拜，在招魂、送魂、求雨、祭祀等宗教活动中常用芭茅草。因为他们认识到芭茅草有顽强的生命力，且能驱灾除祸，预言吉凶。苗族崇拜芭茅草，也是借芭茅草来趋吉避凶。③

总之，歪梳苗丧葬习俗中体现的芭茅草崇拜和竹崇拜属于原始的植物崇拜或图腾崇拜，是源于"万物有灵"和"灵魂不灭"的观念为主的原始信仰，其本质是祖先崇拜。

（二）石棺葬的文化功能

丧葬是区分民族支系的重要标准。从考古学看，石棺葬的族属十分复杂。如贵州清镇干河坝"石棺葬"，或认为可能与苗族和仡佬族有关④，或认为属"东苗"，平坝坟坝脚则属"西苗"所遗。⑤

---

① 吴泽霖、陈国钧：《贵州安顺县苗民调查报告》，第 361 页。
② 安顺地区行署民委编《安顺地区民族志资料汇编》第 2 集，1990，第 229 页。
③ 杨德：《黔东南地区苗族习俗中对芭茅草的崇拜》，《贵州民族研究》1988 年第 2 期。
④ 何风桐、李衍垣：《贵州清镇干河坝石棺葬》，《考古与文物》1982 年第 3 期。
⑤ 席克定：《贵州清镇、平坝宋墓族属试探》，《贵州民族研究》1984 年第 4 期。

认识歪梳苗的石棺葬习俗，对于今天发现遗存的石棺葬族属的确定有一定的价值。历史上歪梳苗聚居区的无底石棺葬基本可推断是歪梳苗所有。

六盘水市钟山区月照乡马坝村石棺墓，原有墓葬近 300 座，分布在两个相邻的小山上。从清理的 10 座长方形石棺墓看，均坐北朝南，墓室四壁和墓室顶部均为石板，墓底为生土。墓室均为长方形，四壁略向内倾斜。用未经打凿的灰岩质石板拼接，墓顶亦用同样石板覆盖，各墓所用石板的规格和数量不一，其顺序是先挖出墓室，在墓室四壁拼接石板，抬入尸体后，墓顶再覆盖石板，接缝处不用黏合物。墓室最长的有 220 厘米、最宽的 90 厘米，墓室深为 25～35 厘米。随葬品在封土中，墓室中未见随葬物。① 这些无底的石棺墓或被认为是仡佬族所有，但符合歪梳苗的石棺特点。

丧葬习俗是宗族和民族文化认同的主要标志。正如民国《续修安顺府志》载"故欲知苗人之是否同宗，只需视其丧葬仪节同否即可知悉"；"苗人不以同姓为亲而以丧祭同为亲，丧祭不同，虽同姓实非同族；丧祭若同，即姓异实为同族。"②

晴隆县金竹凼全寨中，杨、彭、何和王等姓歪梳苗用木棺土葬，唯独李姓歪梳苗行石棺葬，体现了石棺葬的族群性特点。

各地石棺葬习俗大同小异。个别的差异也成为各地歪梳苗各宗族认同的标志。如丧葬仪式中用来抬尸体的抬架，安顺的水西苗是用构皮树做成，晴隆的水西苗是用楸树做成。

丧葬习俗既是民族文化认同的主要标志，也是认定婚姻圈的依据。席克定在惠水调查过程中发现，具有石棺葬习俗的"白苗"，人数并不多，但他们的婚姻关系，亦局限在此范围之内，只有实行此种丧葬习俗的苗族，才能互相通婚；对不实行石棺葬的苗族，则不能通婚。③ 歪梳苗以石棺葬为内部通婚的标志，这也导致出现近亲结婚，给族群的繁衍造成一定

---

① 刘军：《六盘水马坝仡佬族古墓的发掘》，全国政协文史和学习委员会暨贵州省、云南省、四川省、重庆市、广西壮族自治区政协文史委员会编《仡佬族百年实录》（上册），中国文史出版社，2008，第 757 页。

② 民国《续修安顺府志》，第 536 页。

③ 席克定：《惠水县苗族石棺葬调查》，贵州省民族事务委员会、贵州省民族研究所编《贵州"六山六水"民族调查资料选编·苗族卷》，贵州民族出版社，2008，第 314～316 页。

负面影响。

总之，歪梳苗通过石棺葬来体现族群文化认同，强化族群的集体记忆，从而使歪梳苗的石棺葬习俗亘古不变。

结　语

我国西南地区的少数民族历史上广泛存在石棺葬习俗，但大多在明代以前已经消失，至今留下很多历史谜团。明清以来贵州各地仍有石棺葬的发现，显示贵州民族墓葬文化清晰的文化线路。特别是贵州晴隆县金竹凼的李姓歪梳苗至今仍孑遗石棺葬习俗，成为我们研究这类古老墓葬文化的"活化石"。

经过对歪梳苗石棺葬习俗的调查，发现歪梳苗围绕如何才能送好亡灵的问题而展开的整个丧葬礼仪，包括一次葬与二次葬，一次葬即入土安葬，二次葬即烧灵招魂。歪梳苗石棺葬体现出苗族丧葬中棺尸分开、二次葬、风葬等特征。石棺葬是一定地区的民族信仰、地理环境以及相应的经济生活相互作用的产物。歪梳苗基于环境和经济状况选择石棺葬，并以竹崇拜与芭茅草崇拜等自然崇拜表现出祖先崇拜，且通过石棺葬体现族群文化认同，强化族群的集体记忆。

歪梳苗石棺葬，葬礼简单，仪式简朴。将死者软抬上山，以竹席殓尸，入殓与安葬同时进行，不用棺木而用无底的石板棺安葬死者。安葬完毕，一般也不立墓碑，以后也不用扫墓祭祖。这种节俭且环保的丧葬方式，对今天民族地区的殡葬改革有一定的借鉴意义。

美洲作物的传播与黑衣壮的族性建构[*]

海力波[**]

摘　要：黑衣壮人是清朝中期以来从右江河谷向上游山区迁徙而形成的现居于德靖台地大石山区的壮族移民族群。该族群历史上以玉米种植为生计基础，并参与近代中国西南鸦片种植与贸易体系。玉米、鸦片成为其参与地方社会，与其他族群进行物质、观念与服务等交换的重要媒介，亦使黑衣壮人在主流社会中被逐渐"污名化"，同时也强化其族性边界与认同。本文借助 Zomia 理论探讨黑衣壮个案中人、环境、物三者在族性建构上的互动关系，亦由此反思壮族历史与认同的建构过程。

关键词：美洲作物　黑衣壮　族性　Zomia

人（居民）、地（自然与人文环境）、物（物产与生计要素）三者如何互动而创造出作为观念体系和生活方式的文化是人类学物质文化研究的关键，也是中国西南人类学研究生发出新思想观点的契机所在。西南地区存在不同的族群与多元的生态环境，玉米、土豆、鸦片等作物对西南曾产生重要的经济、社会与文化影响，人、地、物在历史背景下如何互动并塑造出西南的自然与人文景观，是一个有趣但尚待深入的问题，也只能通过具体的民族志个案考查来深化。本文拟以生活于广西西南部右江流域上游德靖台地上的壮族支系——黑衣壮族群为民族志对象，探讨玉米这一美洲作物在历史上如何影响其与其他族群乃至王朝、民族国家和全球资本主义

---

[*]　基金项目：本文为广西哲学社会科学规划课题"美洲作物的传播与壮族社会文化的变迁——以德靖台地黑衣壮支系为个案的人类学研究"（13DMZ003）阶段性成果。本文曾以《玉米、鸦片与黑衣社的族性建构》为题发表于台湾政治大学民族学系主编《民族学界》第 34 期（2014 年 10 月出版），收入本书时略有改动。

[**]　作者简介：海力波，男，广西师范大学文学院教授，人类学博士，研究方向为人类学、民俗学、壮族社会文化、族群认同等。

体系发生互动的过程，同时，也要探讨历史上的国家和主流群体如何为达到对鸦片、商路的支配而对黑衣壮人加以象征和现实的暴力，最终将黑衣壮人加以污名化的过程。此过程告诉我们，黑衣壮人与其所生产和流通的玉米、鸦片一样是全球化体系和近代国家对西南边陲渗透的历史产物，黑衣壮族群区隔的形成和族性的表征都必须置放到西南人、地、物与国家的历史框架中才能得到理解。

一 "黑壮人"：黑衣壮人作为山民的历史

黑衣壮人生活在广西百色市那坡县北部、东北部大石山区及相邻的云南富宁县部分地区，总人口五万余人，分布在大小一百六十多个自然村屯中。① 壮族占那坡全县人口的90%以上，大致而言，那坡壮族可分为两类，一类为土著，居住在县城及县境内气候温和、地势较为平坦的中部、西部和南部一带河谷、丘陵与低矮土山区，以种植水稻为主，因其所讲方言"央话"而自称为"布央"，占全县人口的大部分；另一类即黑衣壮人，与"布央"同操壮语南部方言德靖土语，但发音上有细微差异，包含不少北部方言成分。黑衣壮人多自称为"布敏"，少部分自称为"布农""隆

---

① 20世纪50年代壮族民族识别过程在那坡县的具体实施及黑衣壮人对此过程之记忆与反应可参见海力波《道出真我——黑衣壮的人观与认同表征》，社会科学文献出版社，2008，第153~159页。在《道出真我》一书中值得注意的是，该书对族群认同研究中占据主流地位的"工具—建构论"与"原生论"两种观点都指出其不足，并提出特定民族或族群的认同往往呈现某种"差序格局"般的文化表述，即以本群体为核心，按照特定的文化想象将其他群体纳入某种由亲到疏的文化图式和社会交往互动网络中。该群体对他群的文化想象既受现实利益博弈的影响，又受本群文化认知体系中人观、宇宙观、价值观与道德观等的塑造，政治—经济、文化认知、历史场景三个维度共同塑造出特定民族或族群的认同。也正因为认同如同一枚硬币般兼具利益与认知两个侧面，故而认同也具有建构与文化的双重属性，并呈现随历史而变迁的动态特点。在《道出真我》一书中，作者着重从黑衣壮人的文化认知体系出发，探讨黑衣壮人的族群认同与自身文化中的人观、宇宙观等方面的联系，而本文则是在这一理论背景和已有的研究成果基础上，试图梳理黑衣壮族群认同在近代百余年历史中的变迁，令黑衣壮族群认同更具动态性，同时也更侧重从生态环境、生计方式与物质文化的角度来探讨黑衣壮族群认同中利益博弈与建构的一面。在壮族研究中，中国学者往往强调壮族认同"自古有之"而被认为带有某种程度的原生论色彩，以白荷婷为代表的西方学者则往往因为强调壮族认同的政治建构与当代性而在中国学界多遭非议。本文试图跳出这两种理论窠臼之争论，尝试提供一个具体而微的个案，令学界能够从新的角度来审视黑衣壮族群认同乃至壮民族认同的历史复杂性。

安"。黑衣壮之称来自"布央"历史上对其污名化称谓"黑壮",黑衣壮老人解释道:"说我们黑衣住在山上,没有水洗澡,身上蚤子多,穿得黑黑的也像个蚤子。"中华人民共和国成立后,污名化称谓在官方层面被禁止,20世纪90年代当地民俗旅游开发后,官方与"布敏"精英试图为本族群找到一个响亮而又具有文化特色的名称,因"布敏"过去长期穿着自织自染的黑色土布衣服,遂将原来污名化之"黑壮"衍化为中性的"黑衣壮"之称,该称谓没有侮辱性的色彩,"又能够体现出本族群身着黑衣的特点,还具有历史上的延续性和真实性"①,故得到黑衣壮人的认可,成为他们的自称。

历史上,黑衣壮人与"布央"之间存在严格的族群边界,以至于年龄较大的"布央"壮人会对自己被误认为黑衣壮人而感到气愤,甚至断然否认"他们(黑衣壮)不是壮族,我们才是壮族,他们是住在山里边的"。族群区隔的边界主要表现在以下方面②。

过去黑衣壮女性内穿长裤外穿长裙"穿裙又穿裤",而"布央"女性则"穿裤不穿裙"更为符合"风化";黑衣壮人更为严格地遵守"不落夫家"之俗,在葬礼上所做的道教"法事"也更为隆重复杂,"布央"壮人则相对大而化之。

黑衣壮人居住在高海拔大石山区,"布央"壮人居住在县城、圩镇及周围为数不多的平地上以及河谷和土坡地区,黑衣壮人与"布央"壮人从不混居在一个村寨中,也极少有与外人通婚的现象,有的研究者甚至因此将黑衣壮人表述为"实行严格族内婚制度的民族"。其实,黑衣壮人因出外打工、求职与求学而与外地人或其他民族通婚者并不罕见,只是在村落日常生活的层面仍然被区隔于那坡当地"布央"壮人的通婚范围之外。

文化表征上的区隔最终被归结为生态与生计上的差异。"吃玉米"与"吃大米"成为那坡当地对黑衣壮人和"布央"壮人之间根本差异的表述。一位"布央"壮人告诉笔者:

---

① 黑衣壮人历史沿革与族群称谓的变化可参见海力波《道出真我——黑衣壮的人观与认同表征》,第40~46页;黑衣壮民俗旅游开发与黑衣壮族群称谓确立的具体过程可参见上书,第160~164页。

② 黑衣壮人与"布央"壮人的族群区隔表现可参见海力波《道出真我——黑衣壮的人观与认同表征》,第134~152页。

其实所谓黑衣壮呀……以前就是喊他们黑衣崽。他们住在山里面，很穷，和我们住在外面的不一样，我们都不会和他们结婚的……为什么咧？我们在外面都是吃大米的，他们都是吃玉米的，最多有点粥吃就不错了，出来也吃不惯大米，我们的姑娘也不愿嫁过去吃玉米呀。其他的都和我们差不多……（时间：2004 年 2 月；地点：那坡县城；报告人：那坡县城某中学李姓教师）

与"布央"壮人喜自称土著不同，黑衣壮人保持着身为移民后代的记忆。尽管在方志等文献资料中缺乏对黑衣壮人历史来源的记载，但根据口述史和族谱记载，大多数黑衣壮村寨在七八代人以前建立，以一代25 年计，最早可追溯至 18 世纪末到 19 世纪初即清乾隆末年到嘉庆初年。黑衣壮人多称其迁出地为广西隆安县。隆安地处右江下游，明清两代属南宁府，"三面控诸羁縻州，而东一面达南宁"，"据邕太上游，为镇色门户，控扼土司，屏蔽永武"①，东近南宁邑城，西、南地接平果、大新、天等县，处于连接桂中汉族地区与桂西右江壮族地区的枢纽地位，也是中央王朝向右江流域开拓的门户所在。清雍正至乾隆时期，改土归流在南方各省展开，壮族土司势力被大大削弱。桂西北红水河流域势力最大的泗城岑氏土司、东兰土司、左江流域太平府（今崇左市）恩城州（今大新县）赵、农两氏土司、思明土府（今宁明、凭祥市）黄氏土司、右江流域奉议土州（今田阳县）、归顺土州（今靖西市）皆改土归流。②雍正七年（1729），云、桂、黔三省总督鄂尔泰奏请将右江上游势力最大的镇安土府以土司无后为由改为流府、派流官统治，从而将今百色市所辖大部分地区包括今那坡、德保等县纳入中央王朝直接统治的范围。③在此过程中，清政府主要以右江作为官吏军民的主要通道，大量的人员与物质在南宁集结后，从隆安出发，逆右江而上，深入沿江各壮族土司辖地。④ 隆安不仅是右江水道的起锚地，也是清代从南宁至百色的官道，

① 黄朝桐编修《隆安县志》卷三《形势》，（台北）成文出版社有限公司，1975，第143 页。
② 吴永章主编《中南民族关系史》，民族出版社，1992，第 383~402 页。
③ 羊复礼修《镇安府志》卷二十《纪事志三》，（台北）成文出版社有限公司，1967，第357 页。
④ 陈如金修《百色厅志》卷三《舆地志·水利》，（台北）成文出版社有限公司，1967，第49 页。

从南宁可经隆安、果德县（今平果县）、思林县、恩隆县（均在今天田东县境内）到百色。① 隆安的壮族居民在改土归流后要承受日益沉重的赋税、差役和官府严密的控制。那坡县城厢镇龙华村"文寨"是笔者主要的田野调查点，"文寨"居民祖先迁徙历史的记忆颇具代表性：

> 我们黄家最早也是从隆安迁来的，据老祖宗讲，是在乾隆年间的事情。那时候我们家住在隆安通往百色的官道边，过往的官都要我们家老祖宗挑担子，苦多，受不了啦，就跑到那坡来。以前还是住在平地上面，后来住到嘉庆年间，荒年，又要去当夫子，就往山里面跑，山里面那时候好空的，有多的地，又不用见官，管不了我们，就在道光年间来到"文寨"这里。我们的老祖宗住得久了，人也慢慢多了，就让我们黄家的老祖宗当了一个甲长，那是清朝洪秀全时候的事情咯。（时间：2004 年 2 月；地点：那坡县"文寨"；报告人：黄绍精、黄绍福）②

大多数黑衣壮人记忆所及的家族历史只能追溯至数代前由隆安向西迁来，隆安是西迁的始发地抑或中转站尚待进一步调查考证，改土归流前后的壮族移民史相关成果亦属阙如。但在清中期的右江流域的确存在过一次以隆安为迁出地的壮族移民浪潮。③ 这批壮族移民溯右江而上，沿途不断有人栖身于右江河谷两岸大石山区中，其他人则继续向上游进发，一部分移民来到右江上游德靖台地大石山区，他们迁徙距离最远，所迁入地也最为偏僻，即为黑衣壮的祖先。他们所经历的不仅是地理位置的移动，更经历了从低海拔的河谷—土坡到高海拔的岩溶山原这一生态环境上的改变。这直接导致其在生计方式上从稻作变为以山地农业为主。

---

① 黄朝桐编修《隆安县志》卷三《道路》，（台北）成文出版社有限公司，1975，第178 页。

② 本文所出现的报告人真实姓名皆得到报告人允许，特此说明。

③ 张江华：《广西田东县立坡屯陇人的世系群与婚姻》，收于台湾汉学研究中心汉学研究集刊《社会、民族与文化展演国际研讨会论文集》，2001；《血与土的变奏：对广西陇人的考察》，收于台湾"清华大学"人类学所《云贵高地的亲属与经济》，2001。（蒙张江华教授惠赠文章 Word 文档，故未能列出页码）

二 从河谷—水稻到山陇—玉米：黑衣壮 人生计方式的改变

据方志显示，清嘉庆以前广西只在桂北全州和桂中浔州有种植玉米这一美洲作物的记载。[①] 但至 19 世纪末时，在不到一百年的时间里，玉米已经成为广西山区主要的农作物，对山地居民生计方式的影响尤为直接。随着乾隆、嘉庆、道光这一历史时期的迁徙与垦殖热潮，左右江与红水河流域一带不仅成为移民和山地开发的主要地区，也是玉米种植得到最大发展的地区。[②]

右江流域民族分布格局历史上呈现出"僮（壮）人多居水头，苗瑶住山头"的模式。壮族居民占人口绝大多数，生活于右江及其各支流两侧的河谷平原或有水源的土坡、丘陵地区，以种植水稻为基本的生计方式，在壮族土司的统治下过着定居的村落生活。在清中期以前右江两岸尤其是上游地区的山地、林地仍处于未充分开发状态，居者多为瑶族，亦有少部分苗族、彝族。清代方志中多记"居山者曰瑶人"，瑶民"多居于深山中，冬日焚山，昼夜不息，谓之'火耕'。稻田无几，种水芋、山薯以佐食"，"居深山中，以芋薯为粮"，"锄畬种粟"，"散处林谷，所种山稻、稗子、野芋"，"耕山种畬"，"耕樵猎兽而食"。[③] 山居者常年迁徙，因此也大多"无户籍"，"不供赋役"，更因为单位产量低下，只能以保持低人口密度来获得人均较大的耕作面积，借以维持产量与消费的平衡，因此，山居族群人口密度与数量同山下的壮族相较更为稀少。河谷—稻作—定居与山地—火耕—流动两种生计方式的差异成为明显的族性边界，并被赋予道德色彩，"瑶性最恶难驯。俍（壮），则土府州县百姓皆俍（壮）民，衣冠、饮食、言语颇与华同"[④]，褒贬之意十分明显。

在黑衣壮人的记忆中，他们在迁入大石山区前以种植水稻为生，并生

① 谢启昆编修《广西通志》卷八十九《舆地略十·物产一·桂林府》；卷九十二《舆地略十三·物产四·浔州府》，广西人民出版社，1988，第 2824、2895 页。

② 周宏伟：《清代两广农业地理》，湖南教育出版社，1998，第 171~175、249~252 页。

③ 谢启昆编修《广西通志》卷二百七十八《列传二十三·瑶》，广西人民出版社，1988，第 6869~6880 页。

④ 王士性：《桂海志续》，转引自谢启昆编修《广西通志》卷二百七十八《列传二十三·僮》，广西人民出版社，1988，第 6881 页。

活在官府或土司的统治之下。黑衣壮的刺绣中保存了大量的鱼、鸳鸯、水纹图案，黑衣壮妇女的银项圈制成双鱼对吻状；黑衣壮人传说祖先逃难时受困于大江大河边，后幸有太上老君化为一尾大鱼将其渡过河去；在葬礼中还有将死者亡魂超度后护送其渡过无数条大江大河，最终到达极乐的"扬州世界"的仪式，这些都可作为黑衣壮人曾经的河谷——稻作生计方式的佐证。但是，当他们溯右江而上，最终到达德靖台地时，适宜稻作的河谷、土坡地带已经被另一壮族支系"央人"所开发、占据，他们只能上山居住：

> 黑衣壮最早从隆安县来，我们李家来这里有七代……我们黑衣壮一来就是种玉米的。那些山下面的"央人"，就是"蓝衣壮"，汉族人是喊他们做"本地人"的。我们来的时候田峒都没得了，怎么种得了水稻呢？只好到这些山窝窝来，只有种玉米了。……那时没有锄头工具，用木来挖种玉米的——我阿婆（祖母）讲的，点一把火，从底下烧到这里，原始森林呀，烧完跟着来，哪个地方合适种哪里。这里原来是彝族人的，他们种小米，小米撒要的，产量很低，（我们）改种玉米，听老人家讲的。（时间：2012 年 6 月；地点：那坡县弄弓屯；报告人：李兴存）

黑衣壮人掌握了 19 世纪初期传入广西的玉米种植技术[①]，这是后来者的优势。相对于原有的畬禾、麦、粟、水芋、山薯等山地作物，玉米在产量上占有很大优势，对环境的适应性也更好。麦、粟类作物虽能耐旱耐瘠，但仍具有喜凉的习性，发育时要经过一个春化的阶段，此时需一段时间的低温后才能过渡到生长期，右江流域山区春季气温仍然偏高，因此麦、粟类作物产量不高，多在亩产 150 斤左右，畬禾亩产则在 200 斤以下。[②] 而玉米亩种植量可达两千株、一斤玉米种可收三十斤玉米，每亩平

[①] 黑衣壮人传说早在隆安居住时就已经种植玉米，迁徙到那坡大石山区时随身只带有几粒玉米种子，用火石打火时，不小心起火将森林引燃，森林燃尽后，又用竹竿戳地，将玉米种下，才慢慢有了粮食吃。此传说在黑衣壮人中流传颇广，笔者在田野调查中曾经听到好几个不同的版本；另黑衣壮人还传说玉米最初是给老鼠、野兽吃的，老鼠身上掉落的玉米种子无意中让人拾起尝到，才学会种玉米；亦有称玉米最早由同情黑衣壮人生活艰苦的"仙女"所赐予。以上几说皆为笔者于田野调查中收录，限于篇幅与研究局限，本文对此问题不再展开，容于黑衣壮系列研究论文中另撰专文论述。

[②] 周宏伟：《清代两广农业地理》，第 167 页。

均可收五六百斤玉米，得 400 斤干苞谷，产量远远高于畲禾等山地作物。直至清光绪年间，在镇安府属各县，麦、粟作物仍然"俱不甚多"，远没有玉米地位重要。据清嘉庆六年（1801）谢启昆修《广西通志》所载，当时的百色、镇安等地并不产玉米。但至清光绪十七年（1891）修《百色厅志》、清光绪十八年（1892）修《镇安府志》记载，百色、镇安下属各县已经普遍种植玉米，并视为主要的粮食作物，如《百色厅志·卷三·物产》所记："各地所产大概相同，自粳稻外，惟包粟、山薯及芋，四月种九月收，入冬间种荞麦。"而百色诸县中又以恩隆县（今田东县）玉米出产量最高。镇安下属各县中天保县（今德保县北部）最早种植玉米，《镇安府志·卷十二·物产》引旧志所记："玉米……向惟天保山野遍种，以其实磨粉，可充一二月之粮，近来汉土各属皆种之……"《镇安府志》更称咸丰、同治以来，"畲地种包谷收获较广"，"镇属种者渐广，可充半年之粮，惟秋获后良田并不种麦，畲田更少（种麦），惟持玉米一造，若雨旸不时，贫民即有饥饿之患。"可知玉米自嘉庆、道光至咸丰、同治年间，已经在德靖台地取代了畲禾、麦、粟等传统山地作物，成为与水稻同等重要的作物，尤其对缺乏水田的山民更为重要。但是，在镇安等地，玉米只限于旱地、山地种植，水田仍以种水稻为主。《镇安府志》记当时"土民惟知务农"，但只有在山地才会"开山种畲，正月种荞麦，小米、秕，二月种棉花、芋头、玉米"，编者更以天保县（今德保县）为例说明，天保县地属岩溶山原，多为峰丛洼地的东北乡"正二月种玉米甚多，可支半年之粮"，而在多为土坡、谷地，水源条件较好的"西北乡尚少，近城各田埔并荞麦亦不种，惟秧稻一造，别无所收"。天保县东北与百色田东县西南相连，同为岩溶山原地形，并向西南延伸至靖西市西北部、那坡县北部，构成德靖台地主体山原部分，该地区的壮族居民以种植玉米为主要生计方式，且多自称为自隆安移民的后代，玉米种植技术很可能是从田东县西南顺山区地势走向一直传播到当时的天保东北再向西南传播到那坡，恰好与黑衣壮人溯右江而上并进入那坡山区的时间和路径相重合。

玉米相对于其他山地作物的高产量带给黑衣壮人充足的食物供应，并迅速转化为人口优势。从道光至咸丰、同治年间，黑衣壮人已经遍及那坡及邻近靖西、德保等县山区大部分地区，原来的瑶、苗、彝族居民则逐渐往海拔更高的高寒山区迁徙，"文寨"老人回忆道，黑衣壮人迁入当地时，山陇里已有两户"倮倮"（彝族）居住，他们曾经与黑衣壮人共同生活，但随着黑衣壮人的繁衍，这两户彝族居民最后也迁到别地居住，当地成为一个纯粹的黑衣壮村寨，据作者本人的田野调查经验，不少黑衣壮村寨也大多有过类似的过程。至迟在清光绪后期，那坡已经形成了瑶、苗、彝族居住在海拔最高的高寒山区、黑衣壮人居住在高海拔的大石山区、"布央"壮人居住在低海拔的土山、坡地与河谷田峒地区的垂直分布模式。与山下主要从事水稻种植的壮族同胞相比，黑衣壮人的生活带有更浓郁的山地风格，也更为多元而复杂：

> 他们（布央）住平地、土坡，种水稻的，一年到头都种，种水稻工种多，一年四季都很忙的，没有工夫种别的，而且水田也舍不得拿来种别的，主要是种水稻。……我们种玉米的，（农历）二月种，七月收，护理也比水稻简单，工种没有他们那么多，有空，所以我们在山上种杉木、茶果，种蓝靛和棉花，还可以养牛、马，有技术的还编竹子、打铁，多咯。（时间：2005 年 5 月；地点：那坡县城；报告人：黄绍英）

在那坡，黑衣壮人不仅以种植玉米，更以牛、马、猪的饲养业和土布织染技术闻名。事实上，过去还有所谓"布敏三样大"的谚语，即黑衣壮村寨因为地处山区木材和饲料丰富而具有房子大、牛大、猪大的特点。黑衣壮饲养的黄牛耐干旱、善爬山，适合山区农业环境，不仅销售给那坡的"央壮"，还远销周边县份乃至云南地区。马匹则是山区主要的交通运输工具，直至 20 世纪 30 年代，在百色和云南需求量都很大。据《那坡县志》记载，黑衣壮所居住的石山地区在民国时期是那坡主要的产猪地。[①] 黑衣壮女性主要从事蓝靛、棉花的种植和土布的织染工作，黑衣壮土布向来以缜密厚实、耐穿不易掉色而闻名。牛、马、猪和土布不仅自用，更用来出售。无论是山上的瑶、苗、彝族居民还是山下的"央壮"，对黑衣壮的产品都有稳定的需求。黑衣壮在族群分布的地理格局和经济交换格局中，都处于田峒地区的"央壮"与高寒山区的瑶、苗、彝族之间的中介地位。三类居民群体掌握的资源和产品不同，因为交易品和交易地位的差异，从而具有某种阶序性的地位差异。

---

① 广西那坡县志编撰委员会编《那坡县志》，广西人民出版社，2002，第 194 页。

居住在高寒山区的瑶、苗、彝族因为地力更为贫瘠，"高山上坡度太大"，农地更为零散，虽然也逐渐以玉米作为主要农作物，但产量较低，供给口粮尚嫌不足，更不可能用作饲料。由于地理位置险恶，牛、马行走不便，生猪更是难以运到墟市交易，因此，高寒山区多以养山羊和养鸡为主；山羊在山崖上行动自如，还可以啃食石缝中牛、马无法食用的低矮草根，不需专门为其准备饲料；高寒山区气候寒冷，且居住分散，鸡瘟较少，而平地鸡瘟较多，鸡种退化很快，因此，过去那坡养鸡多在高山瑶寨苗村，平地较少，鸡种分为瑶鸡与苗鸡两种，质量优良。① 山羊与鸡方便携行运输，瑶、苗、彝族多以山羊、鸡交换黑衣壮的土布。对黑衣壮而言，羊、鸡量少且并非必需品，但土布对瑶、苗、彝族不可或缺，交换关系上黑衣壮人居于主动地位，也使他们产生了某种心理和认同上的优越感。"文寨"一位黑衣壮老人这样谈到他在交易中对瑶民的印象：

> 我们这里和瑶族人打交道的很少，几乎没有。为什么咧？瑶族人几乎没有到县里和街上来的。最多到他们"下华"乡的镇子上买点东西。我以前经常到瑶族住的地方和他们做生意，所以比较了解。我认为（过去）这个"瑶人"在住的上面不像我们黑衣壮有大房子，他们是用树杈杈搭起来的棚子住的。瑶人死了以后，家里的人要迁走另外住的，所以住房也简单。房里面，人和羊都混在一起住的，人住这边，羊就住那边，都只有一间屋，那个羊的气味难受得很咯。衣服上他们也不会自己织布做衣服，只有来跟我们黑衣壮买，黑衣壮自己穿不合适的衣服才会拿去卖给他们。（过去）他们很多"小鬼"长到一米多高还没有衣服穿咧。因为他们喜欢养羊、养鸡，我年轻时就是贪图"瑶人"的羊和鸡便宜，才去和他们做过生意，拿我们的旧衣服和他们换。他们得一点我们的旧衣服都好高兴咧。（时间：2005 年 5 月；地点：那坡县"文寨"；报告人：李修精）

但在面对山下的"布央"壮人时，黑衣壮的心态则更为复杂、矛盾。一方面，黑衣壮人认为，在过去"布央"壮人的生活并没有什么值得羡慕之处。"他们人多，住的地方就那么大，那个田平均下来一人就是那么多，

---

① 广西那坡县志编撰委员会编《那坡县志》，第 195 页。

还不像我们黑衣壮住在山上地方那么大，搞点什么都有吃的。"某些黑衣壮人甚至认为，过去与"央壮"互不通婚，并不仅仅因为后者对自己抱有歧视的态度，而是：

> 我们的姑娘也不愿嫁过去呀。他们种水田，一年到头都在田里面忙，女的也要下田，插秧、收谷子，辛苦多。我们的女崽从来不下地的，都是男人干就可以了，女崽就是在家里面喂猪，在外面种蓝靛、种棉花，是女的干，其他就是在屋里面纺纱织布染布咯。所以他们（"央壮"）的女的晒得黑黑的，不像我们的女的总在屋里，白白的。（时间：2005年5月；地点：那坡县"文寨"；报告人：黄绍福）

但另一方面，黑衣壮人也不得不承认，他们的生活在很大程度上却必须依赖山外的世界。

尽管黑衣壮人常常被表征为在与世隔绝的大山深处过着自给自足生活的族群，但即使在过去，黑衣壮人也必须依赖山外的世界供给其基本生活必需品：盐巴是黑衣壮人从山外墟市上购买的最重要也是最大量的商品，制农具所需的铁、照明用的煤油、金属制品、火柴等日用品也只能从山外购入。虽然黑衣壮人以玉米为主食，但每人每年平均也要从"布央"壮人那里购买10~20斤大米，大米粥是婴幼儿、老人、病人的食物，在节日、道教法事、祭祀祖先、红白喜事（婚、葬礼）等特殊时段，人们不吃玉米而吃大米饭。大米不仅具有更好的口感和营养，还因为在黑衣壮人的观念中，大米相对于玉米具有更高的阶序性地位。在黑衣壮传统的民间道教信仰中，大米被视同为男人的精髓、女人的乳汁乃至生命本身——"寿"的蕴含物"圣米宝珠"，还被视为道公祖师和神灵的法身在人间的显现，祭桌上装在碗中的大米甚至被视为道公的法坛"仙山"所在，而伴随黑衣壮人筚路蓝缕开辟山林的玉米则没有在仪式中得到如此高的评价，也较少出现①。

---

① 此印象来自笔者田野观察之直观体会，但亦得到黑衣壮道公与当地居民的同意，在黑衣壮道教仪式中，玉米通常与介于正邪之间的"茆郎"小神相关联，有趣的是，"茆郎"神在仪式的另一层面又可被视为外来者即汉人或官府的代表，关于玉米、"茆郎"、外来势力之间的内在联系容笔者另撰专文论述。

三 鸦片与山中的"马路"：黑衣壮人的 社会交换与交往

以笔者所调查的"文寨"为例，在 20 世纪 50 年代以前，一户 3~5 人的黑衣壮人家可以开垦并种植总计 4~5 亩旱地，[①] 每亩玉米栽种 1600~1800 株，每亩平均产量在 400 斤干苞谷左右，总量在 1600~2000 斤。平均每人每年需 300 多斤口粮，一户黑衣壮人家需 1200~1500 斤的口粮才可满足最低需要，尚需要留出约 100 斤玉米种。猪每长肉一斤至少需要玉米饲料 2 斤，则每头猪每年需要 300 斤干苞谷左右。通常每户还需要一头黄牛耕地，稍富裕的家庭通常还饲养一匹马以供运输与乘骑，为了维持牛、马的体力，也需要在它们的饲料中掺入玉米，其量至少每年需 50~100 斤。总计黑衣壮人四口之家每年需要玉米 2000 斤左右方可维持基本生存与再生产。黑衣壮人在市场上购买的商品仅盐巴、煤油两项，所需已经不菲，据民国二十二年（1933）《广西各省概况》统计，那坡全县人口约 7 万人，进口食盐 5 万公斤，煤油 3 万公斤，则每人每年约消费 0.7 公斤盐，0.4 公斤煤油，时价盐 0.64 银圆/公斤〔黑衣壮老人称在山区一块"光银"（银圆）一斤盐，甚至有过两头猪只换来三斤盐的行价〕、煤油 1.08 银圆/公斤，需银圆三元五角可满足基本的盐、煤油消费。此外，四口之家全年尚需要总计 60~80 斤大米作为主食的补充，根据 1934 年的行价，50 公斤大米需银圆 5 元。[②] 加上日用品、铁器等最低消费，每年尚需要 8.5~10 元银圆的现金收入或相当的货物来其维持基本生活水平，此部分消费必须从玉米之外的途径获得，这促使黑衣壮人与外部世界发生更紧密的联系。

黑衣壮居住的大石山区并非与世隔绝之地，而是百色传统商道的重要组成部分。百色西、北与滇、黔相连，南通越南，向东可经南宁、梧州直航广州，历史上一直是滇、黔、桂与广东乃至海外交通的枢纽。在 20 世纪 30 年代公路修通之前，百色的交通主要依靠右江航运。清光绪《百色厅志·舆地》称"百色地当极边，万山重叠，惟厅治滨江，源出云南土富

---

① 由于山区自然环境的限制，可供种植的土地十分分散，玉米地往往散布在村寨周围较广阔的山间，成零星分布，这也限制了黑衣壮人对劳动时间和人力的利用以及土地开垦规模的扩大。

② 转引自广西那坡县志编撰委员会编《那坡县志》，第 303 页。

州，下达南宁，汇于郁水。铜运盐运与夫东道行商帆樯云集……西林之驼娘江凌云之饭乐可通小舟，此外四乡不通舟楫。"《百色厅志·物产》称："舟载马驮百货云集，类皆来自东粤以及滇黔，非土产也。"外来货物经右江最远可到云南与广西接壤的土富州（富宁县），在谷拉卸货，此后需要经陆路运往各地。黑衣壮人回忆道：

> 从前百色主要靠水运的，但是水运到谷拉就到头了。从谷拉到那坡县城的路只有经过我们黑衣壮的山上的，老人讲只有靠人挑马驮，经过我们的九村十八陇，百色的钢铁、盐巴和百货才到得了县城，具体哪个九村十八陇我们也讲不全，但是都是要经过我们黑衣壮的石头山里面的。（时间：2012 年 8 月；地点：那坡县弄莫屯；报告人：农姓老人，75 岁）

从百色经黑衣壮山区南行可直至清代中越边境的重要口岸平孟，向东南可经定业、龙合、坡合至昭阳关，通往靖西、龙州、宁明、凭祥等边境重地。清雍正开始，云南铜矿得到大规模开采，桂、粤、闽、浙、赣、苏、鄂、川、陕等省需要滇铜作为铸币原料，两广所需滇铜在云南土富州集中后运往百色，再经右江顺流至南宁，或北上桂林、或东下梧州至广州，供两省铸币所用。[1] 清代广西用银主要取自安南（越南）宋星厂，由中国商人缴税开采，将银运回国内，据时人记载：

> 宋星厂多广东人。……采银者，岁常有四万人。人岁获利三四十金，则岁常有一百余卖回内地。……宋星厂距镇安郡，仅六日程。镇安土民最懦钝无用矣，然一肩挑针线鞋布诸物往，辄倍获而归。其所得银，皆制镯贯于手，以便携带，故镇安多镯银。[2]

安南银经太平府（今崇左市）的龙州过境，其中很大部分北上至百色再流通到滇、桂乃至全国各地。无论是铜路或银路都需经过黑衣壮山区，

---

① 蓝勇：《清代滇铜京运对沿途的影响研究——兼论明清时期中国西南资源东运工程》，《清华大学学报》（哲学社会科学版）2006 年第 4 期，第 95～103 页。

② 赵翼：《缅甸安南出银》，《檐曝杂记》卷四，上海世纪出版股份有限公司，2013，第 58 页。

至今在黑衣壮山区还遗存很多荒废的石径，石板上多有马蹄践踏而成的石凹，这些荒废的山间石路被黑衣壮人称为"马路"，即为过去马帮所行之百色商路。虽然百色商路以广东商人势力最盛，但很多黑衣壮人却成为商路上的劳力、雇工和赶牲口者，黑衣壮人喜养马的传统正源于此。不仅如此，黑衣壮人还以更强势的状态参与到商路活动中。"文寨"黄绍英老人回忆道：

> "文寨"这里是那坡和越南交界的要道，过去古时候那坡的人是吃不到盐的。我们的老祖宗来到这里又耕田又种地，还贩私盐，从越南买盐——那里是海边有盐多咯——挑到那坡卖，人家不买不得咯，很快就富裕起来了，有钱多咯。又拉拢一起来的韦氏和李氏，以前"文寨"是三个姓的呢，成为集团性的，控制盐道，你要运盐一定要交过路钱，财源滚滚来。……（我们黄家）就联络李家一个人、韦家一个人共同策划。在"文寨"对面山上那一个洞喊做小洞，我们就在那里打刀剑，提炼土硝造火药。……那时候我们黄家还没有封什么官，只是一个占山为王独霸一方的头子。……（后来）清朝封我们黄家的老祖宗做"小北乡乡长"，就是土司，还给了一枚"镇安府小北乡乡长"的官印，现在都还留着。（时间：2004 年 2 月；地点：那坡"文寨"；报告人：黄绍英）

文寨黄姓在历史上属于黑衣壮地方精英，直至 20 世纪 50 年代以前，黄姓家族不仅利用势力与人脉在那坡与越南间贩卖私盐与大米，甚至在越南与人合伙私铸"光银"，带回那坡获利。当然，与私铸"光银"相比贩卖私盐与大米是更常见的生计方式的补充。由于清政府以及国民政府的控制力日益强化，即使如"文寨"那样"占山为王"的地方也逐渐以更为和平的方式在商路中起作用：

> "文寨"过去不是街市，但是就像街市一样，来往多，有买卖鸦片的，有来看病的，我们这里有草药多，我们黑衣壮有医书的。还有打农具、编竹器的，风水先生，样样有。为什么？因为"文寨"靠近云南，从百色到那坡县城也要过这里的。我们黄家从百色贩百货、铁器、盐巴，那些铁奇怪咯，都是铁轨上的一条条的铁，我以前还奇怪

是不是他们从铁轨上偷得的。我们什么都卖，也卖鸦片。（时间：
2009 年 9 月；地点：桂林—那坡县城；报告人：黄绍英，电话采访，
相关信息得到后续田野调查的证实）

鸦片的种植是黑衣壮历史中尚被忽视但十分重要的元素。百色商路在
某种程度上与鸦片贸易关系密切，商路上的各群体也因此与鸦片发生关
联。那坡的鸦片种植历史可上溯到清道光年间，1839 年，广西巡抚梁章钜
奏称："广西省太平、泗城、镇安、思恩各府，与云南、贵州交界，向有
栽种罂粟刮浆、熬膏之事，与鸦片烟名异而实同。"其中，镇安府属又以
小镇安厅（那坡县）和天保县（今德保县北部）、归顺州（今靖西市西北
部）种植为多，且当地"奸民唯利是图，难免将来复种"。① 可知黑衣壮山
区当时已经有较具规模的鸦片种植历史。据光绪十七年（1891）《镇安府
志·卷八·风俗》条记载，当时镇安府各地"自鸦片盛行以来，食吸者逾
半，凡宋之峒丁、明之土兵俍兵称为矿悍强壮屡资调遣者今则羸顿瘦弱面
目黧黑半归无用。"从清末至民国，那坡"本县种植罂粟以城厢、龙合、
三蓬（今定业）、果把（今坡荷）、念银（今属百合）、平孟、六蓬（今百
都）等地较为普遍。仅龙合乡年种植达一万亩，收获烟浆（生鸦片）约十
余万两。民国二十五年（1936）至民国三十六年（1947），镇边县有烟民
1974 人，平均每百人中有 2.7 人吸食烟片，其中城厢、龙合、三蓬、平
孟、果把五个乡的烟民占全县烟民的四分之三。烟民中有老、青、壮年，
也有个别妇女。论身份，有平民百姓、有家少爷、学校教师、政府官员和
地方绅士等。"② 鸦片种植主要分布地都在黑衣壮居住的大石山区。其中城
厢、龙合、三蓬、果把等地更是黑衣壮人聚居区。黑衣壮人将鸦片称为
"洋烟"，黑衣壮老人亦多承认"解放前，都有种洋烟的习惯"，但也坚持
黑衣壮人中抽烟片并不多，绝大多数黑衣壮人都只是种植鸦片以弥补生计
的不足，鸦片令他们的物质生活水平与山下的"布央"壮人相差不远，可
以弥补单纯种植玉米的不足：

过去种鸦片蛮多的，也有只种玉米的，那就生活苦多了，就好像

① 《清宣宗实录》卷三百一十九，中华书局，1985，第 13 页。
② 梁玉祥：《鸦片的危害》，那坡县政协文史组编《那坡县文史资料》第 2 辑，靖西县印刷
厂，1992，第 78 页。

现在光知道耙田，没有文化不懂技术不做生意的那样，种了鸦片日子就轻松多了。为什么舍不得自己抽呢？比如 1949 年，那时鸦片卖一两就是一块光洋，种到五十两你就不得了了。有地多的人家还有种到十几斤的。一般农户一年至少可以收五六两到十几两，看你的地肥沃情况怎么样。那是蛮多的啵，1949 年那时，一支 79 步枪——那时枪是根据口径大小来卖的——也才五块光洋左右就买得起了（但后续田野调查中亦有其他老人纠正，称步枪一支通常卖 15 块银圆，一两烟土或一块银圆可换 10 发子弹，一枚木柄手榴弹也需二两烟土）。（时间：2012 年 8 月；地点：那坡县城；报告人：黄绍英）

在国民政府时代，那坡鸦片种植集中在生产玉米的石山地区，而种水稻的地方则基本没有鸦片的种植。这在直观上形成了一个鲜明的对照。

种水稻的地方种不得鸦片，很少种。有水稻的地方国民党也搞"禁烟"的啵。种水稻的地方交通比较方便呀，国民党的官员经常下去，种玉米的地方官员很少上来的。我们属于偷种，在石山里面种，黑衣壮的地方交通不便，县、乡官员很少上来。国民党也有缉毒队，有叫作县警的兵。但是也是坏的。到我们偏僻地方，杀两条狗请他们吃，再塞点钱给他们，回去就说没看见了。他们也不敢和我们搞得太严格，要不就回不去了，怕人家报复呀。（时间：2012 年 8 月；地点：那坡县"文寨"；报告人：何生青等）

瑶、彝等族虽也居住在山区，但鸦片种植相对少见，"他们没有我们黑衣壮这个头脑，而且在高山上地坡度比较大，也贫瘠"。事实上，是否种植鸦片与族别无关，而与地理和气候相关。鸦片虽为热带作物却喜阴耐凉，降雨太多、气温太高或太低都不利其生长，最适宜在日照长、昼夜温差大而又温和少雨的气候和酸性低、含沙石的湿润红土中生长，海拔高度在 900~1300 米之间最好。① 那坡石山与河谷丘陵地区因海拔差异属于两种气候类型，石山地区要到惊蛰前后才能春种，中南部地区则在立春时就可种水稻，农事上相差两个节气。石山地区海拔多在 1000 米以上，气候凉

---

① 马丁·布思：《鸦片史》，任华梨译，海南出版社，1999，第 2~4 页。

爽、年平均气温低于17℃，冬寒夏温，霜雪常见，降水量虽可达到1400~1500毫米，但集中在每年5~9月，旱期长达9个月，春、秋旱频繁。中南部地区海拔在250~1000米之间，土壤较为肥沃，气候炎热，年均温在22℃以上，光照充足，雨量充沛，雨季130天以上，降水量1700毫米以上，且时间分布均匀，可保证水稻一年两熟甚至三熟（冬季可种一季小麦）。[①] 气候和土壤条件决定了鸦片最适合在黑衣壮山区生长，山下的"布央"和更高的山上的瑶、彝等族都因为过低或过高的海拔与不适宜的气温、降水等物候条件被拒之于门外。

鸦片在当时的广西平均每亩可产五十两左右，但在那坡黑衣壮大石山区亩产量远远低于此数。"文寨"老人仍能回忆起幼时与长辈种、收鸦片的情景：

> （文寨）国民党时候有种鸦片的，我小时候还和我阿爸一起种呢，就在我们寨子底下洼地上和周围石山上，拿石头砌成石台种，其实就是种玉米的地肥一点的就可以种。……种一亩，至少几斤，山顶，地贫瘠，少点，好地一般三四斤……玉米（农历）三月种、八月收。收了以后，农历十月播鸦片种子，二月收，就是在农闲时候种的。……鸦片种得多。肥地里可以长到一米多高。一兜兜的，间隔和玉米差不多，开花，一兜一果，像小鸡蛋那么大。用像修脚刀那样的小刀从上到下割下来，不割断，只割皮，就有像牛奶那样的东西流出来。放倒它（不要动），到第三天比较硬了就像刮胡子那样地刮下来，流到碗里去，我们都带着碗的，就成为鸦片了，就可以出售了。（时间：2012年8月；地点：那坡"文寨"；报告人：黄绍英）

因为产量较低，黑衣壮地区主要还是鸦片商路的中转地。西南各省中，云南所产鸦片称为"云土"，量大质优，远销各地乃至东南亚海外。云土外销，主要路线或从云南富州—广西那坡—靖西—龙州—宁明—广东钦州、廉州；或从云南广南—剥隘—六丰—百色—南宁—梧州—广东，这两条是云土运销国内的主干道；此外，云土入广西境内后，还可取道那

---

① 广西那坡县志编撰委员会编《那坡县志》，第65页。

坡—靖西—大新—龙州至凭祥，经隘口、风流街、新街等地从龙门关入越南，远销东南亚等地，这是云土主要的国际销售渠道。① 国民政府时期，鸦片在广西被称为"特货"，广西国民政府采取"寓禁于征"的鸦片政策，其实就是承认鸦片种植与贸易的半"合法"性而向其征收高额税金。在国民政府时期，"特货业在广西商业上占特殊重要之地位，特货业之兴衰，足以决定全省商场之荣枯"。广西国民政府财政开支 70% 以上来自鸦片税金，而税金的来源地主要就在百色地区。② 鸦片税金极重，稽查极严，黑衣壮人所生活的大石山区也就成为鸦片走私的必经之路。与那些拥有强大的政治背景、武装良好、资金充足的大"烟帮"相比，经过黑衣壮山区的大都是小规模的走私烟帮：

> 买鸦片的叫作烟帮，一般三五个，十多个人。烟帮也走山路，主要走石山。来我们这里的一般是运百货来的，带盐巴、钢铁、百货来这里，卖掉了，才有钱买鸦片。有的烟帮有钱了，并且带有枪了，枪好，国民党的兵也不敢惹他们，那是有势力的，他们不用带货来卖。来这里的一般都是我们讲的"矮屝"人，就是从东边来的讲土白话（粤语）的汉族人（作者按：有学者认为应该是指客家人，本文姑从黑衣壮之说），他们是从梧州、玉林、北流那边来的，那边讲白话，但是和南宁讲的又不一样，比较难听的那种。（时间：2012 年 8 月；地点：那坡县吞立屯；报告人：杨胜升及妻韦氏）

烟帮将黑衣壮山区的众多小道作为逃避征税的商路，这些烟帮也是黑衣壮所种鸦片的固定收购者，烟帮在烟路沿途都有固定的落脚点，很多黑衣壮村寨和家庭不仅依靠鸦片买卖，还通过为烟帮提供食宿服务而获利不菲。烟帮通常愿意与黑衣壮人维持良好的关系，食宿服务都以现金立即付酬，收购鸦片的价格也更为优厚。小型烟帮还携带盐巴、铁器、百货等物，可以用鸦片直接交换。黑衣壮人僻处深山，与来往烟帮和商人的交往成为他们了解外部世界的重要途径。

在 20 世纪 30 年代以前，鸦片的种植与销售被认为是合法的，也很少

---

① 黄滨：《近代滇黔鸦片与广西烟土商路》，《学术论坛》1992 年第 5 期，第 42~46 页。
② 陆吉康：《近代广西鸦片问题研究》，硕士学位论文，广西师范大学，2005。

具有道德和宗教层面上的负面意义。对黑衣壮人而言鸦片仅仅是栽种出售的众多山货的一种，却是更具优势的物品。

第一，鸦片是一种"讨巧"的作物，恰恰可以与玉米在空间、时间上相互补充。黑衣壮人通常在农历二月将玉米和南瓜子一起混种，农历五月、六月还可以分别将红薯、黄豆种在玉米地里，七月即可收获玉米，此后玉米地里只能种一些三角麦（懒汉荞），八月、九月分别收黄豆和三角麦、红薯、南瓜。黄豆和三角麦的产量很有限，红薯、南瓜多用于养猪，少有人吃，更无贸易上的价值。从十月到第二年的二月，玉米地搁荒。鸦片在十一月下种，第二年二月收割，不仅不会对其他庄稼产生不便，还将土地的利用效率发挥到最大化。

第二，与其他山货相比，鸦片更具可控制性。杉木需要经十数年的培养才能成材，大石山区交通不便，杉木只有少量可被裁成板材外运。茶果可榨油且价格不菲，每担（五十斤）价值银圆七元，一亩茶果地可收茶果三四百斤，榨油 75～100 斤，是黑衣壮人除鸦片外价值最高的经济作物，但茶油树只适宜在肥沃的土坡地上生长，且生长期长，需种植四五年后才开花结果，8～10 年后才有收入，茶果成熟后会陆续掉落需及时捡拾。黑衣壮人肥沃的土坡地极少，到山外租地种植也因往返不便、疏于照料，被山外"布央"壮人偷捡茶果而损失惨重，从而加深了两个族群的隔阂。牛、马、猪的饲养需要大量草料、红薯和玉米，草料需要到寨外山上收集，劳动强度大，且数量有限，只有少数拥有充足人力的人家才能饲养牛、马出售。同样，棉纱与土布也大多自用，可出售的不多。药材、山珍等物量少且具有极大的不确定性。鸦片栽种后基本不需要田间护理，产量可靠，收鸦片烟汁妇女和小孩皆可为之。只要多施肥，鸦片也不会影响地力。

第三，鸦片还令黑衣壮人在交易中拥有一定的主动性和优势地位。鸦片量轻积小，可以长期保存，也便于隐藏，黑衣壮人不需要长途驱赶牛、马或通宵达旦地纺纱织布，也不需要在山间跋涉采集山货，烟帮会主动上门收购，节约了黑衣壮人的时间和体力，也令他们避开了在山下墟市贸易时常常经受的欺诈和歧视。

但是，鸦片既给黑衣壮人带来些微利益，却也将他们污名化，最终使其与山下的壮族主流社会产生更为明显的区隔，并成为边缘化的族群。

四 "特种部族"与污名化的想象：
黑衣壮族群的边缘化过程

民国二十六年（1937），主要依靠鸦片税金提供的财政收入，广西国民政府修通德靖台地第一条现代化公路即从南宁—田东平马—靖西岳墟—越南的平岳公路。公路使传统的百色商道走向萧条，货物不需再溯右江经南宁到百色转运，而可以从南宁经平岳公路再向西经过地势更为平坦的那坡中南部，或北上县城，或南下平孟进入越南，黑衣壮山区逐渐失去商路的重要地位。大新、崇左等地的牛、马等牲畜可经过靖西公路运往那坡，黑衣壮人传统的牛、马市场逐渐萎缩。大量的机织布和棉纱从南宁等地运入那坡，黑衣壮女性纺织的土布不再为"央壮"所喜爱，很快，穿着蓝色的机织布与穿着蓝靛染成的黑色土布甚至成为"布央"与"布敏"间最直观的区隔所在。原来的百色商路成为只有走私烟帮经过的荒凉山路，黑衣壮人也不得不更为依赖鸦片换取必需的收入。

在黑衣壮人的记忆中，公路开通居然带来黑衣壮山区匪患日益滋生的事实："过去土匪也不太多的，到三几年以后就多了，三几年四几年，就是抗日战争解放战争那时候多了。"从 20 世纪 30 年代开始，随着"新桂系"广西实力集团推行的各项现代化措施初见成效，公路和铁路交通的发展使广西与沿海地区的经济联系更趋紧密，传统的航运业破产，手工加工业（包括土布的纺织）在沿海舶来商品的排挤下走向没落，面对外来产品的竞争，农副产品和地方土特产的价格大幅下降。广西国民政府行政效力的强化也使地方上的鸦片贸易受到政府更为严苛的管理，大部分利润在"寓禁于税"的名义下被政府盘剥，百色地方经济日趋萧条。匪患成为黑衣壮人在 20 世纪 30 年代后的最大生存困境。匪患在黑衣壮山区的泛滥在很大程度上与鸦片相关：

> 鸦片是要有实力才能种的，没有实力的寨子种鸦片会给土匪抢去的。因为你一早就去割了，还不得收的呀，要等到第三天才收得，寨子里就要派年轻人拿枪去守咯。要不然土匪来抢的，土匪到处都派人看过的，哪里有人种鸦片事先都知道了，看你鸦片要收了就从蛮远的地方成群结队来抢。罂粟果也抢，抢割了去，拿回去再割，这样流出

来的少点，但是也有。（时间：2012 年 8 月；地点：那坡县弄莫屯；
报告人：农光青）

让人感到讽刺的是，在当时的黑衣壮人看来解决匪患最直接的办法就
是多种鸦片以购买枪支。几乎每个黑衣壮村寨都有枪支，少则两三支步
枪，如寨子里有钱人较多枪支也较多，除国产枪支外，甚至会花重金——
百余银圆——到越南购买大威力的"欧枪"（即法国产步枪）：

> 种鸦片得的钱主要是用来买枪。一般人家有点钱的都有枪，富裕的
> 枪也多，有钱也是靠种鸦片。枪的用处在那坡是很大的，枪是很重要的
> 东西。我们（"文寨"）黄家算是有点钱的，就有好几支枪，有步枪，
> 还有驳壳枪、左轮枪。枪主要用来防匪，有钱来抢怎么办呢，你有了
> 枪，土匪就不敢来了，枪多了，国民党的兵也不敢来了。（时间：2012
> 年 8 月；地点：那坡"文寨"；报告人：黄绍福、李修精、李修克）

那坡匪患最烈之处在云南富宁、广西靖西交界之处，即黑衣壮集中的
城厢镇与龙合乡两地。依靠政府的保护并不实际，兵匪往往一家：

> 我们这里土匪壮语叫作"游勇"，其实就是国民党的兵，只有他
> 们才有武器呀，打败仗的那些兵，来当土匪……什么都抢，最喜欢洋
> 烟，牛也抢、马也抢、米也抢，有的白天做工，晚上出来抢，游勇的
> 人是多种多样的……你反抗，他也杀人的，我们"文寨"李家一个阿
> 爸，看见土匪在楼下要烧他的房子，冲出来，就挨打死了。（时间：
> 2012 年 8 月；地点：那坡"文寨"；报告人：李修精、李修克）

在 20 世纪 40 年代，土匪的抢掠愈演愈烈，手段也更为残忍。通常土
匪会在凌晨时进攻村寨，一旦攻进村寨，往往爬上屋顶，掀开瓦片将手榴
弹掷下，将居民炸死后，再进屋搜掠财物，这种抢劫方式被称为"开天
篷"。黑衣壮人晚上听到屋顶传来动静，就会或开枪或用削尖的竹子往上
刺杀，土匪一旦被捉住，通常也难逃一死。由于黑衣壮村寨多设卡防守，
黑衣壮人拥有的枪支愈多，促使土匪采取更为极端的手段抢劫，其毁灭性
的方式也说明他们的目标不再是牛、马、猪、粮食，而是更不易在爆炸中

被破坏的鸦片与现金。在对付官方收缴鸦片行动时，黑衣壮人通常不会与其正面武装冲突，更愿意通过贿赂来解决，但仍需要以武力为后盾。1950年，中国人民解放军首次路经"文寨"时，寨中青年以为是国民党武装或土匪到来，于是"拖起条步枪上山躲起来"，事后老人向解放军解释误会，告诉他们这是黑衣壮人对待外来武装人员的标准反应。

鸦片、匪患、枪支的流行使得黑衣壮人与山下"布央"壮人相比呈现出更具"武装化"的社会结构特征。为了更好防范土匪的侵扰，人们趋向集中居住，小寨子里或零星居住的黑衣壮人家纷纷搬到人口较多的大寨子里，后者也乐于招揽新的住户并为其提供土地和住处。"文寨"在20世纪30年代以前尚只有黄、韦、李三姓居民，后陆续迁来何、杨、凌、农、（另一户）李等人家，"都是从外来迁过来的，还有（另一户）李家，也是抗日战争时候从弄腊迁来的。三几年是抗日战争嘛，后来是解放战争，那时候地方比较乱。原来都是这里一户那里两户住的，土匪来了不好办。黄家、韦家还是去求那些小姓的搬来住的，来了还租田给他们种"。"文寨"如同其他黑衣壮村寨那样，还在寨子四周的陇坡上修寨墙、建炮楼，在出入寨子必经的坳口砌起石头寨门，组织青年轮流持枪把守。

由于黑衣壮地区地跨滇、桂两省，南通越南北部，国民政府无法对其有效管控。从20世纪30年代初期开始，这里也成为中国共产党领导下的滇桂边游击纵队活动频繁的地区，"文寨"事实上就是游击队补给囤积地之一，粮弹物资就存放在黄家祖先当年"占山为王"时打造刀剑、制作硫黄的山洞里。游击队员还会到寨子里看病、开会或经此地转往他处。父辈与游击队领导人的私人友谊更是黄家后人至今津津乐道的话题之一。"文寨"黄家之所以对游击队的活动表现出极大热情，原因之一就在于游击队的出现令国民党武装与土匪对山区的侵扰大大减少了。

国民党武装与山区居民的冲突并不罕见。如百色西隆县（今隆林县）苗冲乡为苗族聚居地，民国五年（1916）在旧桂系广西国民政府的默许下，外来鸦片商人引诱苗民种烟，使当地很快成为广西省内鸦片最大产地，当时广西自产鸦片甚至以"苗冲货"统称之。新桂系国民政府上台后，为控制鸦片税收，常常派遣军队到苗区"铲烟"，引发激烈冲突：

　　此后又为鸦片收获时期，苗人之动乱渐少。盖自民五以来，苗人已知种鸦片之利，其酋又纵而怂恿之。经两次招抚之经验，苗首发现

> 避免铲烟之法：即于初种时，嘱苗人四出扰乱，及官兵疲于奔命，至收割之时至，官兵亟须休息，则彼辈可以从容收割矣。八月收烟期已过，苗人又四出焚杀掳掠，较往日尤甚，时正秋也。①

鸦片成为国民政府与山区族群发生冲突的原因之一，也成为前者对后者加以污名化的借口。自1934年开始，国民政府展开"新生活运动"，旨在将传统社会中的民众规训为更利于管控、更适应现代化民族—国家建设的"现代国民"。在广西，新生活运动的改造重点更是集中在被国民政府归为不同于也落后于汉族的瑶、苗、僮、彝等所谓"特种部族"上。歌墟、女性裙装、不落夫家、刀耕火种等习俗被视为与新生活运动相冲突的"陋俗"。鸦片被视为危害国家存亡的恶习之一，1937年6月4日，蒋介石在当时的《中央日报》上宣布：

> 禁烟……是执行新生活运动最重要的基础。该运动特别强调秩序、整洁、守时和勤劳，特别反对鸦片上瘾者的懒惰和邋遢。……我们自己必须要引领一种新的生活，我们还必须要最大限度地利用我们的影响力，把鸦片上瘾者从死亡之谷中解救出来。只有那样，我们才能完成新生活运动赋予我们的职责。②

事实上，蒋介石在发动新生活运动的同时也发动了大规模的国民政府六年禁烟计划。在全国范围内成立禁烟督察处，计划以军事力量为后盾，在六年内完全根除鸦片。虽然禁烟计划的实质是国民政府中央与地方军阀在鸦片利益上的争夺，但至少在政府的意识形态宣传、知识界的教育和公众舆论中，鸦片带上了鲜明的负面道德色彩并在法律上被禁止。③ 在黑衣壮人的记忆中，正是从新生活运动开始，山外的世界对待他们的态度有了明显的变化：

① 雷雨编述《苗冲纪闻》，广西民政厅秘书处出版，1933，第88~89页。转引自陆吉康《近代广西鸦片问题研究》，硕士学位论文，广西师范大学，2005。

② 小爱德华·斯莱克：《中华国民拒毒会和国民党政府，1924~1937年》，卜正民、若林正编著《鸦片政权：中国、英国与日本，1839~1952年》，弘侠译，黄山书社，2009，第271~293页。

③ 包安廉：《鸦片控制对鸦片抵制：1935年提出的清除鸦片和毒品的六年计划之起源》，卜正民、若林正编著《鸦片政权：中国、英国与日本，1839~1952年》，弘侠译，黄山书社，2009，第294~317页。

当时碰上蒋介石搞"新生活运动",新生活运动里有一条"改服饰,除陋习",要当时的少数民族改服装改风俗习惯。我们黑衣壮那时还搞歌舞会,就是每年正月初十的"风流节",寨子里的青年男女那一天在寨子里面喝酒、唱山歌、跳舞,还到圩上赶"风流街",就是找对象,各个寨子大家也是互相串。到了20世纪30年代以后就不给搞了,一搞风流街就成为改革的对象,要罚款、要抓人的,讲是因为"败坏风俗"。那时候县里面还有了国民党的县警,我们少数民族出街到县里去,县警就剪坏你的裙子,不光是剪我们黑衣壮,还有瑶族、彝族的也挨,我们黑衣壮那时候就像彝族、瑶族给人看不起的。当然服装是改不了的,只是轰动一时而已,最多我们女的就不上街了,男的穿得和他们差不多,上街就好些。但是"风流街"以后就停了。还有"不落夫家"的风俗,当时也不给搞的,不过以后我们也照样有,街上的就少了,"布央"里面慢慢就少了。[1] (时间:2005年5月;地点:那坡县"文寨";报告人:杨韦氏)

虽然黑衣壮人可以以"最多不上街"来对抗国民政府施加于其身的象征和现实暴力,却无法否认他们在那坡这个小世界中不断被边缘化的事实。仅仅依靠玉米种植并不能完全保证生计所需,必须从山外世界来获得现金、盐、铁、煤油——以及越来越重要的枪支——以维持生存,但可供其与外界博弈的交易物却很少。国民政府开通公路、引进贸易等现代化措施使黑衣壮人的土布、牛、马等物大大贬值;僻处深山使其在参与当地传统的杉木、茶果贸易中居于劣势;鸦片似乎成为唯一能摆脱困境之物,但随鸦片而来的不仅有满载货物的烟帮,还有敲诈勒索的国民党官员、士兵以及无休止的土匪抢掠和暴力,由于长期种植鸦片,也使得土地变得越来越贫瘠,"种多了洋烟的地,长苞谷就长不成了,为什么这样,我们也不懂,哪里种洋烟的,种苞谷就不成几多。"种植鸦片如同饮鸩止渴,令黑衣壮人更加依靠烟帮提供基本的生存物,与那坡主流社会的商品与服务交换却因此日渐减少。例如据黑衣壮老人回忆,20世纪30年代以后,由于与山下国民政府及"布央"壮人的关系更为恶劣,黑衣壮人的食盐主要从越南、平孟贩运而来,盐价

---

[1] 黑衣壮人在国民政府时期所经历的边缘化与污名化的具体过程及其所折射的国家意识形态与权力关系可参见海力波《道出真我——黑衣壮的人观与认同表征》,第134~172页。

其实更高，一斤一块"银光"（银圆），两头猪只能换回三斤盐，盐巴成为珍贵之物，黑衣壮人的生活也因此更为艰辛。个别黑衣壮人在绝望之余开始抢劫甚至杀害鸦片商人来获得金钱，尽管这样的事例遭到黑衣壮人的唾弃，却喻示着鸦片给黑衣壮人的道德世界带来越来越严重的伤害。最为可怕的是，黑衣壮人的日常生活也因此变得日益暴力和混乱，至 20 世纪 40 年代，由于生活环境日益窘迫，在黑衣壮村寨、甚至个人之间也开始发生彼此抢掠的现象，各黑衣壮村寨中几乎都有人为匪，"白天做工，晚上出去抢"，"不抢没得吃呀，我们那时流传一句话，就是'聪明的人都去当土匪'"，一位黑衣壮老者回忆当年自己做土匪的经历时说道：

> 那时，满天都是土匪，个个是土匪，特别云南那边，弄旧（村屯名）那里，最多咯。互相抢来抢去，你抢我，我抢你，就是这样做咯，土匪我得做过一次，他们来喊我，1947 年，那个是百索（村屯名）的，也是讲"敏"的，原来是弄腊，搬来"文寨"，他家在弄腊（村屯名），年年挨打（抢），不少一年……他讲："我们不出去做，他们（别的村寨）也来打我们的，我准备买一支驳壳（手枪），也去做土匪。"然后他也买不得，没有钱……他喊我去云南坡谟当土匪，那时，先去弄公（村屯名）那里，才有一个（做土匪），在他家集中，来十把个，讲我们话的，一起去，才有两支手枪，我只有一把刀，那时候我很怕，头一次，又不懂……跟后烧了（坡谟）房子，我们出来……结果才分给我得一块钱，那时出去打工，每天才得四毛钱……讲起来，没有解放，大部分都是土匪，你不出去（做土匪），吃什么？没有钱用。有时一起去街，回到半路，变脸，要你东西咯。那时的人恶啵，有的有枪，有的没有，一把刀，去咯。出街都是背刀背枪的，你不懂哪个是土匪咯。（时间：2012 年 8 月；地点：那坡县"文寨"；报告人：87 岁何姓老人）

黑衣壮地区治安情势的恶化，使得山下"布央"壮人在心理上进一步将生活方式有异的黑衣壮人区隔在认同边界之外，而某些富裕的"布央"壮人将枪支出租给黑衣壮人劫掠，坐地分赃，也令黑衣壮人对"布央"壮人的态度更为疏离。国民政府在文化和行政层面上进一步将黑衣壮人的道教信仰、裙装、歌墟、不落夫家等生活方式加以污名化更在心理上拉开了黑衣壮人与山外世界的距离。尽管黑衣壮人最初也是从山下的世界而来，却被排斥在外，最后被山下的同胞视为与己不同的"黑壮人"，以至于在1952年10月那坡县人民政府举办的国庆庆祝大会上，"布央"代表居然唱起了一首民歌："北方高山上，住着野蛮人，穿着黑衣服，会跳舞弹琴。"这首嘲讽"黑壮人"的民歌在"改装"之后的那坡曾非常流行，也许是为了显示本群体的文明开化，那位"布央"代表才唱起了这首在他看来颇能显示黑衣壮人"他性"的民歌，当然，这首民歌因为与人民政府主张的民族平等政策相违背而很快被禁止了。黑衣壮人认为所谓的"黑"来自山下的"布央"壮人对他们的土布衣装色彩上的蔑视，但在作者看来，也有可能黑色的鸦片这一在中国近现代史上意义复杂之物同样参与到外部世界对"黑壮人"的文化想象和族性塑造过程中。

五　问题与思考

中华人民共和国成立后，在中国共产党民族政策的指导下，"布敏"与"布央"的区隔被打破，统一的壮族认同逐渐得以确立①，壮、汉、瑶、苗、彝等各族民族团结和民族平等意识占据了主导地位。自1949年12月当地人民政府成立起，鸦片种植便被取缔，禁绝鸦片与"清匪反霸"、收缴枪械成为当时人民政府的工作重点，当地著名的土匪头目陆产业、陈敬斋先后被擒获审判②，至1951年12月，剿匪与收缴枪支活动取得成功，从1952年开始，鸦片种植被明令禁止，至1959年鸦片在那坡已经完全绝迹③，对黑衣壮人的族性建构与现实社会生活已经不再产生明显的影响而

---

① 壮族认同在那坡黑衣壮人中如何得到认可与内化的过程可参见 P173 注①所引述资料。

② 《镇边县（那坡县）剿匪纪实》，《那坡县文史资料》，第23～28页；广西那坡县志编撰委员会编《那坡县志》，第396～398。"文寨"黑衣壮人对此段历史的记忆及与解放军第一次遭遇的戏剧性场景可参见海力波《做"黑衣壮"：认同建构与文化表征》，博士学位论文，中央民族大学，2006，第207～217页。

③ 参见《睦边（那坡）县人民委员会为严禁售卖、戒除与收缴鸦片烟毒布告》，收入广西那坡县志编撰委员会编《那坡县志》，广西人民出版社，2002，第666～667页。20世纪90年代初期，伴随改革开放政策的实施以及中越边境冲突的停止，边境贸易在包括那坡边境地区得到恢复与发展，边贸初始阶段，确实催生出边民所谓"偷牛屎"的走私活动（从越南偷运鸦片到中国境内，因生鸦片外观与牛屎相似而得名），随即受到边境公安部门的惩治打击，尽管零星贩毒活动在边境地区始终存在且给当地造成一定的治安与社会影响，但并未与某一特定民族或族群相联系，也未因此发生族群"污名化"现象，仅为当地警务工作之组成部分，与本文主题已无明显关联，故从略不论，待进一步调查后如有必要则以专文分析。

只是留存于历史记忆中。

与鸦片相比，玉米的生命力则更为持久顽强。剿匪战斗结束后，那坡县于1952年11月10日开始进行土地改革运动，1954年5月推广成立各级农业合作社①，此后直至1981年实行生产责任制"包产到户"之前，黑衣壮人亦与那坡各族居民一同进入集体化经济时代。为全力满足国家现代化建设与国防需求，村落改编为各级生产队，按照上级安排统一进行农业生产与劳动力和农业产品的调配。在集体化初期，为彻底贯彻"以粮为纲"即全力提升最具战略价值和经济价值的稻米产量，黑衣壮人亦经历了砍伐森林、开山造梯田、修建水库、甚至"合村并社"（将若干自然村寨迁离合并为生产合作社）、限制经济作物生产与副业活动、集中调配劳动力以求最大化的水稻产量的过程，终因违反自然环境而失败。② 1963年以后，玉米重新成为黑衣壮人主要的农作物。为确保山区玉米生产得到最大保证，土地和劳动力仍然受到严格控制、经济作物和家庭副业的生产被置于极次要的地位，黑衣壮人传统上赖以补充玉米种植不足的手工业、林业与养殖、小型贸易等经济活动亦由于大石山区因"大炼钢铁"、开山造梯田而水土流失乃至大规模石墨化而无法有效进行，玉米成为黑衣壮人在特定时代几乎唯一可以生产与消费的农产品。也正是在此阶段，前述"吃大米"与"吃玉米"的想象才成为"布央"壮人与黑衣壮人极为明显且具"污名化"色彩的族群区隔标志。特殊历史时代也因此给黑衣壮人留下颇为吊诡的印象，更具包容性和进步性的壮民族认同的建立与因僵化体制导致的"吃大米"与"吃玉米"所代表的负面的民间刻板印象同时存在于黑衣壮人和"布央"同胞中；人人平等、民族平等和团结政策的实施与僵化的农业政策所造成的冲突也并存于当时的社会生活中，令黑衣壮人在回忆中常常摇摆于"那个时候好在我们贫下中农当家做主、人的心肠好，大家一样"与"不好在不得自己开荒种地、吃玉米红薯吃不饱几多"之间。

改革开放后，包产到户与外出打工潮流不仅令黑衣壮人的生活更为富裕，亦令黑衣壮人旧有之物获得新的意义。20世纪80年代至90年代初，

---

① 广西那坡县县志编撰委员会编《那坡县志》，第13、14页。

② 国家为满足自身战略需要而以行政手段改变少数族群的农业生产方式及作物品种并非始于当代，在南方少数民族历史上自清代即已有之，侗族"糯改粘"个案即为典型个案。可参见罗康智、罗康隆《传统文化中的生计策略——以侗族为例案》，民族出版社，2009，第82~93页。

黑衣壮人仍以传统的"玉米—山地经济作物"生计方式为主，至 90 年代中期后随着公路的开通，生猪饲养成为黑衣壮人最基本的现金收入来源。玉米不再作为主粮而是主要作为生猪精饲料被生产，外出打工现象亦日益普遍，普通黑衣壮人家通过养猪与打工获得现金收入购买包括作为主食的大米在内的生活必需品并满足医疗、教育、建房等日益庞杂的现金开支。21 世纪伊始，烟草种植在黑衣壮地区得到推广并很快与生猪饲养、外出打工成为黑衣壮人主要的创收途径，在黑衣壮人的经济生活中占据日益重要的地位。尽管"烟草—玉米—打工"的生计模式似乎与黑衣壮人半个世纪前的"鸦片—玉米—商贸"生计模式有某种形式上的相似，其实却大相径庭，且不论烟草与鸦片在本质上的区别，最重要的是在新的山地生计模式中，玉米已不再作为自给自足的自然经济的基础，而是通过生猪饲养而转化为与烟草类似的、满足外界需求而生产的商品，在新生计模式中，玉米的功能与活动场域皆已发生根本改变，亦令黑衣壮人积极地融入广阔的外部世界中。当然黑衣壮人的族群认同并未随着与外界接触而消弭。20 世纪90 年代末至 21 世纪初风靡一时的民俗旅游开发曾经令黑衣壮人的族群名称与自豪感得到确立，外出打工与受教育者的增多亦令更多的黑衣壮人反思认同及传统文化诸多方面，如外出打工导致原有的时空观念发生改变[1]、对传统社会性别建构与分工怀疑[2]乃至文化精英重新发明传统与表征族群历史[3]，及青年一代试图利用黑衣壮传统道教信仰来解决打工过程所遭遇的文化震荡（culture shock）等现象[4]，皆说明黑衣壮人的族性建构过程有待进一步观察与思考，尚不能轻易下论断。

但是，从玉米、鸦片等被忽略的物出发对黑衣壮人的社会结构与文化加以思考却是必要的。近年来，詹姆斯·斯科特挟 Zomia 及 "国家效应"等概念对人类学东南亚研究产生极大影响，也得到华文学术圈中台湾学者的批评回应，但大陆人类学民族学界对斯科特理论的反应尚属少见。本文受益于 Zomia 概念良多，亦为借斯科特理论研究中国少数族群社会历史的

---

① 海力波：《"三界"宇宙观与社会空间的建构——广西那坡县黑衣壮族群空间观念的研究》，《广西民族研究》2007 年第 4 期，第 74~85 页。

② 海力波：《道出真我——黑衣壮的人观与认同表征》，第 250~267 页。

③ 海力波：《从村落记忆到族群史观——黑衣壮历史表述中的能动性》，《民间文化论坛》2009 年第 2 期，第 59~68 页。

④ 海力波：《做"黑衣壮"：认同历史与文化表征》，博士学位论文，中央民族大学，2006，第 88~100 页。

尝试，同时也为斯科特宏观理论提供一个中国个案的回应。黑衣壮族群在地理位置上恰属于 Zomia 的边缘，其迁徙上山的历史也与斯科特所谓逃离国家统治之"国家效应"颇为相近。斯科特强调"逃离式的农业"（escape-agriculture）是 Zomia 族群摆脱国家控制的重要手段，强调玉米作为"有利于逃离的农作物"（escape-crops）之特性与作用①，也为本文研究黑衣壮人与玉米种植的历史关联提供崭新的视角。但黑衣壮人以玉米为生计策略上的优势，不仅可以逃离官府的控制，更在最初面对山地未掌握玉米种植技术的其他族群时，可以转化为资源与人口上的优势，这却是斯科特在论述中所未提到的，也可看出斯科特将 Zoima 族群视为一个面目模糊之整体泛泛而论、未能对其内部多样性及 Zoima 历史之复杂性加以审视的不足。更令人诧异的是，面对鸦片这一与东南亚山地社会有千丝万缕联系之特殊物品，斯科特却未能充分论述其与 Zomia 其地其人的内在关联，也印证了台湾学者认为斯科特缺乏对 Zoima 贸易模式（山地与国家、山地内部之间）缺乏细致深入理解的理论不足之说。② 玉米使黑衣壮人的祖先有可能选择放弃稻作生计移居山地，进而远离土司与清王朝及国民政府的管辖，拥抱更具流动性、自主性的生活方式，作为 Zoima 族群逃离国家的离心力而存在，但盐、铁等基本生活物质的需求却使得黑衣壮人不可能完全脱离山下的世界，鸦片这一暧昧之物则是与国家相联系的向心力。玉米与鸦片被黑衣壮人以自己的生存策略加以调控，同时也影响其社会结构与认同，人与物之间的复杂互动由此可见一斑，那么 Zomia 内部其他族群又是如何安排所面对的人—物关系并进而塑造自身呢？更进一步而言，玉米、鸦片都是西方资本主义全球体系扩张带入 Zomia 并令逃离成为可能的外来之物，那么在地理大发现之前与之后，Zomia 内部的自然及人文生态以及与山下国家之间的关系又有何差别？如何在一个拒绝文字而以口述传统操弄历史记忆的人文—地理单位内了解其长时段的历史变迁？此外，如果说鸦片主要是对山外世界具有价值的贵重品，那么大米尤其是白银则是对黑衣壮人自身具有实用与仪式双重价值的贵重品，黑衣壮人将基本生存

---

① James C. Scott, *The Art of Not Being Governed: An Anarchist History of Upland Southeast Asia*, Yale University Press, 2009, pp. 190-205.

② 何翠萍、魏捷兹、黄淑莉：《论 James Scott 高地东南亚新命名 Zomia 的意义与未来》，中山大学历史人类学研究中心、香港科技大学华南研究中心《历史人类学学刊》第 9 卷第 1 期，2011，第 94~95、98~100 页。

物与贵重物、外来物与自产物、消费与交换物纳入自身文化认知图示，并与外界博弈的历史过程又如何？这些问题既是作者下一步研究的方向，也可能为更好地理解 Zoima 的历史与社会文化提供一个新的视角。

无论问题答案如何，我们可以肯定黑衣壮人的上山并非某种消极的避世之举或是单纯的逃离，而是选择以更具主动性和灵活性的地理和社会位置来应对近代国家与全球化体系掌控的努力，也因此令壮族在社会结构与观念上呈现与东南亚山地民族更为相近的复调色彩。黑衣壮人从"河谷—水稻"向"山陇—玉米"生计方式的转化以及由此产生的武装化、"无政府主义"、流动化等色彩都令我们联想到利奇对同处 Zomia 山地的克钦社会从贡萨向贡老制转变的描述。在作者看来，黑衣壮人的上山与被"野蛮化"想象的过程并非某种偶然的、晚出的事件，而是可以与华南历史上对壮族先民传统的"生""熟"之分相联系的。稻作—受控制的生活方式意味着"熟"，游耕（山地农业）——不受控制的生活方式则意味着"生"，如果说将非汉族群从"生"到"熟"的改造是中原王朝历史叙述所钟爱的主题，那么黑衣壮人从"熟"到"生"的逃离则是华南民族史中一个隐蔽的、未得到充分关注的"复调"，壮族乃至华南少数民族的历史就是"生""熟"之间，"生""熟"与中央王朝乃至地方土司之间多种力量多维博弈的互动史，壮族历史文化的面貌也因此更具多面性。

有趣的是，在当代壮学研究中，壮族与稻作文明之间的关联一直是热点话题。在大多数学术表述中，壮族都被界定为一个稻作民族。但揆之事实，壮族在农业生产、生计方式乃至饮食习惯等层面其实都体现出"水稻—玉米"并重的二元结构，以水稻种植为主的"河谷"居住区和以玉米种植为主的"山陇"居住区相并存，这一分布模式在壮族主要聚居的广西左右江流域和红水河流域十分普遍。在以往的壮学研究中，也许是出于斯科特所谓"国家视角"的影响，"河谷—水稻"居民群体常常被视为壮族历史、文化的代表而得到关注和表述，"山陇—玉米"居民群体却相对被忽视了。"河谷—水稻"与"山陇—玉米"所代表的生计方式如何造成社会结构、群体认同、文化表征上的差异？两者在历史上如何互动并最终塑造出壮族地区的自然与人文景观？为何在当代话语表述中，"河谷—水稻"所包含的生态、作物、生计方式及其居民会得到更多关注并被选择为壮族文化特质的代表？如不回答这些问题，我们就无法认识壮族历史与社会文化中蕴含的多样性和复杂性，更不能使我们对西南地区人、地、物三者互动关系有深入的了解。

更为讽刺的是，在 20 世纪 90 年代以来开始的重新发现"壮性"何在的过程中，作为典型的"山陇—玉米"居民的黑衣壮族群却往往在各种表述中被认为因长期与世隔绝而更能体现出原生态的壮族文化而被视为"壮族传统文化的活化石"乃至遗传基因的代表。① 如果说"水稻—河谷"生计模式令壮族在想象中呈现出与汉族传统社会更为相似的"汉性"，壮族主流社会却恰恰是通过凝视山上那些更具非汉色彩的同胞而看到了自身曾经并依然拥有的族性特征。

参考文献

阿图洛·瓦尔曼：《玉米与资本主义——一个实现了全球霸权的植物杂种的故事》，谷晓静译，华东师范大学出版社，2005。

埃德蒙·R. 利奇：《缅甸高地诸政治体系——对克钦社会结构的一项研究》，商务印书馆，2010。

卜正民、若林正编著《鸦片政权：中国、英国与日本，1839～1952 年》，弘侠译，黄山书社，2009。

曹玲：《美洲粮食作物的传入对我国农业生产和社会经济的影响》，《古今农业》2005 年第 3 期。

方骏：《中国近代的鸦片种植及其对农业的影响》，《中国历史地理论丛》2000 年第 2 期。

何炳棣：《美洲作物的引进、传播及其对中国粮食生产的影响》，《世界农业》1979 年第 4 期。

何翠萍、魏捷兹、黄淑莉：《论 James Scott 高地东南亚新命名 Zomia 的意义与未来》，中山大学历史人类学研究中心、香港科技大学华南研究中心《历史人类学学刊》第 9 卷第 1 期，2011。

贾雷德·戴蒙德：《枪炮、病菌与钢铁——人类社会的命运》，谢延光译，上海译文出版社，2000。

况浩林、杨丽琼：《近代我国少数民族地区的鸦片毒害问题》，《中国经济史研究》1986 年第 4 期。

拉铁摩尔：《中国的亚洲内陆边疆》，唐晓峰译，江苏人民出版社，2005。

黎虹：《鸦片与民国时期的西南社会》，《西南民族学院学报》（哲学社会科学版）2001 年第 12 期。

---

① 海力波：《道出真我——黑衣壮的人观与认同表征》，第 159～173 页。

黎虹：《鸦片与清末西南社会》，《四川师范大学学报》（社会科学版）2000年第5期。

彭慕兰：《腹地的构建：华北内地的国家、社会和经济（1853~1937）》，马俊亚译，社会科学文献出版社，2005。

秦和平：《鸦片在西南地区的传播及其种植面积考订》，《中国农史》2003年第2期。

王明珂：《华夏边缘——历史记忆与族群认同》，社会科学文献出版社，2006。

王明珂：《羌在汉藏之间》，中华书局，2008。

王明珂：《青稞、荞麦与玉米——一个对羌族"物质文化"的文本与表征分析》，《西北民族研究》2009年第2期。

王明珂：《英雄祖先与弟兄民族：根基历史的文本与情境》，中华书局，2009。

王铭铭：《中间圈："藏彝走廊"与人类学的再构思》，社会科学文献出版社，2008。

吴志斌、王宏斌：《中国鸦片源流考》，《河南大学学报》（社会科学版）1995年第5期。

游修龄：《玉米传入中国和亚洲的时间途径及其起源问题》，《古今农业》1989年第2期。

张芳：《明清时期南方山区的垦殖及其影响》，《古今农业》1995年第4期。

张江华：《广西田东县立坡屯陇人的世系群与婚姻》，收于台湾汉学研究中心汉学研究集刊《社会、民族与文化展演国际研讨会论文集》，2001；《血与土的变奏：对广西陇人的考察》，收于台湾"清华大学"人类学所《云贵高地的亲属与经济》，2001。

张祥稳、惠富平：《清代中晚期山地广种玉米之动因》，《史学月刊》2007年第10期。

McCann, James, Maize and Grace: History, Corn, and Africa's New Landscapes, 1500-1999, *Comparative Study of Society and History*, Volume 43 \ Issue 04, pp. 246-272.

Scott, James C., *The Art of Not Being Governed: An Anarchist History of Upland Southeast Asia*, Yale University Press, 2009.

在流动中建构田野点[*]

——基于内地与香港跨境家庭田野研究的反思

严丽君^{**}

摘　要：民族志田野研究方法是人类学作为一门学科独立存在的基础。人类学家强调自己"在那里"（being there），扎根于某个具有清晰地理边界的场所研究地方文化。在流动性已是常态的当下，这一传统预设越发显示出局限性。本文系笔者于 2011~2013 年追踪大批内地家庭在 1997 年中国对香港恢复行使主权后赴香港生子所引起的连串跨境流动轨迹。基于笔者寻找"田野点"（field site）的经历，本文着重讨论田野研究方法如何能够越界捕捉行动者的流动性。笔者的经验显示，随着人类的日常生活愈加频繁地跨越地域、政治、文化的边界，以地域为基础（territory-based）的田野研究往往只能捕捉到整体画卷的局部。受行动者网络理论（actor-network-theory）的启发，笔者探索如何跨越地理边界以行动者的社会关系为脉络建构"田野点"，从而更有效地通过人类学田野研究方法解释当下社会现实。

关键词：田野研究　田野点　行动者为中心

---

* 本文基本观点形成于 2012 年在耶鲁大学访问学习期间，在此特别感谢萧凤霞老师的启发。另外，本文初稿曾在 2013 年厦门大学人类学系主办的民族学全国博士生学术论坛宣读，感谢评议人李明欢老师的点评以及张先清老师的建议。在论文修改阶段，麻国庆老师、张志培老师、Nicole Newendorp 博士提出宝贵建议，James Waston 老师特意给我寄来参考文献。我在与同人陈晨、严霞和刘清的讨论中获益良多。本项研究获得耶鲁大学东亚研究所及哈佛燕京学社的慷慨资助，在此一并致谢。笔者文责自负。

** 作者简介：严丽君，香港大学社会学系博士研究生。

一　引言

人类学作为一门独立的学科，强调研究者到实地去从事田野研究，收集第一手资料。自马林诺夫斯基开始，人类学家必须"到那儿去"（being there）：长期住在"异域"，学会当地语言，通过参与"他者"的生活来理解异文化，成为研究"他者"的专家。① 这一田野研究范式的科学性在后殖民语境下遭到挑战：20 世纪 80 年代中后期，一批人类学家对民族志田野研究的诗学维度展开论争和反思。至此，学界对民族志作为"部分的真理"基本形成共识。②这开启了人类学对田野实践的反思，推动我们正视田野研究解释社会变迁所面临的局限，并重新界定、修正这套仰赖已久的研究技艺。

本文关心的议题是，当人、货币、商品、信息、图像、技术在全球化背景下加速流动，人类学"田野点"面临"去场所化"，传统的单点田野研究范式面对怎样的挑战，人类学家在田野研究实践中又该如何重新理解"田野点"这一基本问题。③ 在"异域"和"他者"的思维框架下，"在哪里做研究"是田野调查的核心问题之一，而这个"哪里"往往被假定为某处有相对清晰边界的地方。④ 随着 20 世纪后期全球流动性的加剧，人类学者不得不面对全球性的移民、环境污染等问题，然而，以地域为基础（territory-based）的田野研究习惯使大家更依赖"社区""文化"等概念，从移民社区、文化飞地的角度来理解这些现象。⑤ 这种做法只能捕捉到故

---

① 参见马林诺夫斯基《西太平洋的航海者》，华夏出版社，2002；马林诺夫斯基在"导论"部分总结自己的田野调查经验并提出何为民族志。

② 参见 James Clifford and George E. Marcus eds., *Writing Culture: The Poetics and Politics of Ethnography* (Berkeley: University of California Press, 1986)。此书是这一论争的总结性成果。

③ James Watson 曾撰文分析，在他对香港新界宗族三十多年的研究过程中"田野点"是如何"去场所化"的。参见 James Watson, "Presidential Address: Virtual Kinship, Real Estate, and Diaspora Formation-The Man Lineage Revisited," *The Journal of Asian Studies*, Vol 63, NO. 4, 2004.

④ 参见 Akhil Gupta and James Ferguson eds., *Anthropological Locations: Boundaries and Grounds of a Field Science* (Berkeley: University of California Press, 1997)。这个问题是如此重要，两位作者用了整整一本书来讨论它。

⑤ 参见项飚《社区何为：对背景流动人口聚居区的研究》，《社会学研究》1998 年第 6 期。陈文德、黄应贵：《〈社群〉研究的省思》，中央民族研究所，2002。这些作者对此议题有深入论述，项飚对人口流动的脉络下如何重新理解"社区"的论述尤其精彩。

事的一部分，且难以展示流动性现象的瞬息变化。尤其让人类学家捉襟见肘的是，散居各处、间歇流动的研究对象使得"田野点"难以从地理的维度加以界定，这使得他们陷入无从回答自己在哪里做田野的困境。

二　研究问题

　　人类有悠远的迁移历史。民族国家出现之后，随之产生的边界管治、交通及信息科技的发展等因素相互交织，人类流动的形态日益复杂多元。内地与香港人口流动为我们理解此历史过程提供一个很好的切入点。自 19 世纪 40 年代初香港纳入英国的殖民管治到 1997 年中国恢复对香港行使主权，国家对内地与香港边界的管治从无到有，从虚到实，从严控到放宽，形塑了人口流动的不同形态。人口自由流动在内地与香港两地由来已久。香港被英国侵占后，中央政府与香港特区政府并未在边界实施严格管治，故未对人口流动带来实在影响。这一情况在冷战后改变。中国共产党于 1949 年在中国内地（以下简称"内地"）建立社会主义政权，内地与香港边界骤然成为社会主义与资本主义的分界线，两边的政权开始着意划清界限。此时的边界管制在某种意义上是单边的：香港居民基本可以自由来往两地，内地居民则受严格限制。在这种情况下，内地居民非法越境成风。港英政府推行"抵垒政策"，给予成功抵达市区且有亲友接济的非法入境者签发香港身份证。这一政策于 1980 年废除后，家庭团聚成为内地居民赴港的唯一途径，内地与香港双方对边界的控制达到前所未有的紧张状态。[①]

　　1997 年中国恢复对香港行使主权后，跨境于内地居民愈加成为一场时间的游戏。内地与香港边界在"一国两制"框架下被保留，内地与香港划界而治。香港维持资本主义制度五十年不变，社会主义制度和资本主义制度在一国之内共存。与此同时，中央政府大幅度但有条件地放宽内地居民跨境到香港短暂逗留的渠道。由于过境政策频繁调整，时效性变得很重要。内地居民跨境时往往要和时间玩游戏，在政策许可时间内通过个人旅游、商务投资等方式可以相对便利地获得在香港逗留特定时间的签注。他们利用宽松的过境政策为生活寻求多一种选择，掀起一轮轮形形色色的跨

---

① 关于"抵垒政策"，参见郑宏泰、黄绍伦《香港身份证透视》，三联书店（香港），2004，第 124~134 页。关于内地与香港边界的历史变迁，参见 James Waston, "Forty Years on the Border: Hong Kong/China," *Asia Network Exchange*, Vol. 18, NO. 1, 2010。

境流动热潮。他们利用在香港短暂逗留的时间购物、购房、求医等，把日常生活的半径延伸到边境以南。这种短距离、节奏性强、往复循环的流动模式随政策变动而灵活调整，与传统移民所呈现的长距离、单向性、"两点一线"的流动模式很不一样。我们该如何理解它内在的运作机制呢？

笔者试图以赴港产子的内地家庭在边境两边辗转流动的现象来探索这个问题。赴港产子在 21 世纪头十年蔚然成风：自 2001 年至 2012 年，来自全国各地的内地家庭在各种动机的驱使下在香港诞下超过二十万名婴儿。[①] 他们越过边境安排家庭生活，充分利用内地与香港体制的差异，却也不期然在两套体制的夹缝间进退维谷。这些婴儿依法获得的香港永久居民身份赋予他们在香港享受公立教育、医疗等社会福利；不过，他们却因为没有户口而在内地被拒诸种种社会福利的门外。这些孩子出生后绝大部分被带回内地抚养。随着学龄期的到来，不少家庭为教育问题又开始新一轮的跨境。数以万计的孩子日复一日从深圳过境到香港接受教育。

笔者的研究建立在内地与香港跨境家庭相关研究的脉络下。从跨境家庭的形态上来看，现有研究主要关注两类家庭：其一是改革开放以来大批香港男性与内地女性结婚建立的家庭；其二是大批男性早期从内地移民至香港后把配偶和子女留在内地，形成跨境家庭。这两类家庭中的妻子及子女数量庞大，他们以家庭团聚的名义，成为香港移民的最主要来源。受传统移民研究范式的影响，这些研究主要以香港为立足点，从公民权、家庭策略、女性视角等角度切入，考察这些移民融入香港的经历。[②] 依赖传统单点田野研究模式而生产出来的文献往往视移民为线性单向的过程，而移民者的命运只有一种——扎根迁入地。

跨境生子现象近年成为新闻时事的热点，但学术界还鲜有系统深入的研究。[③] 与上述相对稳定的"两点一线"迁移模式相比，这些家庭无论是流动的轨迹还是关心的议题都更加复杂多变。研究者若采用单点田野研究方法，不但难以接近他们，也不易于捕捉他们真正在意的是什么。这些家

---

① 数据由香港特区政府统计处于 2013 年 12 月向作者提供。

② 参见 Helen F. Siu and Agnes S. Ku eds., *Hong Kong mobile：making a global population*（Hong Kong：Hong Kong University Press，2008）。相关文献汗牛充栋，这本书对相关文献有比较全面综合的归纳。

③ 黄宗仪、胡俊佳、赖彦甫的研究是例外。参见黄宗仪、胡俊佳、赖彦甫《从人口政策到排他论述：内地孕妇赴港分娩与出生公民权的文化政治》，《台湾社会研究季刊》2014 年第 95 期。

庭处于断断续续的流动进程中，对他们而言，哪里是目的地、如何融入香港并不是最重要的考虑因素。他们的生活被"一国"之下的"两制"所拉扯，也身处两套截然不同的社会论述之中。受回归后冒升的内地与香港矛盾影响，他们在香港被视作掠夺社会资源的侵略者，被称作"双非"家庭；在内地，他们处于规避计划生育政策的灰色地带，属于沉默的人群。夹在两套迥异的社会制度和论述之间，他们必须持久地在心里打两套算盘，调整流动的步伐来应对两边的制约。对他们而言，重要的不是在哪里落脚，而是如何通过有节奏的往返流动来权衡生活。如果研究者定点站在内地或香港中的任何一面来理解他们，终究只能看到故事的一半，也不能抓住他们辗转生活的要害。

不少学者为理解日益加剧的流动性和全球联系所引起的社会现象而努力创新理论和方法论，其中多点民族志（multi-sited ethnography）和"景观"（landscape）的概念尤有创见。George Marcus 在世界体系的理论框架下率先打破单点田野研究的传统，提出多点民族志的范式。这个范式倡议人类学者构建"在世界体系之中并且是关于世界体系"的民族志，强调田野研究应该看到世界体系下的跨地域联系。George Marcus 提出以下几个建构多点民族志脉络的可能：（1）人的流动；（2）商品、礼物、金钱、艺术品及智力产品等物的流动；（3）符号、象征和隐喻的传播；（4）桥段、故事和寓言；（5）某些人或群体的生活史或个人传记；（6）冲突；（7）关注地方问题与世界体系之间的互动。① 出于同样的努力，Arjun Appadurai 却认为世界体系理论提出的中心-边缘模型不足以解释社会现实。他把当下的全球文化经济看作"一种复杂的、相互交叠的、散裂的秩序"，并提出"景观"的概念，从族群、媒体、技术、金融和意识形态五个维度构筑全球文化流动模型。② 这些理论都强调研究者应超越单一的、有地理界限的地方去理解地方知识；追踪人、物、行为和事件的跨境流动，理解他们流动的逻辑。这一极富启发性的研究策略指引笔者选择自觉移位，追溯这些赴港生子家庭流动的轨迹，探究他们流动的经验，从而理解影响他们流动的机制。然而，这些理论却并未提供具体可行的田野策略，指导我们在

① 参见 George E. Marcus，"Ethnography in/of the World System: The Emergence of Multi-Sited Ethnography，"*Annual Review of Anthropology*，Vol. 24，1995。

② 参见阿尔君·阿帕杜莱《消散的现代性：全球化的文化维度》，刘冉译，上海三联书店，2012。

追踪流动性的过程中如何定位和移位。

近年来，不少研究者在中层理论上提出新的理论工具，继续推进这一方法论的发展。有的研究者反思在田野中的参与互动如何影响建构多点跨国民族志；① 有的研究者从人文地理学引入"尺度"（scale）的概念来帮助研究者辨识人口流动中的"关键点"；② 还有的研究者提出从"跨界"的角度来理解人口流动性问题。③其中项飙在他的《多尺度民族志》（Multi-Scalar Ethnography）中提出，不同行动者在流动中构筑各种跨地域的"尺度"，并且是以行动者为中心（actor-centric）的"生发性尺度"（emergent scale）。④受此启发，笔者顺着他的思路继续深入探索研究者应该如何以行动者为中心开展田野研究。

三　单点田野研究的局限

笔者向学校伦理委员会提交田野研究操守认可（ethical approval）就被"田野点"的问题难倒：田野点在哪里？研究者住在什么地方？田野调查传统上作为一种"空间实践"（spatial practice），研究者在田野调查中理应生活和工作在某个地方，在当地四处走动，结识本地人，并努力成为地方社会的一员。最理想的田野点，就是研究对象聚居的"地方"。为了能找到一处地方安顿下来开始田野调查，笔者咨询营运跨境校车的 Amy。⑤ 她安排校车每日接送孩子往返于他们深圳家门口和香港学校之间，理应很清楚这些家庭分布在哪里。然而，她的回应让笔者失望，"你要找的人全深圳都有，住哪里都一样。"根据她的说法，笔者要研究的家庭并不以空间为中心聚居。那些原本居住在深圳的家庭，散居在城市的各个角落。而那

---

① 参见 Sawa Kurotani, "Working against the 'Field'：Multi-Sited Transnational Ethnography and the Shifting Construction of Fieldwork," in Lynne Hume and Jane Mulcock, eds., *Anthropologists in the Field*, New York：Columbia University Press，2004。

② 参见 Xiang Biao, "Multi-Scalar Ethnography：An Approach for Critical Engagement with Migration and Social Change," *Ethnography*, Vol. 14, No. 3, 2013。

③ 参见麻国庆《跨界的人类学与文化田野》，《广西民族大学学报》（哲学社会科学版）2015 年第 4 期。

④ 参见 Xiang Biao, "Multi-Scalar Ethnography：An Approach for Critical Engagement with Migration and Social Change," *Ethnography*, Vol. 14, No. 3, 2013, p285。

⑤ 这些家庭的孩子住在深圳，到香港学校上学。他们日常主要依靠跨境校车往返深港两地。为保护受访者隐私，该名字为化名。

些为了方便孩子跨境上学而从内地其他城市迁到深圳居住的家庭，也没有聚居的趋势。他们在日常生活中唯一汇聚的空间是口岸。那是他们的孩子每天上学的必经之路，也是他们流动的集散点。然而，他们在口岸的停留十分短暂，在那里做田野调查几乎不可能。笔者的研究对象无处可寻又处处可寻，从地理维度来界定"田野点"行不通。

除了聚居地，人类学家还偏好在研究对象经常出入的机构蹲点做田野调查。无论是正式机构还是民间机构，它们与传统人类学的社区想象有相似的运作规则：人们以空间为基础形成一套联系彼此的社会关系。寄身于这样的机构做研究，人类学家比较容易知道自己该去哪里，会见到什么人，会遭遇什么事情。具体到移民研究，不少研究者驻扎在移民的同乡会或者为移民提供援助服务的非政府组织（NGO）完成研究。但笔者所研究的家庭跨境流动的历史比较短，流动的模式更加灵活，彼此之间的联系非常松散，并没有形成相对稳定的团体。笔者也曾试图蹲点在学校做田野调查，不过，在没有熟人介绍的情况下，申请很快就被校长回绝。扎根于机构的田野策略也行不通。

事实证明，这些高度流动的家庭并不通过长时间地共享空间来彼此联系，用蹲点的田野调查方式来考察他们流动的轨迹，无异于守株待兔。Amy 建议笔者就住在她所居住的小区，位于深圳，离附近的口岸只有五分钟步行的距离。受过去在乡村的田野经验的驱使，笔者锲而不舍地试图在那里扎根，从而找到研究对象。笔者期待在那里能找到一个与乡村的"榕树头"功能相似的社区中心，遇到熟知社区历史的老人可以引领笔者迅速进入社区生活。但现实是，在那里走街串巷了几个星期，笔者不但没有找到一个研究对象，甚至连愿意和笔者说话的人也找不到几个。偶尔在小区超市碰到一两个身穿香港学校校服但说流利普通话的孩子与他们的父母同行，笔者表明身份并说明研究意图，也没能得到信任继续保持联系。笔者选择的"田野点"与笔者要接近的研究对象不在同一个地方。笔者确实"身处那里"（being there），但并不意味着笔者已进入研究对象的生活。

四　寻找人与人的联结

面对流动性给人类学田野研究方法论带来的挑战，Bruno Latour 提出的行动者网络理论（actor-network-theory）提供了一个很有启发意义的视角来重新审视田野研究方法。他强调"社会的本质在于联系",从事物之联系的角度来理解社会现象。这个角度启发研究者聚焦"事物联结的方法",特别是事物在联结过程中如何运营、互动、流动、变化的过程。① 从这个视角出发,田野工作的本质就是寻找"联结点"——多重社会关系汇合之处,继而探索多重社会关系如何汇合、叠加、互动。联结点所在之处,就是研究者之"田野点"。置身联结点处帮助研究者厘清相互缠绕的社会关系脉络,观察社会过程的起承转合,从而剖析社会现象之形成。

当联结点以空间性(spatialized)或组织性(institutionalized)的形式呈现,研究者则更容易辨识。在传统的单点田野研究范式中,寻找社区中心(如祠堂、寺庙、"榕树头")通常是人类学者启动田野调查的第一步。这些空间在当地人日常生活中有重要意义,是多层社会关系的汇集与较量的所在地。因此,研究者在这里更容易碰到掌握丰富地方性知识的关键报道人。

当联结点并不以上述这些看得见摸得着的方式呈现,研究者则需要把关注点回归到最本质层面的人与人的关系,即社会关系本身。在这套以行动者为中心的理论指导下,研究者在田野研究中重点是在诸多行动者中找到一个突破口,然后"跟随他/她的网络扩展开来",在他/她引领下摸索出他们身处并参与建构的结构。② 笔者所研究的流动家庭彼此关系松散,这就要求研究者在考察他们的境遇时抛开对场所和组织的依赖,考察这些家庭在流动的过程中与哪些行动者相遇,他们之间如何讨价还价,在较量中形成怎样的社会关系,这些关系构成怎样的结构性力量,从而形塑他们流动的轨迹。

笔者进入田野调查的突破口是流动的基础设施:这些家庭的孩子上学所依赖的日常交通工具——跨境校车。校车连接边境两边的家庭和学校,在这个跨境教育系统里处于战略性的中枢地位,是家长在安排跨境教育时不可绕过的问题。得到笔者的"邻居"Amy 的同意,笔者在她运营的公司

① 参见 Bruno Latour, *Reassembling the Social: An Introduction to Actor-Network-Theory*, Oxford, U. K.: Oxford University Press, 2005。近年这一理论逐渐被引入中文世界。参见吴莹、卢雨霞、陈家建、王一鸽《跟随行动者重组社会:读拉图尔的〈重组社会:行动者网络理论〉》,《社会学研究》2008 年第 2 期。

② 参见 Theodore C Bestor, "Inquisitive Observation: Following Networks in Urban Fieldwork," in Theodore C Bestor, Patricia G Steinhoff, and Victoria Lyon Bestor, eds., *Doing Fieldwork in Japan*, Honolulu: University of Hawaii Press, 2003。

实习两个月，职位是跨境校车保姆。借助流动的校车，笔者的田野点不再局限于居住的社区。在流动中笔者与不同的行动者相遇，跟随他们的步伐走进他们的生活，穿插于变换的场景间，从而沿着他们彼此交错的关系脉络，将诸多碎片拼凑成笔者的"田野点"。

流动的田野旅程第一天，笔者便与重要行动者——国家相遇。香港回归以后，中央政府虽然大幅放松内地居民的过境政策，但对过境人流物流的管控丝毫没有放松。根据香港相关出入境规定，持学生签证在香港逗留人士不能从事任何商业行为，无论该活动有薪还是无薪。在陪同孩子办理过关手续的时候，笔者在对此规定毫无意识之下向香港出入境署官员表明了自己的保姆身份，同时又出示自己的学生签证。由于有违法嫌疑，笔者被带进办公室接受进一步问话。经过详尽解释和相关文件证明，我才得到放行，但被告知以后不得再乘坐跨境校车经过该口岸过关。这意味着笔者将无法继续田野调查！眼见事态严重，笔者再三询问理由，希望能够获得通融。那位官员先是语气和蔼地向笔者解释，经该口岸过关的跨境校车只允许搭载学生和老师，而笔者的身份在这两类范畴之外，故不得乘坐。当笔者进一步追问法例依据，他语气变得十分强硬，"这是不成文规定，但严格执行。"这短短几句话把国家在边境地带不容挑战的管控姿态表现得淋漓尽致。随着笔者后来逐渐深入田野调查，国家的手在不同场合反复出现，以难以抗拒的方式左右着诸多行动者的生计和命运。而不同行动者在与国家斡旋的过程中相遇，围绕着不断涌现的跨境学童，他们在相互合作中各取所求，共同建构出一套结构性的机制。

接下来两个月，笔者在 Amy 的引领下成为跨境校车日常世界的一员。这套跨境交通系统自发形成于 20 世纪 90 年代末，为大批学童每日往返深港上学提供基本的交通支持。作为一名实习生，学习如何做好保姆是进入新世界的第一步。保姆的生活节奏与学校时间表同步：每天清晨笔者定点踏上校车，跟随校车在深圳逐家逐户接学生上车，路上维护车内秩序，协助办理过境手续，直至最后把他们安全送到学校门口；放学时程序相同但方向相反。笔者的"师傅"手把手培训笔者，教授笔者如何保证一队孩子在行进中的安全，维持队伍的秩序。在日复一日的实践中，笔者摸清了司机、保姆、老师如何协作，使得这套交通系统得以顺利运作。

随着调查的深入，笔者发现跨境校车是一个早期内地移民的世界。内地女性与香港男性的传统由来已久，改革开放以后更为普遍。这些保姆和校车运营者们经此途径获得香港身份，居住在深圳。笔者不但与她们一起工作，还一起聚餐、逛街、按摩，甚至短期旅行。在闲谈中，她们邀请笔者走进她们个人生活的历史，向笔者讲述她们如何与跨境校车行业发生交集。由此，笔者得以追溯跨境校车行业的发展过程并理解今日这一行业的市场格局：这些移民妇女出于履行母职的初衷而意外发展出跨境校车的生意，并随着市场的不断扩大而逐步将其完善成一套集交通、照料、教育为一体的跨境交通体系。

面对国家政策的收紧，她们时常出入诸多政府部门讨价还价。这套由早期移民妇女创建的交通通道近年来被赴港生子的内地家庭所利用，巨大的需求使校车经营规模迅速膨胀，引起深圳边境管理部门的关注。国家一改过去的默许放任态度，收紧对校车的管理，推行许可证制度。被纳入管理后的校车运营者们迅速调整同行之间的关系，淡化商业竞争，结成统一联盟以增加与国家讨价还价的筹码。在这种情况下，Amy 频频带笔者参加同行聚会，讨论应对国家新政策的部署。这些妇女比过去更加频繁地直面政府：到政府部门办理证件，到边境管理部门与官员开会，参加校车营运许可证颁发典礼，到上级部门去赠送锦旗表达感谢，等等。笔者与她们一同经历这些变换的场景的同时，也倾听她们讲述自己对"政府"和政策的理解，以及与官员"讲价"的窍门。

Amy 平日总处于"跑"的状态。她在流动中向笔者展示她的多重身份，带笔者走进不同的圈子。除了"跑政府"，她还"跑学校"。出乎意料的是，她与合作的校长会面，谈论得最多的不是如何协调校车运营，而是如何调整策略吸引更多学生从深圳入读学校。原来，早在发展跨境校车事业之前，Amy 已经开始充当香港边境地区的学校（主要是幼稚园、小学和中学）在深圳招收学生的代理人。香港特区政府在回归以后启动以市场为导向的教育改革，收生人数成为政府资助学校绩效考核的重要指标。学校若连续三年收生不足，政府将停止资助。由于低生育率而招生不足的学校一时濒临倒闭，而在香港教育市场最不受青睐的边境学校命运尤其堪忧。越境北上招生成为校长们的求生策略，而 Amy 这样出身教育界且熟悉深港的中间人自然成为他们北上的得力助手。

最初边境学校的目标是移居深圳的香港家庭，但大批内地家庭于 21 世纪的头十年赴港生子，成为他们意料之外的生源"市场"。而校长们面临的燃眉之急是，如何网罗到这些分散在全国各地的内地家庭，了解他们对教育的期待，从而与 Amy 合作调整既有招生策略并展开行动。在深入的个人访谈里，校长们说出既有的招生制度和上述的结构性转变如何新旧交织，这种转变如何改变教育的生态以及学校管理者的角色，他们对此的内心挣扎，以及他们寻求生存策略的逻辑。通过参与观察他们北上招生的种种策略和行动，笔者得以理解他们如何揣摩这些内地家长对教育的期待，在怎样的情景下与家长们互动，如何以他们所知道的内地教育为框架重新阐释香港教育，等等。

这些家庭的跨地域性分布成为 Amy 与校长们的一大难题，出乎意料的是，中央政府从 20 世纪 90 年代末开始大力发展的"电子政府"工程为他们提供了超越地域限制的桥梁。Amy 带着我和校长们"跑"进网络的世界，与一个名为"深圳家网"的网络公共论坛相遇。[①] 为了响应中央关于建立"电子政府"的号召，深圳市城市规划建设部门创建"深圳家网"作为官方网站。在中国房地产市场方兴未艾的 21 世纪头十年，"深圳家网"由于提供官方垄断的深圳市城市规划信息供购房者查询，从而在深圳积攒了数以百万计的网友，为其向商业媒体转型奠定基础。对于 Amy 和校长们而言，他们合作的基础就在于不少网友自发在这个网站论坛讨论跨境教育的问题。随着他们合作关系的建立，笔者的"田野点"开始跨越"线上"和"线下"世界。在线下，笔者参与 Amy、校长及"深圳家网"论坛负责人三方如何走到一起达成合作协议的过程。论坛负责人在深入访谈中向笔者讲述、解释网络媒体营销运作的机制，特别是如何在深港边界充分利用网络的跨地域性来实现它的商业价值。在线上，笔者观察论坛负责人如何安排校长们与网友的互动，网友关心的问题是什么，而校长们又是如何利用网络论坛这个平台的。

就这样，笔者从跨境校车入手，跟随 Amy 的社会网络，摸索并建构研究的田野点。在这个过程中，笔者身兼学徒、朋友、观察者和对话者，在变换的场景下与 Amy、国家代理人、学校校长、网络论坛负责人相遇。跟随这些行动者的脚步开展田野研究，田野点的边界不但跨越了内地与香港边境，还跨越"线上"和"线下"的边界。行动者们各有意图地回应赴港生子家庭的跨境需要，从而围绕着这些家庭为核心建立其彼此的联结。他们在互动中缔结出一套超越地域、由历史和当下交织累积起来的社会关

---

① 为保护受访者隐私，该网络论坛名称为化名。

系，彼此既合作又充满张力。这套关系构成一个流动的田野点：这些行动者不但在流动中寻找机会，而且，他们之间的关系也是流动和暂时的。他们的生活轨迹在这个时刻相交，彼此之间建立起联结，但随着时间的变迁，有的不久之后就退出这个联结，而另外一些因为各种原因维持下来。当行动者之间的关系在流动中凝固下来，就构成我们习以为常的"结构"。这种流动的结构不以空间或社会组织的形式出现，所以需要研究者在田野研究过程中主动探究和建构。

这个厘清社会关系脉络、超越地域建构田野点的过程非常有助于笔者接下来深入理解内地与香港跨境家庭流动的机制。这套由国家、学校、网络、校车合作建构的社会关系正是跨境家庭赖以流动的结构环境。身处这样的结构环境，这些家庭根据各自拥有的资源各显神通，在制度的缝隙间探索穿行。这些机制一方面帮助他们实现流动，但同时也限定流动的可能性，甚至改写流动的意义。正是在这样的社会现实中，在机遇和限制中，他们有创意地建构自己的生活，而同时又被自己所建构的生活限制。

五 结语

通过分享笔者在内地与香港边境这个具体的场景下进行田野研究的经验，特别是笔者如何遇到不同行动者、如何在他们之间穿行，本文希望回应人类学田野研究在流动性作为常态的当下应该如何重新理解"田野点"这一基础概念。在人类学界反思单点民族志研究传统的基础上，笔者沿着"多点民族志"所开创的方向进一步深入摸索如何"定点"的问题。正如 James Clifford 指出，从人类现代流动的历史出发，田野研究是诸多流动形式（travel practice）中的一种，而非"在别处扎根（dwelling）下来"。在这个意义上，"点"（location）不是有实在边界的空间，它更多是一次旅程（itinerary），以及旅程中一系列的遭遇（encounters）和转译（translations）。① 在这个意义上，"田野点"是同样处于流动状态的研究者和被研究者在彼此互动中共同建构的产物。

其次，内地与香港边境跨境流动有长久的历史积累，且香港回归以

---

① 参见 James Clifford，*Routes：Travel and Translation in the Late Twentieth Century*，Cambridge，Massachusetts；London，England：Harvard University Press，1997，p. 11。

后过境政策变动频繁，这使得流动的主体也变动不居，他们赖以流动的机制和管道也随之变动。也就是说，这些机制和管道是暂时的，随时间的推进而变化。在这个具体的时间和空间探讨流动问题，研究者在界定田野点时更需要摆脱对空间和组织的依赖，以流动的行动者作为线索主动建构田野点。受行动者网络理论启发，笔者以不同身份在田野调查中与不同的行动者相遇，跟随他们流动的脚步，经历不同场景、事件、人物。这些以行动者为中心串起来看似碎片的、混杂的场景，共同组成田野调查的"田野点"。

图书在版编目（CIP）数据

珠江-西江经济带发展研究 / 林春逸主编. -- 北京
: 社会科学文献出版社，2018.12
（珠江-西江经济带发展丛书. 研究系列）
ISBN 978-7-5201-3747-8

Ⅰ.①珠…　Ⅱ.①林…　Ⅲ.①区域经济发展-研究报
告-广东②区域经济发展-研究报告-广西　Ⅳ.
①F127.65②F127.67

中国版本图书馆 CIP 数据核字（2018）第 244886 号

珠江-西江经济带发展丛书·研究系列

珠江—西江经济带发展研究

主　　编／林春逸

出 版 人／谢寿光
项目统筹／周　丽　王玉山
责任编辑／王玉山　王红平　张金木　徐　花

出　　版／社会科学文献出版社·经济与管理分社　（010）59367226
　　　　　地址：北京市北三环中路甲29号院华龙大厦　邮编：100029
　　　　　网址：www.ssap.com.cn
发　　行／市场营销中心（010）59367081　59367083
印　　装／三河市东方印刷有限公司

规　　格／开　本：787mm×1092mm　1/16
　　　　　印　张：14　字　数：232千字
版　　次／2018年12月第1版　2018年12月第1次印刷
书　　号／ISBN 978-7-5201-3747-8
定　　价／89.00元

本书如有印装质量问题，请与读者服务中心（010-59367028）联系